《甬城系列文史合集》编委会

主　任　毕东华
副主任　吴军良　袁建树　国　宇
　　　　刘良飞　郁利祥　池　逊
编　委　戴亚珍　陈绍旗　梁德明
　　　　金昌卿　俞　琼

甬城街巷

Street Views in Ningbo

宁波市海曙区政协文史委 编

宁波出版社
NINGBO PUBLISHING HOUSE

《甬城街巷》编撰委员会

主　　任　王黎明

副 主 任　贾亚炜　谭国洪

编　　委　曾垂华　陈建东　唐佐助　汪阿潮　孙志杰　徐文芳
　　　　　沈宏伟　李若中　王殿旗　张志平　裘燕萍　张大健
　　　　　俞国玉　唐路安　梅则伟　许孟光　盛欣夫　杨　光
　　　　　陈　蕾　汤丹文　叶向群　楼世宇　王国宝

特邀顾问　陈民宪　何业琦　沈一鸣

主　　编　贾亚炜

副 主 编　孙焕青

执行主编　王国宝

政协第四届宁波市海曙区文史委员会

主　　任　孙焕青

副主任　　陈建东

委　　员　王殿旗　张志平　沈宏伟　孙志杰　张大健　徐文芳　裘燕萍

专家型特邀委员　许孟光　盛欣夫

前言

王黎明

《甬城街巷》一书,从整体而言,我认为选材多样,结构清晰,内容丰富,重点突出。文章主要由政协委员、作家、专家、学者和记者等撰写。全书图文并茂,资料翔实,丰而不余,约而不失,且形式与体裁有别于以往,有较强的史料性、文学性和可读性。

宁波自唐朝始立明州,经过漫长的岁月,经历祖先们的努力,给后人留下极为丰富的历史遗迹,包括反映不同时代市井生活的街巷建筑,其中一些主要街巷,至清代仍保留着宋时的基本格局,且大多分布在今海曙区范围内。

作为城市历史的根脉和触角,街巷道路无疑是传统建筑中最多元、最生活、最根本的篇什,它同时也是城市文化的品质和延伸。深入挖掘街巷所蕴含的历史信息和文化信息,精心挑选部分高质量、有一定代表性的重要史料,客观分析它们的起源、现状及走势,力求把它们写实、写活、写深刻,使之真正成为传神的历史写照、古老的地图指南、热门的旅游线路,这是我们的追求和祈望。

人民政协所特有的文史资料,始终发挥着文以载道、史以借鉴的"存史、资政、团结、育人"作用。《甬城街巷》是海曙区政协文史委继《云霞出海曙》《璀璨明珠——月湖》《乡情结》《海曙撷英》等公开出版后的第五辑文史资料。文史类书籍的编纂过程,其实也是作者亲身经历、亲眼所见和亲耳所闻的"三亲"表达过程。当然,亲身经历所有事件并无可能,更多的只能通过现场走访、他人口述和查找相关资料来进行写作。由于街巷的存量太大，尤其是随着时间流逝和岁月变迁，许多事物在我们眼前已逐渐淡化甚至消失，所以对有些地方的分辨、取舍、考证、校勘确实难以把握，这样势必影响到史证方法与理论观照的有效结合。

尽管如此，作者们还是克服了时间跨度大、资料贫乏等方面的实际困难，在吸收前人优秀成果的基础上，通过对地理环境、历史沿革、风土人情等近乎"史体""志体"性质的记述，反映出它们的基本情况、所在区位的交通、保存、观赏等诸多信息，其中也涉及了对街巷阡陌的贯穿，对俊林秀木的体味，对亭台楼阁的驻足，对寺庙祠庵的勘破，对民间传说的追忆，对历史掌故的考量，对平民百姓的深思，对达官要人的认知，对文人骚客的感受，对诗词雅章的赞叹等等，寄托了作者们深沉真挚的悠长情思，透露出浓厚独特的人文气息。希望作者对街巷的解读，能帮助读者进一步了解宁波的昨天，并更有兴趣来领略它的今天和明天。

本书在采编过程中，得到了许多单位和个人的大力支持，在此特别致谢！由于水平有限，编写过程也比较仓促，错讹之处在所难免，敬请方家不吝赐教，也欢迎读者批评指正。

Preface

Liming Wang

A Guidebook of Street View in Ningbo is a collection of decent articles composed by CPPCC members, writers, literature experts, scholars, journalists, etc. This is a book with diverse sources, clear structures, rich connotations and well-picked focuses. Illustrated by nice pictures, it holds detailed historic materials, which are abundant and concise without any redundancy and loss. Moreover, the various styles and verses of this book facilitate the readability of it, while historical materials and decency of literature works are properly kept.

Ningbo (a.k.a. Mingzhou) is a city with a long history dated back to the Tang Dynasty. During its process of expanding, generations of residents have passed down historical relics to their descendants, including splendid views of streets to tell the daily lives of them. Among these views, most are within Haishu District.

As the historic root and extension of a city, street view is apparently the most diverse and fundamental scenes that traditional architectures may demonstrate, and it also reflects and extends the city culture. It is people's pursue and sincere wish to pick out the connotational historic and cultural materials among the heritages of street history, and consequently analyze its origin, presence and trend, to show people a true reflection of history, as well as historic map and popular tourist routes.

The literature materials exclusively kept by CPPCC help play a humanism role with "preserve history, participate in state affairs, unite and educate people" as the purpose. *A Guidebook of Street View in Ningbo* is the fifth works published by Haishu CPPCC Committee of Cultural and Historical Data, following *The Fabulous Atmosphere over Haishu*, *The Moon Lake: a Resplendent Pearl*, *The Tie with Native Land* and *Glamorous Haishu*. It is believed that the composing of these articles witnesses the authors' personal experience with the streets mentioned. Although impossible to have gone through everything happened with the streets, the authors have finished their works after on-spot studies, listening to others' narrations and data research. Since the significant numbers of streets involved, not to mention the fading away and disappearing of critical information, it is difficult to identify, confirm, study and emendate some

of the target streets, which would probably affect the cohesion of materials and historic theories.

Despite the time frame and poor materials available, the authors have successfully showed us critical street information concerning their locations, transportation, extents of protection, convenience of visiting, etc. They have managed to do so through their studies on geographical environments, historic development, folk customs, as well as outcomes of previous researches. The information provided also covers the understanding of stories behind the streets, the appreciation of surrounding plants, pavilions, temples, the memorizing of folk legends, the assessing of historic documents, the aware of local residents, the recognition of high officials, the feeling of literators and the admiring of decent verses. All these imply the sincere affection from the authors along with humanity awareness. Readers of this book are expected to further understand the past of Ningbo, and arise interest to be part of this city's today and tomorrow.

The completion of book owes a lot to supports from organizations and individuals concerned, and deep appreciation goes to them. Mistakes are inevitable due to hurried work, hence all corrections and criticisms in good faith are welcomed.

CONTENTS
目录

1	前言	（王黎明）
2	街巷素话	（贾亚炜/王国宝）
18	我所熟悉的街巷	（谢善实）
27	永恒之缘苍水街	（张大健）
34	秀水江南情依依	（张落雁）
39	北城脚下忆横河	（周东旭）
44	老城深处广仁街	（李文国）
50	香气袭人桂芳巷	（陈维军）
54	永寿巷旧事如烟	（张大健）
62	不求闻达重书香	（楼世宇）
70	一岭何以镇四明	（汤丹文）
78	四明本是三佛地	（王国宝）
84	迎凤传说堪称奇	（张落雁）
91	流光碎影偃月街	（陈 蕾 黄伟萍）
100	书声琅琅仓基街	（裘燕萍）
105	雕尽浮华始为金	（戎爱武）
114	双桥辉映杨柳波	（唐路安）

心香一瓣居士林（周　含）	122
风雨沧桑马衙街（陈联飞）	128
芙蓉洲头说中营（林之寅）	136
今生梦萦伴书院（赵　琼）	142
书香飘溢桂井街（李全平）	148
翰墨飘香秦氏祠（应芳舟）	160
越魂史笔耀海曙（王殿旗）	170
书香犹念巷深处（张琳琳）	178
盛氏花厅璀璨时（张志平）	183
一川烟水自弯环（史　敏）	196
穿越古今风情街（俞国玉）	204
千年尘封莲桥街（汪阿潮）	214
随沙散落的街道（叶向群）	220
梦里水乡最柔美（李若中）	230
商战风云中山路（晓　晓）	238
铅华洗尽江厦街（郑世晟）	250
涅槃新生药行街（毛雷君）	254

目录

262	一桥有灵荫一路	（谢善实）
270	繁华沧桑话开明	（江晓骏　顾妮妮）
280	天一广场今昔谈	（沈　清　王　英）
288	棋杆巷与余清官	（戴　骅）
294	繁华如昔和义路	（朱惠民）
302	满满自豪解放路	（楼小娴）
310	春意盎然长春路	（唐佐助　何火种）
320	优雅惬意望京路	（罗　燕）
326	多情最是永丰路	（毛艳艳）
334	千年古迹枕江流	（王介堂　李文国）
342	双仕显达郎官巷	（孙焕青）
348	白云街上读"白云"	（盛欣夫）
356	菊成村舍柳成庄	（王国宝）
366	江东有座七塔寺	（荣　荣）
376	市列珠玑百丈路	（楼小娴）
384	一路寻访妈祖庙	（蔡双其　陈玉贤）
398	擦肩花样的年华	（卢　雷）
408	槐树路上话酒家	（沈宏伟）
415	后记	（编　者）

CONTENTS

1	Preface	*(Liming Wang)*
2	Daily Talks of Residential Streets	*(Yawei Jia & Guobao Wang)*
18	The Residential Streets that I Know	*(Shanshi Xie)*
27	Cangshui Street: An Eternal Link	*(Dajian Zhang)*
34	Infatuation with SouthYangtze	*(Luoyan Zhang)*
39	CreekHeng: A Memory with North Ningbo	*(Dongxu Zhou)*
44	Guangren Street:Deep into the Ancient Urban	*(Wenguo Li)*
50	Guihua Lane:Where the Smell of Fragrance Comes From	*(Weijun Chen)*
54	Yongshou Lane:An Origin of Ancient Stories	*(Dajian Zhang)*
62	Where the Charm of Books Over whelms Fame	*(Shiyu Lou)*
70	Siming:Unconquered by theRidge	*(Danwen Tang)*
78	Siming:A Native Land for Three Buddha	*(Guobao Wang)*
84	Yingfeng Street: A Legend over A Legend	*(Luoyan Zhang)*
91	Yiyue Street: A Fraction of Glory	*(Lei Chen & Weiping Huang)*
100	Cangji Street: Where Teaching Gathers	*(Yanping Qiu)*
105	Zijin Street: A Piece of Gold that Glitters	*(Aiwu Rong)*
114	Liuting Street:Where Two Bridges Hug the MoonLake	*(Lu'an Tang)*
122	The Female Buddhist Lodge: Heartfelt Goodness	*(Han Zhou)*
128	Maya Street:After the Ebband Flow	*(Lianfei Chen)*
136	A Talk about Military Affairs at Fu Rong Zhou	*(Zhiyin Lin)*
142	An Everlasting Dream about School	*(Qiong Zhao)*
148	Reading under theShadow of Osman thus Tree besides the Well	*(Quanping Li)*
160	Calligraphy at Qin's Ancestral Temple	*(Fangzhou Ying)*
170	Haishu: Gloried by Generations of Historical Writings	*(Dianqi Wang)*
178	The Charm of Books Amazes Deep Lanes	*(Linlin Zhang)*
183	The Blooming at Sheng's Garden	*(Zhiping Zhang)*
196	Riversand Creeks: Aqua Rings	*(Min Shi)*

CONTENTS

206	Walking through Kaleidoscope of Modern and Ancient Times	*(Guoyu Yu)*
214	Lianqiao Street: A History that Stored for Thousand Years	*(Achao Wang)*
220	Dashani Street: Tianfeng Pagodaand Local Residence	*(Xiangqun Ye)*
230	The Dreaming Tenderness of Riverside Towns	*(Ruozhong Li)*
238	Zhongshan Road: The Battlefield for Merchants	*(Xiao Xiao)*
250	Jiangxia Street: A Retired Merchanting Center	*(Shisheng Zheng)*
254	Yaohang Road: The Phoenix Comes Back	*(Leijun Mao)*
262	Lingqiao Road: Blessed by Ling Bridge	*(Shanshi Xie)*
270	Kaiming Street: Prosperity and Depression	*(Xiaojun Jiang &Nini Gu)*
280	Tianyi Square: Today and the Past	*(Qing Shen &Ying Wang)*
288	QiganLane: The Story with Yu	*(Hua Dai)*
294	HeyiRoad: Where Prosperity Continues	*(Huimin Zhu)*
302	JiefangRoad: The Pride from its Name	*(XiaoxianLou)*
310	Changchun Road: Where Spring Ever Lasts	*(Zuozhu Tang & Huozhong He)*
320	Wangjing Road: Where Relaxation and Elegance Work Together	*(Yan Luo)*
326	Yongfeng Road:A Glamorous Site	*(YanyanMao)*
334	The Thousand-year-old Relics Besides the Yongjiang River	*(Jietang Wang&Wenguo Li)*
342	Langguang Lane: The Glory of Two No.1 Draft	*(Huanqin Sun)*
348	Baiyun Road: A Legend about Baiyun School	*(Xinfu Sheng)*
356	Liuzhuang Street: Yuan's Chrysanthemum Villa and Willow Garden	*(Guobao Wang)*
366	The Seven Pagodas Temple inJiangdong	*(Rong Rong)*
376	Baizhang Road: Where Essence of the City Locate	*(Xiaoxian Lou)*
382	On the Road to Ma Zu Temple	*(Shuangqi Cai &Yuxian Chen)*
398	The Old Bund: When History Meets Fashion	*(Lei Lu)*
408	Restaurantson Huaishu Road	*(Hongwei Shen)*
415	PostScript	*(The Complier)*

如果说一个城市是一部鸿篇巨制,
那么街巷就是它的历史框架和基础单位,
是一个城市历史变迁和人文发展过程的缩影……

街巷素话

○ 贾亚炜 王国宝

一

每座城市都有自己的叶脉和纹路，宁波也不例外。作为浙东望郡，因城内有日、月两湖，境内有四明山，古书称明州、四明。亦因境内有甬江，又简称"甬"，别称甬城。本书书名所沿用的"甬城"，便是宁波城由古至今的别称。

宁波始立明州，为唐开元二十六年（738），距今已有1270余年。明洪武十四年（1381），为避"明"国号讳，取"海定则波宁"之意，改明州为宁波府。

宁波底色深沉，气息浓郁，早在唐代，就已成为"海上丝绸之路"的起点，与扬州、广州并称为中国三大对外贸易港口，宋时又与广州、泉州同时列为对外贸易三大港口重镇，鸦片战争后被辟为"五大通商口岸"之一。

现今的宁波，是浙江省经济最发达的城市之一，拥有国家历史文化名城、全国文明城市、中国优秀旅游城市、国家环保模范城市、国家园林城市、国家卫生城市、中国最具幸福感城市、中国综合竞争力前十强城市、中国品牌之都等十多项桂冠。

如果说一个城市是一部鸿篇巨制，那么街巷就是它的历史框架和基础单位，是一个城市历史变迁和人文发展过程的缩影，种种浓烈的生活景象，在许多古籍与历史画卷之中，都有所反映。

这方面的研究，当数清代杰出的历史、地理学家徐兆昺，其所著乡土文献《四明谈助》，洋洋百万言，大胆突破体例，反映人文地理，介绍本土掌故，"广罗博采，雅俗等观，史笔与文笔交相运用，信史与传奇相妍见美"。

二

关于宁波的古道,相传早在春秋时期,就有起自鄞(今宁波)、经慈溪(今慈城)、余姚、山阴(今绍兴)、余暨(今萧山),然后北渡浙江(今钱塘江)至钱塘(今杭州),再折向东北经由拳(今嘉兴)至吴(今苏州)的线路了,全长约800里,时称"甬吴大道"。今余姚的车厩,乃"昔勾践于此置厩停车秣马"之地;另外还有一条叫"甬榕大道",传为唐时建筑,它起自明州(今宁波),经奉化、宁海、临海、乐清至温州,再由温州经平阳,出分水关入闽境,至福州,全长约1200里。以上古道,构筑起了宁波城的活力与血液,且在历史车轮之下,不断被加固和拓宽。

在城市与街巷史研究的学术界,先有路、后有城,是一种较为普遍的认同。道路的开通,使古城的发力有了本底。宁波城区的开拓和发展,在明州未立之前,在它的东南隅,就已经建造了天封塔和开元寺(已废)两大主要建筑。现存的鼓楼(海曙楼),是当时明州城的南城门旧址,也是移治后的最早建筑,是宁波历史上正式置州治、立城市的标志。

"街"的本义,原指四路相通的大道;"巷"则是指胡同和里弄。一般来说,大者为街,小者为巷;直者为街,曲者为巷。而古人设立街巷,大都采用经纬制,他们把南北方向的道路称为"经",把东西方向的道路称为"纬",并与行政设置相适应。《资治通鉴·唐纪》有"百户为里,五里为乡,四家为邻,四邻为保,在城邑为坊,田野为村"等的记载,说明唐制的街衢巷陌,建筑形制也已较为明确和完整。

宁波街巷的演变,其基本框架是:当时东西向的主干道,即今中山东路、中山西路的雏形,它形成于唐代,经历代改建和新中国成立后的多次拓宽,现已成为最繁华的商业街;另一条旧时称车轿大街,即今药行街的一段,它西至柳汀街,东过灵桥与江东百丈路直线对接;再一条是建造天封塔时形成的大沙泥街和小沙泥街。

沟通南北主干道的解放南路和解放北路,时称南北大街,它的西边自唐宋以来,州、府、县治多设于此,它的东边则是现市政府的办公机构所在地;另一条南北向的干道由鼓楼、镇明岭至南门甬水门,即今镇明路雏形,时两侧民宅密集,物盛人众。

江厦街原由半边街、双街、钱行街、糖行街4条小街拆直拓宽建成,地处灵桥、新江桥之间繁华地段和咽喉通道,有"走遍天下,不及宁波江厦"之称。

宁波最早有明确街巷记载的,是南宋《宝庆四明志》,载有东南、东北、西南、西北四厢计51坊;元代《延祐四明志》卷八"记社"载有130社;明代据《敬止录》引永乐、嘉靖的《宁波府志》,收录街巷197条;清代《光绪鄞县志》,记有177条;民国《鄞县通志》记载498条;到了1990年,宁波老市区共有街、路、巷、弄531条;而据宁波地名办2006年3月底的统计,宁波扩市后,大市范围内的街巷数量已增至2600多条。

三

作为宁波市中心的海曙区,位于奉化江、姚江汇合为甬江的"三江口"一带,如今已成为这座城市的表情和指代。据《宁波市志》载,唐长庆元年(821),明州刺史韩察将州治移至三江口,修筑了宁波的州城——明州城。城环以水,民大都居于州城外,明州城的西城墙在呼童街一带,东城墙在现今的军分区内,北城墙在公园路一带。后来的刺史黄晟,为"绝外寇窥觎之患,保一州生聚之安",修筑了宁波的外城——罗城,并以原州城为子城,罗城城墙的东、南、北三个方向依奉化江和姚江而建,今

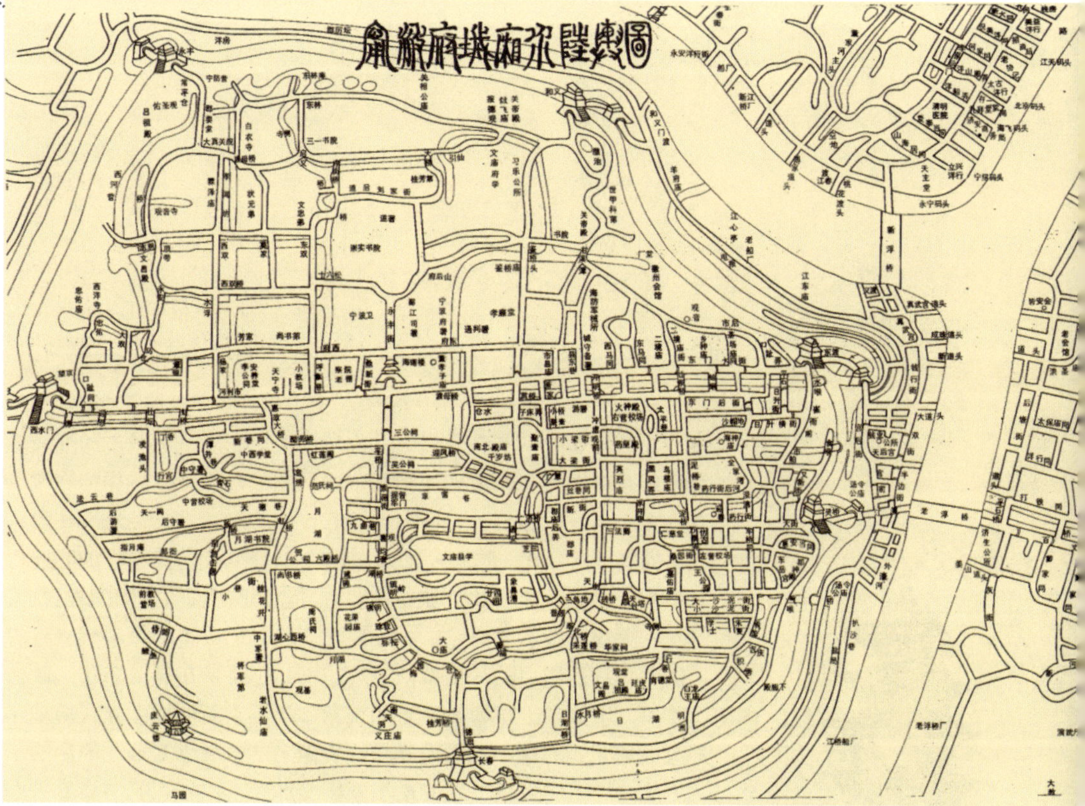

宁波府城厢水陆舆图
Ancient Map of Ningbo

灵桥、长春、望京、和义、东渡等路皆以罗城城门命名。1925年起，宁波开始拆城墙，到了1933年，城墙被全部拆除。明州城内的街巷，直至清代还基本保持着宋代的格局与分布，其中最主要的街巷大多在今海曙区范围内，如中山路、药行街、大沙泥街、小沙泥街、镇明路、开明街等。

随着城市的进一步改造和发展，越来越多的新潮建筑在宁波老城区拔地而起，许多老街巷和旧建筑也开始消失，有的已变成现代建筑、绿化公园和人车辐辏的通衢大道，人们在庆幸社会变化带来生活便利的同时，也陡生遗憾。幸运的是，政府与民间已经按照严格的要求进行身体力行的保护。

尽管如此,海曙的历史,依然反映了宁波这座城市的形成过程;海曙的街巷,依然延续了宁波这座城市的文脉。作为宁波历史文化名城核心区,区域内老屋散存,高楼林立,无处不在的古典韵味,强烈浓重的国际化元素,在为这座城市充满底气的同时,也为我们感今怀古并读懂这座城市,提供了旧贵新宜的阅观界面。

海曙区政协文史委,始终关注历代兴亡史事,关心盛衰更替造因。承前启后的《甬城街巷》一书,也是旨在通过海曙区政协委员、宁波本土作家和学者的视角,决心重新挖掘矗立在甬城历史记忆深处的这一批琳琅满目的古街名巷,展示其数之不尽的历史遗迹、民俗风情、逸闻趣事及图文风采,引领人们与我们一起走进甬城街巷,来共同检阅这座历史文化名城,感悟它的古老前世,并见证它的时尚今生与辉煌未来。

四

简洁明了是宁波城区道路的主要特点。打开城区地图,这种呈现方式让人一目了然。

作为宁波东西向主轴线,中山东路和中山西路、药行街至柳汀街,都在城市中心的海曙区域内。

现在的中山东路和中山西路,以解放南、北路口为界,东延至江东区(今撤并入鄞州区,后文不再作注解)的世纪大道,西扩至环城西路。它始建于唐代,原名叫东大路和西大路。民国三

十五年（1946），为纪念孙中山先生，才更名为中山东路和中山西路。"文革"时期，曾把两路合并，统称为东方红大街。到了1981年，又恢复为中山东路和中山西路的原名。现今，有不少宁波人还会习惯性地把中山东、西两路并称为中山路。

中山东路过去几乎集中了宁波最著名的老字号，如今它依然是商贾汇聚、客似云来，是宁波最繁华的一条商业街。中山西路两旁，除了"唐塔""鼓楼""范宅"等文保建筑，还有被称为国内首次发现的古代地方城市大型仓库遗址"永丰库遗址"，后者曾经出土了800余件宋元时期江南和中原地区著名窑系的陶瓷产品及其他文物，被国家文物局评为"2002年度中国十大考古新发现"之一。

东起江厦街、灵桥路口，西至解放南路，中间与开明街十字相交的药行街，因旧时药行林立而得名，国内一些老药铺亦长驻于此坐庄办货，成为全国中药尤其是浙贝、元胡、白术、麦冬等浙药的转运聚散中心。不仅如此，宁波人还在全国各地经营了许多著名大药铺，如上海的童涵春、冯存仁、蔡同德，天津的达仁堂，就连京城名店"同仁堂"，也是宁波人乐氏于康熙年间创办的药号。

杨、柳是典型的带有江南韵味的本土植物，也是较早进入文学领域的景观植物。与药行街紧密相连的柳汀街，东至解放南路，西至联丰路，旧名陆殿桥跟、小巷街，因有月湖十洲之一的柳汀古迹，故名。如今要是走在这条柳叶般俊秀轻灵的街上，贺知章那脍炙人口的《咏柳》名作"不知细叶谁裁出，二月春风似剪刀"，虽或另有所指，但却一何相似。

五

宁波南北向的解放南路和解放北路，镇明路至公园路，是贯穿海曙区的另外两条著名的主干道。道路两边街巷交错，车稠人密，将甬城多种文化汇聚展现得淋漓尽致。

解放路南起灵桥路，北至和义、永丰路口，与解放桥相接，中间与中山东、西路口成十字形交叉，其南边为解放南路，北面为解放北路，别名南大路和北大路。一个"大"字，虽有点情绪化的夸张及渲染，但路南的城隍庙、天封塔、延庆寺、观宗寺、日湖等诸多历史建筑和景观，以及路北的张苍水故居、中山广场和现市政府办公机构等，其所贮藏的时光重量，足以使之成为重要地标。

位于解放南路附近的"宁波府城隍庙"，是我国现存规模最大的城隍庙之一。与之遥相呼应的天封塔，始建于唐代，是宁波市区最高的古代建筑。相传建塔时因用泥沙堆高，塔成后再把其挖掉，留下了太多的泥沙，所以塔旁的两条街巷，至今仍叫"大

20世纪60年代初从天封塔鸟瞰甬城
Overlook of Ningbo from Tianfeng Pagoda (1960s)

沙泥街"和"小沙泥街"。站在天封塔上朝南望去，就是位于解放路南端莲桥街地块的延庆寺和观宗寺。寺院门前，还曾有过碧波荡漾的日湖。日湖遗址位于现解放南路与莲桥街一带。据史料记载，日湖源自它山出南塘河，入南水关，南北长、东西窄，呈鸭蛋形。湖虽不大，却也是一湖碧水。清代以后，由于淤泥不断堆积，日湖才日渐湮灭。1960年前后，因旧城改造和拓路建房的需要，日湖周边的河浜被全部填埋，日湖从此销声匿迹。时至今日，日湖已被用于江北区姚江湾头另一个湖的命名，只有在原址的一块石碑上，还刻有"日湖"二字，充满了对存在的感伤和对魂断的询问。

另外一条南北向的镇明路，南起长春路、灵桥路口，北至中山西路与公园路相接，有宁波城内的标志性建筑海曙楼（鼓楼）。旧时镇明路一带书院较多，有竹洲（今宁波二中址）、碧沚（原月湖儿童公园址）、义田（今偃月街中段）、育才（今迎凤街与偃月街交接处）、鄮山（今镇明中心小学址）等书院，若非藏风聚水之地，学风大约不会如此兴盛。

六

关于宁波的街巷，用"悠久"这个词，似乎还远远不够。因为有些老街古巷并不为人熟知，许多新街小巷更是如雨后春笋般冒出来，沉淀其中的岁月和故事同样精彩绝伦。如果把唐代的天宁寺塔、宋代的水则碑、元代的永丰库遗址、明代的范宅和清代的海曙楼等作为各个时代的典型代表，那么不同时期的甬城街巷就是一幅幅独具吴越风情的长卷，或者说是一份份热情洋溢的请柬——它们请你走进甬城的千家万户、街巷里弄，来欣赏甬城之美，来感受甬城之风土人情，来挖掘甬城之历史积淀。

在鼓楼公园路历史街区范围内，公园路上的鼓楼、历代衙署遗址、子城、中山公园、市人民大会堂，呼童街上的学台府，县前街上的鄞县衙署，苍水街上的张苍水故居，中山公园路段上的独秀山、尊经阁、孔庙遗址等，它们在宁波城市发展史上具有特殊的地位，稍做仰首，即可领略。

在秀水街历史街区范围内，秀水街上的吴宅、报德观，桂芳巷上的桂花厅，横河街上的孙家、鹤年坊，大桥街上的徐宅，广仁街上的白衣寺等，建筑精美，类型繁多，历史信息跨越千年，历史价值非常之高。

在伏跗室永寿街历史街区范围内，孝闻街上的孝闻坊，尚书街上的屠滽故居、万氏别第，永寿街上的伏跗室、叶宅等，现有道路格局、传统建筑和高墙深巷，古朴典雅，安逸清幽，是宁波城区内较典型的明清住宅建筑传统风貌街区。

在月湖历史街区范围内，镇明路上的水则碑、大方岳第，迎

凤街上的银台第，偃月街上的江家祠堂，仓基街上的翰香小学，宝奎巷上的宝奎庙、高丽使馆遗址、柳汀街上的居士林、关帝庙、贺秘监祠、瀛洲接武坊、尚书桥、陆殿桥，马衙街上的秦氏支祠，书院巷上的翁氏故居，后营巷上的清真寺，偃月街上的儿童公园，桂井街上的烟屿楼、登科第、师古堂、全祖望故居旧址，月湖桥东花果园巷庙等，至今仍保留有较为完整的传统街巷和民居，它们如月映水，随处可见。

在郁家巷历史街区的范围内，镇明路上的灵应庙，郁家巷上的杨坊旧居，紫金巷上的林宅，带河巷上的盛氏花厅，蒋祠巷上的陈鱼门故居，念书巷上的王应麟故里，云石街上的宝云寺遗址、白鹤巷等，组成一个以中国近代洋务运动及宁波早期商帮代表人物、近代文化人士历史活动为遗存的，有着丰富历史内涵的完整的历史街区。

在郡庙天封塔历史街区范围内，县学街上的城隍庙，大沙泥街上的天封塔等，人流密集，热闹非凡，是一条集民间娱乐、民俗风情和传统商业、文化业为一体的步行街和旅游链。

在莲桥街历史风貌协调区范围内，莲桥街上的日湖遗址碑、延庆寺、观宗寺，毛衙街上的毛家、士大夫第，塔前街上的孙传哲故居，毛家巷上的南湖袁家，小沙泥街上的张家祠堂等，构成了深厚的历史底蕴，令人敬仰。

在南塘河历史街区范围内，南郊路上的袁牧之故居、甬水桥、启文桥、澄怀学堂，尹江路上的董孝子庙等，水乡曲径，桥梁纵横，临街观景，优哉游哉，构成南郊路历史地段丰富的历史文化内涵。

在城区主要街道范围内,中山路上的东门口、范宅、唐塔、老字号商铺、近代建筑群和大型商场,江厦街上的江厦公园、三江口,药行街上的药皇殿、天主教堂,开明街上的天一广场,灵桥路上的灵桥,和义路与永丰路上的钱业会馆、瓮城遗址、和义门、华美医院、包玉刚图书馆,以及长春路、望京路上的历史陈迹和新型建筑,新风古韵,无尽风流。

在江北、江东区主要街道范围内,有江北的外马路历史街区,如外马路与中马路上的外滩、天主教堂、浙海关、邮电局、客运码头、英国巡捕房、英国领事馆、槐树路上的近代建筑;有江东百丈街上的忠介街、七塔寺,潜龙巷上的钱肃乐故居,彩虹路上的彩虹坊、张斌桥,江东北路上的木行路、庆安会馆以及新区建设等,彰显着种种吸引人的魅力……

七

值得骄傲的远不止这些。扼三江口水陆要冲的江厦街,就素有"走遍天下,不及宁波江厦"之誉。宁波人不仅在本埠经商赚钱,把生意做得红红火火,他们的足迹还遍履天下,甚至有人给予宁波帮"无宁不成市"的评价。

江厦街南起灵桥西堍,北至新江桥南堍,位于奉化江西岸。隔江与江东、江北相望,过江厦桥、灵桥即江东,过新江桥即江北。优越的地理位置,决定了江厦街的重要地位。早在过去,江厦一带就船来舶往,栈行密集,凡南杂北货、商号钱庄、鲜咸渔行等交易活动一片繁荣,是当时国内的主要商贸集市,也是明州对外贸易的重要港口。江厦街一带后来建起了江厦公园,公园后来又向南段的灵桥路上延伸,且因有新建的琴桥,故称南段的公园为琴桥公园。公园虽不及往昔喧嚷,但也改变了人们的观赏方式,若要与空寂的古人对话,了解"街中街"的故事;若要与自然交目,欣赏那千花万草,还得用热情去探究,用心灵去碰擦。

在宁波人的心目中,与江厦街平行的开明街,可以与江厦街相媲美。它南起解放南路三角地,北至和义路,并与中山东路、药行街相交。开明街的耀眼光环,不仅仅是因为历史悠久,还在于它是这座城市的灵魂和品格。只要稍稍触及它的体温,就能感受到它脉搏的跳动，看到社会发展的全过程，尤其会发现历史定格的那一瞬。

从繁华的开明街一路向西，横穿解放路、镇明路和偃月街，有座古今莫二、名闻天下的藏书楼"天一阁"。历史上天一阁虽历经沧桑和战火洗礼，但至今仍保存得相当完整，表现出顽强的生命力。

天一阁为明嘉靖年间兵部右侍郎范钦所筑。他的设馆理念非常独特，不仅取《易经》中"天一生水"之意定名，还在建筑结构上以"地六成之"。因为此前月湖周边的藏书人家，大多有过焚琴烹鹤的惨痛经历。唯独天一阁至今安然无恙，最终铸成"南国书城"。黄宗羲先生因而感叹"藏之久而不散，则难之难矣"。

如此说来，在宁波的许多古街老巷交错怀抱之中，不仅有经商赚钱的环境和优势，而且还有书香文化的氛围和底蕴，他们凭借自己的勤奋和好学，同明相照，同类相求，不断把事业推向新境。

八

除了简洁明了，厚重多元则是宁波城区道路的独特风格，沿着迎凤街、偃月街、柳汀街、共青路、长春路、三支街和镇明路走一圈，你还会感叹"三江交汇，一湖居中"的神奇。这神奇的地方叫月湖，她圆处似满月，曲处如眉月，就像是点缀在城区街巷中一颗熠熠生辉的明珠。在呈狭长形的轮廓里，柳汀街穿湖而过，给人一种亲水的安逸。

月湖成于何时，史籍并无确载，有说是唐贞观十年（636），为鄞县令王君照开凿，"引它山之水以贮，便民饮用"。宋嘉祐年间（1056—1063），钱公辅知明州，仿杭州浚治西湖法，挖淤泥屯土修堤（偃月堤），栽花植柳，筑亭建阁，后又不断扩建完善，才逐步形成十洲胜景（寓意古代传说中仙人居住的十个岛），并与三堤七桥交相辉映。南宋以来，诸多诗人有"月湖十景倡和诗"，且以后一直是浙东学术中心，为文人墨客憩息荟萃之地。这方面的代表人物，有唐代大诗人贺知章、北宋名臣王安石、南

月湖一角
One Corner of Moon Lake

宋宰相史浩、南宋著名学者杨简、明末清初大史学家万斯同等，他们都曾在月湖留下过足印。

现今的月湖景区，位于宁波老城区的西南隅，是宁波城内最重要的历史文化保护区，素有"浙东邹鲁"之美誉。月湖十景，是指柳汀、雪汀、芳草洲、芙蓉洲、菊花洲、月岛、松岛（即竹洲）、花屿、竹屿和烟屿，极富江南水乡和地域文化特色。全祖望曾写下优美篇章《湖语》，记载月湖的千年文明，令人叹为观止。

在月湖南面的宁波南站附近、长春路边上的桂井街，虽小则名。在这里，"宅后有老桂，枝蟠高结，环围如井"是第一个元素，而出生于此的全祖望和徐时栋两位名人则是第二个元素。桂井街对面的宁波二中，原为月湖竹洲，它历来就是个兴学求知的处所，历史上知名人物楼郁、杨简、沈焕及其弟沈炳等名士，皆在此办学、讲学和著书。宁波二中后来还培养出了中科院院长、两院院士路甬祥和曾任国家建设部部长叶如棠等重量级人物。

古人云："仁者乐山，智者乐水"。千年月湖是这座城市的文化明珠，而在月湖之畔古老街巷之中生长、读书、行走的这些文人墨客和院士名流们，也是这座城市的丰碑！

九

显然,对一座城市而言,人最直接的感触,就是走过路过,即所谓的"耳闻不如目见,目见不如足践"。一路上的风貌人情,一路上的感观刺激,最能唤起人的情感认同。

编者所持一心,其守如一,试图以寥寥肤举,区区杂陈,将其大致源流及粗略关系,予以爬梳整比和碎言心声,知者难,作者尤难,免不了挂一漏万及以偏概全,借此就正于方家,并期许读者们的关注与兴趣。

如果《甬城街巷》能够成为一本宁波街巷文化保护、开发和利用的工具书,那也是编者与作者们执着的心愿和共同努力的结果。因为某种程度上,我们不仅需要把怀旧作为一个共同的情怀,而且更需要将传承作为一种根脉的延续,只有一路传承历史,一路散播文化,才能共同见证甬城街巷的变迁,才能继往开来续写新篇和建设新的辉煌。

果真如此,岂不伟欤!最后还是借清代袁枚的《随园诗话》句,且把幽怀同散:"……写景易,言情难,何也?景从外来,目之所触,留心便得;情从心出,非有一种芬芳悱恻之怀,便不能哀感顽艳……"

鼓楼步行街
Pedestrian Street of Feng House

我所熟悉的街巷

○ 谢善实

进士须从呼童出

我要写呼童街,是因为我是在那儿长大的,而且我在这条街上的一家单位工作过。不过,我说的呼童街,并不是现在铺着水泥路面,两旁矗立着高大楼房的呼童街。

可以毫不夸张地说,四十多年前,我闭着眼睛走就能说出到了这条街的哪个位置。因为在这条街上不同地段能听到不同的声音。

呼童街俗称火堂弄,我也道不清出典在什么地方,但以我三十多年前的想法,大概与呼童街口曾有过一家爆冻米花的店铺有关。当时,街口总是火光闪闪,那是店家在爆冻米花。当时,小孩没有什么东西可吃,冻米花就算是上食了。所以到了这儿我总不免看上几眼,但又怕爆冻米花发出的蓬嘭之声。因此只好掩着耳朵,朝店中张望。

走过府侧街口,有家贳器店。贳器店本没有声音,但店主的两个儿子经常在吹喇叭。后来,我听到姐姐也在唱这首歌,歌词大约是:"我们是民主青年,我们是革命的队伍,毛泽东领导着我们,向反动派英勇斗争……"

过了宁波大众报社,那个地方原来叫十六块桥板。在这儿能听到"嘭嘭嘭"敲击木头的声音,因为这儿有家箍桶店。再往北有座贵神庙,过了贵神庙就不叫呼童街了。

其实,呼童街,呼童街,就是呼叫儿童的街,因此这条街本来就应该充满声音嘛。但是呼童倒也不能说是呼着儿童,这个童字应该是儒童的童,俗称童生。前来参加考试的童生们都住在呼童街上的呼童坊,临考前,考官就派人到此点名,叫童生们去考场。所以这个地方叫呼童坊,这条街也称作呼童街了。这个童生倒也不一定是儿童,《儒林外史》中的周进,已经六十多岁了却还是个童生。不过,这批人中总该是年轻的居多吧。

现在对科举制也不是一概否定了,有人提出,中国的科举制是世界上最早的文官制度。通过科举进阶总比开后门来得好些吧。童生们对通过科举进阶是充满了希望的。因此这呼童之声是充满了希望的声音。

呼童街的声音还在于街的本身。因为铺在路上的是两米来长的条石,据说是从城墙上拆下来的。手拉车在上面通过,就会发出"咯噔咯噔"的响声。我想当年一大群童生踏着石块从上面走过,那声音也会很悦耳。再一想又不对,因为城墙拆去之时科举大概也停止了。不过,童生们沿路说着的"之乎者也"的声音总该是在呼童街上荡漾过的。

过年时,在呼童坊口还能听到"咣当咣当"做春饼的声音。也许有人会说现在做春饼哪来这种声音?但我说那是在偷懒。呼童坊的大眼睛老人做起春饼来是很认真的。他和好面浆,一边抓上一把在锅上一抹,一边总是不停地抓起大捧面浆在大口浅底的小缸上甩着。这样做出的春饼才会厚薄均匀,不易破裂。因此左邻右舍都喜欢到他家去买春饼。有一年,我从黑龙江回家过年。见这位老师傅在做春饼,我就说我给你拉生意,随即呼来了一帮孩童在他家门前排起长队。我可是在三十年前就知道商业炒作了!可是这一来却吓坏了这位老师傅,他走出来瞪着眼睛对我说:"你这不是在害我吗?居民会的人见到了要来割资本主义的尾巴的。"我一听赶紧轰散了门前的孩童。

我嘴馋。对吴敬梓在《儒林外史》中一笔带过的"抢粉汤包子",我没有忘记,大概当年童生们在考场上吃的粉汤包子,就是从呼童坊做好抬过去的吧。因此当年街上是飘过粉汤包子的香味的。不过,我是绝对闻不到这种香味的。但呼童街上的香味也着实不少,比如前面提到过的爆冻米花的店家,总是不断散发出冻米花的香味,因此不但闭着眼睛而且捂住耳朵,我一闻到爆米

花的香味就能知道已经到了呼童街口。

闻过爆米花的香味，接着就能闻到染头树的清香。因为附近有一家染头树店。按现在的话说，那可是地道的绿色化妆品。睁开眼睛看看，就能看到店内的师傅正在刨染头树。刨几下就拿起长刨来看，这可与一般的木匠不一样。他准是闭上一只眼睛，瞄了又瞄。后来才知道，这样为的是使刨出的刨花更薄些。再到街上看看，就能看到有些妇女坐在家门口，一旁放着泡着染头树的瓷缸，用一把牙刷，蘸着染头树泡过的水，往头上刷。直刷得头上亮光光的，绝不比现在抹摩丝逊色。

再往前就可以闻到一股豆腐的香味，因为这儿开着一家豆腐店。再接着是鞋店。说鞋店以闻到气味是不切实际的。不过再走十多米，却是确确实实能闻到一股酒精的气味，因为这儿是一家私人诊所，叫"七星全"。后来识字了，才想到大概这个医生叫戚星全吧。有次发烧，我母亲抱着我去这家诊所打针，从此我听到"七星全"三个字就害怕。所以要我回忆老街，我是忘不了"七星全"的。

现在的呼童街已经焕然一新了。我家所在的呼童坊现在是路甬祥题名的"鼓楼科技广场"——21世纪最有前途的IT产业成了呼童街的一大特色。刚好我家也有一半以上的人在从事IT产业。哈哈，我又记起了那个赁器店儿子吹奏的乐曲，末尾是——永远向胜利，永远向光明！

此路独得风气先

公园路应该是宁波城区最早的街道。因为它位于子城之内，子城是随着唐长庆元年明州州治自鄮江移至三江口附近而建立的，而现在的中山路原形却是经过 77 年筑罗城后才逐渐形成的。不过，四周街巷还铺着石板的时候，公园路已经具有了现代街道的形态——两边有人行道，中间路面还是水泥铺就的。街上的店铺中，有不少是砌着水泥假面的。用一架相机朝公园路的一面拍张照片，乍一看会以为是哪处繁华的商街。半个世纪前这条路上多的是照相馆，从中山公园门口到府侧街口的短短一段路上先后有过三家照相馆。中山公园门前的一家，即使用现在的眼光看也是

中山公园大门
Main Gate of Zhongshan Park

很有气派的，三层楼的房子，装饰着西洋风格的假面。店名叫大中华照相店。临近府侧街的那家照相店，玻璃橱窗上映着大大的一幅戏装人像，底下写着三国英雄马超，白盔白甲煞是威风。

公园路上还有不少出售传统文化用品的商店，例如文华阁。20世纪60年代这些商店都歇业了，但一些熟客还是能敲进门买到笔墨纸砚、空白对联之类的文化用品。这以后公园路上多的是"小书摊"，里面的书架上一排排放着《林海雪原》《野火春风斗古城》《三国演义》《西游记》《聊斋志异》等连环画。一些小孩放学后，向父母要上五分钱，就能在那儿坐着看到吃晚饭。

公园路是条文化氛围很浓的街道，而且一直如此。改革开放

原中山路鼓楼段

后,公园路又逐渐兴办起不少书店。作家肖复兴来宁波,回去后发表了一篇关于公园路的文章,他将公园路比作一支笛子,而这些书店就是笛子上的笛孔。

还有名头更显赫的文化名人与公园路有缘。一个叫王安石,一个叫薛福成;前者与鼓楼有关,后者与中山公园有关。有了这两个人、两个地方,公园路才显得更光彩耀人。

有子城起就有鼓楼了,鼓楼是子城的南门。北宋王安石任鄞县令时在鼓楼上制刻漏一架,并写下了一篇《新刻漏铭》:"自古在昔,挈壶有职,匪器则弊,人亡政息,其政谓何?勿棘勿迟,兴息维时。东方未明,自出召之,彼宁不勤,得罪于时。厥荒懈废,乃政之疵。呜呼有州,谨哉惟兹,兹惟其中,卑我后思。"他告诫人们要勤于政事,不要做时间的罪人。元末,该建筑毁于大火,想必刻漏也被毁掉了。现在的鼓楼是民国年间重建的,其风格中西合璧,城墙中是拱形的门洞,公园路穿门洞而过,城上则是三重檐牙高啄的城楼,城楼上又有长方体的钟楼,四面都有时钟,各个方向都能看到,也算是宁波的一景吧。

鼓楼
The Drum House

昔日鼓楼（何业琦作）
The Drum House in the Past (by *Yeqi He*)

中山公园从来就是宁波的政治中心——子城本来就是明州治的产物，而中山公园是子城的中心。到了明代，这儿又成了军事中心——宁波卫指挥使司的衙门。直到现在，周围的居民还将公园路称作卫门口。到了清代，中山公园又成了宁绍台道的道台衙门。

在道台衙门中坐过的最著名的人要算薛福成了。公园路是幸运的，因为薛福成在公园路上走过。清光绪十年（1884）初夏，薛福成出任浙江宁绍台道道台。其时爆发中法战争，浙江沿海成为军事重地。他奉命综理营务，会同提督欧阳利见等官员在宁波、镇海等沿江、沿海一带加强战备，严阵以待。次年，多次打退来犯的法舰。他又建议并主持修筑笠山、招宝山、金鸡山等处炮台，历时4年完成。他还创办了宁波第一家公立图书馆——薛楼。后来，他又从公园路走出去，出任西欧四国公使，在英国，去了一趟白雷登，薛福成写下了《白雷登海口避暑记》，文中赞叹"西人"的休闲度假意识，感叹"电气车风驰云迈"。不过，他太悲观了一些,预言要数百年"电气车"才能行之于中国。其实几十年后,公园路上就有汽车行驶了。在法国巴黎观油画,他看到法人自绘败状,就意识到"其意深长矣",洋洋洒洒写下了《观巴黎油画记》。难怪薛福成被列入放眼看世界的第一批人中。

公园路上后来多西式诊所,眼科的、产科的、牙科的都有,还有一家综合性的鼓楼医院。也许这是沾了薛福成的光,得了风气之先吧。

尚书本是亲民官

尚书街并不长,却被截成两段。从空中俯视,尚书街一定像一条长鞭。这根"鞭子柄"从呼童街起到孝闻街,与孝闻街平行有一条孝闻河,短短的一条尚书街就被孝闻河截成两段,就靠一座芳嘉桥联结,从呼童街到芳嘉桥的尚书街就像长鞭的柄。这根鞭子柄还镶着边——尚书街的南侧也有一条河——以前宁波到处都是河。从西往东过了芳嘉桥,尚书街就曲里拐弯了,就像拴在鞭柄上的皮鞭。这条"鞭柄"很短,短到什么程度呢?我有件亲身经历的事。这条街的西头是芳嘉桥小学,我的家却在呼童街,尚书街到头往南拐弯还有三五十米。那时刚上小学一年级,手工劳动课忘了带剪刀,于是在课间十分钟飞快跑回家去取,赶回学校足足还与同学们玩上了一阵子。再看那条"皮鞭"部分呢,也不长。回想一下,经芳嘉桥,从东向西走去,先是左转,不几米就是右转,走不多远又是左转,不几步再左转,然后直通文昌街。这每一转角之间不会超过十米,即使最后通到文昌街那段长些,也不会超过五十米。

刚才说到了芳嘉桥。说起来芳嘉桥还是座廊桥,因为桥上盖着顶,两边却不挡风,只设两排平铺的木板,朝外有栏杆,桥上坐着人,看上去就极像《芥子园画谱》上的图画。芳嘉桥西塊有一座小庙。庙的屋顶还借用着桥的廊顶,庙虽小里面供奉的神像却有三尊,除了两尊人像还有一匹马。印象中,小庙经常香烛通明,桥廊顶上也被熏得黑黑的。

说起桥,尚书街东头有座祝都桥,这座祝都桥却是大有来头的。道光二十四年(1844),英国伦敦东方妇女教育促进会女教士爱尔德·赛在祝都桥竹丝墙门内大屋创办女校。不仅开甬上女子教育先河,也是浙江省第一所洋学堂,全国第一所女校。芳嘉桥与祝都桥中间还有两座桥,与芳嘉桥相邻的叫智惠桥,与祝都桥相邻的叫五星桥。这四座桥,除了芳嘉桥是东西走向,尚书街两头的联结点,其余三座都是与街垂直。上面已经说过顺着尚书街有一条河——尚书街是一条半边街。街面最多只有三块大石板那么阔。想起来这样的设计是很有道理的,因为当时运输主要靠船,柴米油盐中最笨重的是柴,可是家家户户又每天都要烧柴,缺了它就做不成熟饭,这柴就必须从河道运进来。从我家到芳嘉桥有三家柴店,其中两家就在尚书街,一家在祝都桥旁,一家冲着智惠桥。

小河的另一个功用就是排水。没几年,小河填塞了,一时又没有修下水道,一到八月十六大潮汛,再碰到下大雨,尚书街就是汪洋一片。街两边的人家是倒霉了,小孩却乘机能趟大水。那年我读初中,上学还得从尚书街过。听说尚书街上发大水了,老爸就叮嘱我从中山西路走。我口中答着,心中早打定主意不能错过这么好的机会,因此一出家门就拐进尚书街。知子莫若父,刚趟进水中,就听到老爸撑着伞在后面叫唤,我只好悻悻返回。

尚书街上还多祠堂。芳嘉桥小学本来就是董家祠堂,听说就是董孝子庙那个董家。学校内有两棵森森古柏,岁寒不凋。我刚入学,就听老师说,你们来这儿不是光识几个字的,主要是学做人的道理。老师的话与古柏至今我都没有忘记。与董家祠堂紧挨

二 我所熟悉的街巷

着的是纪家祠堂，再往东走数百步是屠家祠堂。

几个祠堂中，最显赫的要数屠家祠堂。屠家出过尚书嘛。屠家的屠滽，明孝宗时官至吏部尚书。与屠家祠堂隔几间房子就是尚书第，尚书街之名也因此而来。尚书第大门在尚书街，一头却通着永寿巷，因此成了附近居民的尬路墙门。不过这条路可不好尬，因为尚书第中有好几道高门槛，道道都高得惊人，差不多要与小孩的腰相齐了。我当时就为此大发牢骚。一位大妈听到了，就说："宰相家当然不是随便能进的，所以门槛要高嘛！"尚书第中门槛高，那是礼制使然，其实，他倒是能体恤下属的。那天，屠滽穿着一身白绫衣在吏部上班，办事员不小心将墨汁溅到屠滽的白衣上，吓得伏在地上请罪。屠滽却说，"去，去！我正厌恶衣服太白，染上墨汁正好。"即使一般人遇到这样的事也会感到十分恼火，可是官级大大高于小吏的屠滽却妙语化解，还令下属十分舒坦。

不过，《明史》中并没有屠滽的传，我只在《刘大夏传》看到他的名字：太监刘瑾要陷害刘大夏，"都御史滽持不可"。刘大夏"忠诚恳笃"，屠滽坚持正义，敢于跟刘瑾抗争，也确实值得钦佩。不过他的官虽大，却不如官小的。他同族的屠隆只不过是个礼部主事，却在《明史》中有传。郑振铎在《中国文学史》中称其"代表了一个思想荒唐凌乱的时代"。能够代表一个时代确实是不简单的，因此直到现在，人们并没有忘记屠隆，宁波市文保所前几年还在苍水街的屠园巷竖了一块石碑，告诉大家，屠隆曾在这儿住过。而屠滽呢，总算还有条尚书街是纪念他的。

> 链接：公园路，原名道前街、鼓楼前。原路西至中山公园，南到平桥（迎凤街），现公园路南止鼓楼。该路原为唐明州城的中轴线，唐未建罗城以原明州城为子城，以后作为唐明州治、宋庆元府治、元浙东道宣慰司都元帅府、明宁波府署等历代衙署的所在地。1927年，以府治后花园建中山公园，同年改建道路时定名为公园路。

永恒之缘苍水街

○ 张大健

张苍水故居坐落于宁波市海曙区苍水街194号。街名的由来，是源于纪念明朝民族英雄张苍水的高风亮节。

张苍水(1620—1664)，名煌言，字玄箸，明末浙江鄞县（今宁波）人，苍水是他的号，以号行世。他出身官宦书香世家，少年时，勤苦练文习武，为人刚毅不阿，有报国济民之志。1644年清兵入关占领北京。次年大举南下，连破扬州、南京、嘉定、杭州等城。宁波城中文武官员或仓皇出逃，或策划献城投降。那年，张苍水25岁，凛然正气，投笔从戎。当时，刑部员外郎钱肃乐等率众集会于府城隍庙，张苍水倡议勤王，并奉表到天台请鲁王朱以海北上监国。

张苍水和钱肃乐一同起义后，取得节节胜利。康熙三年闽战一役失利，隐居南田悬岙岛，因叛徒出卖而被捕，慷慨就义。和文天祥一样，张苍水也是"贫贱不能移，富贵不能淫，威武不能屈"的典范。他的英雄事迹在老一辈宁波人中几乎家喻户晓，甚至带有传奇色彩。

东西走向的苍水街不宽不长，东通中山东路，西至秀水街，中与开明街、解放北路相交。全长1345米，宽处6米，窄处仅2米。《鄞县通志》载："苍水街，旧名贡院桥、甘溪头、后市、彩章衖、道后、宪墙衖。"道后、宪墙衖为街的西段，清时为宁绍台道署宪台院墙之后。

我小时候，这条街一点也不热闹，绝不像今天，车来人往，熙熙攘攘。那时的街道，夏季晨曦中，冷冷清清；冬日斜阳下，落落寞寞，只有那街上的名叫"红旗"的幼儿园和记不起校名的小学放学时，才显得生机蓬勃。坐落于苍水街的张苍水故居离旧

张苍水故居
Former Residence of Zhang Cangshui

时孔庙府学（原址在今中山广场）不远，所以正门后面的门额上有砖雕"近圣人居"四个阳文大字，字体端庄而又苍劲飘逸，从右至左，分别刻在四块大方砖上，四块横向而排的大方砖的外围，再饰以厚重的砖框，美而庄重。

我小时候，张苍水故居大门口所设的石鼓、旗杆、照壁都不很起眼了。那时候，同城的永寿巷、尚书街、旗杆巷的石鼓、旗杆、照壁都很起眼呢，甚至还有石雕的高大牌楼。这令当年走在苍水街的行人，对张苍水故居不是特别的瞩目，因为朝街的高高的砖墙，斑驳陆离，砖墙上的破瓦，参参差差，墙门内又没有高

大巍峨的马头风火墙与大门相映,所以与甬城好多大户人家的豪宅相去甚远;但我年轻时就注意到了张苍水故居朝街的大门比别的大墙门的正门往北退了近两米,使此处的苍水街给人豁然开朗的感觉。还清楚地记得,故居内以甬道为纵轴线,有台门、仪门以及相对称的厢房。但是明朝建筑毕竟历经沧桑,规模庞大的建筑风格只是依稀可辨,仅三合院和张苍水的书房保存完好,由张氏后裔和其他居民居住。1982年12月,张氏故居被列为海曙区文物保护单位。

张苍水故居不仅是名人故居,还是匠心独具、古朴典雅的、颇具江南风格的老墙门。在我儿时的记忆中,主体建筑不高,尤其是二楼,低矮得很,与我家老宅永寿巷的大墙门二楼的高大不能相提并论。好在张苍水故居的主体建筑都有前后走廊,主楼两侧设置弄堂。这样的布局,便于行走而不妨碍室内人的休憩,也利于夏季通风纳凉。我有个同学,小时候就住在那里,那里的居民盛夏不用电扇:藤椅竹榻,或放于走廊,或摊于弄堂,尽情享受过堂风的凉爽。别出心裁的还有整个大墙门的每一幢建筑均设置间隔墙,各自天地一方,却又互相连通,令人感到空间的充实而富有情趣。

记忆犹新的是张苍水故居的书房。

书房在张苍水故居大墙门的西边,要进入书房不是太容易,因为那里相对独立,有防火墙相隔,要进去得穿过一门。这门令年少的我十分好奇:两扇门板上钉着三四十厘米宽的方形砖块,

每扇横两块直八块,四角都有钉子钉住,只是下部的砖块破落了好几块,裸露出破破的厚厚木板。这门常关着,里面住着张苍水的一个后裔。听我同学的爷爷说,这个大墙门里只有砖门里面的房子质量保持得最好。有一天,这砖木结构的门有一扇开着,我就进去了,只见有一保存完好的单檐硬山顶结构的建筑,这就是张宅的书房?当年张苍水就在此读书?四周静悄悄的,我肃然起敬!生怕打扰了先贤之英灵在故居读书,又静悄悄地退出。张苍水故居修葺之前,我特去瞻仰,那书房已是人去房空,破败不堪了。最近又去了几次,那通书房的砖木结构的门是原物,只是门下部的砖已补旧如旧了。遗憾的是原先张苍水故居的东面有与西面书房相对称的五间同样结构的房子,不知何故,在修建中山广场时连同故居南面的其他建筑被拆掉了。

　　以前,我陪外地朋友去看张苍水故居,总是事先介绍背景,进入故居后便缄口不言。因为我觉得面对结构别致、素砖素瓦、青石铺地,又间有花草树木的故居,除了欣赏建筑美,更有英雄豪气在我胸中激荡。与友人彼此默默无语中,我仿佛看到了张苍水文武双全,义勇过人:16岁补诸生,校射三发三中,令学使奇之;22岁中举人。我甚至能感受到他壮士一去不复还的雄风:清兵渡浙,他急驰归家与父母妻儿诀别,到舟山追随鲁王,后与郑成功部会师天台。公元1659年,联兵北伐,从崇明直破瓜州、镇江,最后包围南京。张苍水又两进安徽,不到半个月时间就连克徽州、宁国、太平、池州四府、三州、二十四县,从清朝手中收复了大片失地,威震东南各省。郑成功兵败南京后,张苍水孤军奋战,历尽千辛万苦,威武不屈,直至血洒杭州官巷口,丹心可

照汗青！

我去杭州拜谒葬于南屏山下岳飞和于谦两墓中间的张苍水墓时，深深地为宁波出了张苍水这位忠勇昭日月的人物而自豪、而感动、而惊叹！张苍水与岳飞、于谦同被后人尊誉为"西湖三杰"。

张苍水就义后，家乡百姓为纪念他，在县学街建起了"钱（肃乐）张（煌言）二公祠"（今已废）；1936年改建贡院桥一带马路时，把张苍水故居前面的一条街命名为"苍水街"。其实，青山埋张苍水忠骨的112年后，连清乾隆皇帝也被张苍水的忠烈所感动。因为清史清楚地记载：乾隆四十一年（1776）赐张苍水谥号"忠烈"。这固然有执政者收买人心之意，但我宁愿相信乾隆作为一代英君，是会被张苍水的忠烈所感动的。

1998年，该地辟建中山广场，张苍水故居也在各方面的努力下，复原如旧，供后人瞻仰，人民日报还专门报道了此事。2005年4月，张苍水故居被列为浙江省文物保护单位。

现在，在中山广场西南角的绿树掩映中，人们可见一组青砖黛瓦的古建筑群，这就是修复后的张苍水故居。走近看，大门左面的墙上分别挂着"宁波市海曙区文物管理所"等三块直形牌匾；右面则分别挂着"张苍水故居""宁波市十大名人故居"等四块横形大铜牌。钉于四块大铜牌之上的一块小铜牌"苍水街 194号"尤为醒目。

修复后的张苍水故居，占地1660平方米，建筑面积达1436平方米，基本保留原貌：重檐硬山顶建筑，坐北朝南，中间三间二弄，左右五间三弄，俯瞰的话，总体呈"H"型。现在的大门仍是整体建筑的中轴线。左右厢房用防火墙及砖式门楼构成前明堂

后天井的布局，前明堂中央的一尊气宇轩昂身着戎装手握剑柄的张苍水铜像是修葺后新置的；而站在明堂正中朝南看门楼背面，砖雕"近圣人居"四个阳文大字是纯粹的原物。

明堂的东、西、北三面，由古朴的正屋和厢房围着，正屋的前后檐廊与东西厢房相通，游人可从东或从西到达厢房后面的檐廊。东西厢房的前檐廊与正屋的两弄相连，直通北面的后天井。而东西厢房的南端又各有一弄，连接厢房的前后檐廊，与我年轻时的记忆基本吻合。现在的正屋和厢房开辟了"张苍水史迹陈列"，用展板的形式介绍了张苍水英勇的一生。

从正屋前廊向左，穿过西厢房，现在是一个清静雅致的小花园。小花园中间植三株高大的桂花树，北侧靠砖墙有两尊铜铸坐像，西为明代心学大师王阳明；东为明末清初浙东学派领袖黄宗羲；西侧靠墙安置一铜铸王安石立像。花园中还有一块大石碑，上面的文字是《重修张苍水故居碑记》，碑记系宁波文史界前辈周冠明先生撰文，宁波书法家曹厚德先生篆额并书丹。

进入书房，只觉得时光没有蚀动书房的风雅，与我儿时记忆中的一样：五开间的单檐硬山顶结构，两边山墙上各有五节不张扬的马头墙。书房中间三开间通厅，青古板地面，左右两梢间均为搁板、地板。花格门窗均为原物，隔扇上均有人物，雕刻精致，线条流畅。四周静寂可人，令我想到张苍水不仅是一位叱咤风云的民族英雄，还是一位吞吐江海、寄情韵律的卓越诗人。他学识渊博，才华横溢，其传世的诗文集《冰槎集》《奇零草》《采薇吟》《北征录》富有强烈的艺术性和战斗性，荡漾着强烈的爱国主义情怀。从书房出来，

见书房前天井的中间有一古井,水不涸,就像张苍水精神不死一样。实际上,张苍水故居原来的规模比现在还大,因为从大门进入,穿正屋前廊向东,穿过东厢房的小弄,本来也可看到与西边书房相对称的五开间单檐硬山顶结构的房屋,可惜没有保留下来。

张苍水故居前,现在是大批草木,已无街可言了,但东南面贯穿解放北路的那条街至今仍叫苍水街,并将继续叫下去,因为,张苍水惊天地泣鬼神的民族气节将会永恒。

> 链接:苍水街,原有地名贡院桥、甘溪头、后市、彩章衕、道后、宪墙衕等等。民国二十四年(1935)马路改建时,将原几条小街小弄连接、拓宽,因该地有张苍水故居而定名为苍水街。该地块现已改建成中山广场。周围还有张苍水故居、孔庙(孔学)遗迹、宁波总商会史迹等。

张苍水故居内景
Inner Scenes of Former Residence of Zhang Cangshui

秀水江南情依依

○ 张落雁

细数秀水街区的历史遗存，竟如此之多。看似平常的老屋中，冷不丁就能看到一块牌匾，上书：文物保护单位。据统计，在秀水历史街区内，被列为各级文物保护单位以及文保点的有吴宅、桂花厅、鹤年坊、孙宅、林宅等，以及其他较有价值的文物若干处。

一

秀水街吴宅为晚清民宅，占地1260平方米，建筑面积910平方米，中轴线上由南至北依次为牌楼式大门、明堂、硬山顶七开间的大厅。明堂和重檐硬山式后楼的东西两侧，有面向东西的厢房，分别为客厅、书房、居室、厨房及杂屋，前后两进组成一座相当规模的建筑群；前后左右廊子相通，上置卷棚式轩，轩的构件上有各类花草的图案。宅之东首尚保留一座小花园，整个建筑总体布局对称平衡，用材硕大，构件的艺术装饰古朴端庄，玲珑精巧，具有晚清时期宁波民居建筑的独特风格。

桂花厅位于桂芳巷17、18号，坐北朝南，单檐硬山式，覆小青瓦。梁用材硕大，截面较圆，柱础为鼓蹬状，分隔墙采用竹篾泥作。整个厅堂无雕饰，素面，具有明代建筑型制的特征。该建筑原系甬上望族倪氏介石园内花厅。倪氏自宋移居鄞县，元时家产颇富。明末钱肃乐抗清复明起兵时，倪氏子弟懋喜、元楷从之。

鹤年坊位于横河街44、50、56号，为民国时期的砖木结构二层楼房，共由三进风格一样的建筑组成。整体建筑坐西朝东，每进北侧外墙上开设大门，上面分别写有"鹤年坊一弄""鹤年坊二弄""鹤年坊三弄"。一弄面阔六开间、二弄面阔七开间、三弄面阔八开间，都无檐廊。现房子保存较完整，布局独特，是现存较少的又较有特色的民国时期建筑。

孙宅，位于广仁街40号、孙家巷12号，为清晚期传统建筑。广仁街40号现存建筑平面呈"工"字形，主体建筑坐北朝南，大门朝南，门楣上有砖雕。主楼为三开间重檐硬山式楼房，左右各是面阔七开间的楼房，七脊马头山墙，前廊为卷棚轩，前檐柱上施十字斗拱，梁前端呈兽头状，雕刻精致。孙家巷12号由两个院落组成，都为重檐硬山式楼房，现房子保存完好，用材考究。

教会学校旧址系清同治七年(1868)由英国圣公会传教士戈柏、禄赐始建于贯桥头，初为义塾。光绪二年(1876)，传教士霍约瑟主持教务，改为书院，取基督教"圣父、圣子、圣灵三位一体"说，定名"三位一"，后移迁于孝闻坊。光绪七年(1881)，又建新校舍于李衙桥侧（原广仁街宁波八中校址）。学生多系教会子弟，人数甚少，主持书院者称监院，先后由霍约瑟、慕华德担任。教学内容主要为圣经、英文，两科不及格者不能升级，亦不能毕

秀水街民居
Civilian Houses of Xiushui Street

业。星期日必须到教堂参加礼拜，学风保守。1916年改为三一中学。1952年改为宁波市第八中学。

二

这一天，阳光很明媚，连风儿吹在身上都是暖洋洋的，原来，春天真的已经到了。

走过秀水街，走过广仁街，再走过横河街…… 每一条属于秀水街区的蜿蜒小巷，都这样静静的，似乎生怕惊扰了春梦。从小到大，曾无数次从这里经过，此情此景并无太多改变，所以从未驻足细观。可这一天，当我沉静心情欣赏时，却陡然发现了不一样的景致。

那一片街区大多是民国时期的老房子，每一瓦每一砖都透着历史沉积的味道，冒冒失失地推开已斑驳不堪的大门，走进四合院落，便是一片似乎与世隔绝的天地。天井中晒着被子和衣服，煤炉上烧着水，正"滋滋"地冒着烟。院子中的老人，悠闲地坐在椅子上晒着太阳，对于陌生人的打扰并不介意，沉浸在自己的世界里。冷不防的，一只猫从身边蹿过，又藏进了屋子中阴暗的角落。

一户户走过去，却发现每走一步就得停顿下来，因为很多看似不起眼的院落都是文物保护点。横河街38号、44号、50号、56号……一串串门牌号看过去，这些看似陈旧的砖木结构二层楼房，在阳光下一点点地散发着沉静隽永的味道。

走街串巷找了几位久居此间的老人聊天，他们平静的回忆，

总让我有一种时光倒错的感觉,仿佛回到了百年前,这里水系纵横,是典型的江南秀色。

三

秀水街区形成于宋代。街区南侧在宋代为贡院,与街区的东侧,即现在中山广场处的郡学和孔庙合为一体。在明清的宁波城中,秀水街区位于城市西北,东临和义门,西近永丰门,北侧紧靠宁波老城墙和姚江,南侧是宁波的府治、府学和孔庙。

目前,秀水街区的格局与1924年地图上的基本一致。

早在元代,街区南侧的贡院开始为一倪姓大族所居。倪氏在此居住了700年,占据了街区南侧近四分之一的土地。如今,明代倪氏家族的桂花厅依然存在,南侧的桂芳巷也因倪氏桂芳第而得名。

明清时期,吴宅的吴氏和孙宅的孙氏成为世居此地的大族。孙宅占了广仁街以北近一半的土地,吴宅则占据了广仁街南侧大片土地。

民国时期,新兴民族资本家和商人开始聚居于以林宅、陈宅、徐宅、鹤年坊为代表的建筑,给街区带来了新的活力。

四

秀水街区还有数条蕴含了丰富历史内涵的街巷,如孙家巷,南起广仁街,北至横河街。长132米,宽3米,混凝土路面。巷侧为居民住宅。《鄞县通志》载:"广仁街,旧名白衣寺跟,大池头之东西。"大池头系大桥头之误。旧时,府学前河有渠达白衣寺,上有大桥、李衙桥、启文桥。街因旧有广仁坊得名。"文革"时曾改称勤俭街,1981年地名普查复原名。有市第八中学、市工

业科学研究所、广仁居委会。

横河街，东起解放北路，西至孝闻街。全长612米，宽3～4米，混凝土路面。据《鄞县通志》载："横河街，旧名双池头、横河头。"清光绪、咸丰《鄞县志》作簧河头巷。因旧街南侧有簧河流经，故名。康熙《宁波府志》载："簧河，府治西北百步，四周学宫。"民国时，改簧为横，谐音，并将"双池东西一段并入之"。

今年66岁的沈先生在秀水街的吴宅内已经住了60多年。至今他还清晰地记得小时候街区四周到处能见到水，还有桥，隐约记得大桥街东侧、广仁街南侧、秀水街西侧都有河流，水系纵横。

"这里的居民大都依水而住，最方便的交通工具就是小船了。那时候，盐啊，粮食啊，都是用船载来的。小时候，我经常和小伙伴一起去钓鱼，收获总是很丰富。要么就在小巷中捉迷藏，在这样的环境中，要找到一个人还真不容易呢！到了夏天，我们就在桥上乘凉，听大人们讲故事。那时的生活别提多优哉了。20世纪50年代，开始填河造路，于是一条条河就逐渐变成了如今的路，虽然能依稀看得出填痕，但纵横的水系是不复存在了。年少时，我最爱的运动便是到附近的体育场踢足球，尽情挥洒汗水，总会到夕阳西下时才满身是汗地回家。还有记忆中的陈糖，每次听到有人摇拨浪鼓的声音，我就兴奋地拿着牙膏皮冲出去换糖吃，捧着金黄色的糖，觉得自己简直就是全天下最幸福的人了。"

在社区干部裘洁静看来，这些年，社区面貌变化不大，不过慢慢也有些改善。一些居民楼外墙翻新了，不少老房子，尤其文保点的旧电路进行了整改，居民们住得更安全了。

"老社区、老房子，并不总是暮气沉沉，我们社区老年人多，参加社区活动，个个积极性很高。这几年，林林总总的文艺队伍成立了十来支，有新联戏曲队、巾帼腰鼓队、追梦舞蹈队等。社区旁的中山广场是最好的排练场所，每天早晚，这些正在排练的中老年人，也成了广场一景。老有所学，老有所乐，在这些文艺队伍的带动下，越来越多的人走出家门，加入健身行列。我们社区的这些文艺队伍，曾到许多地方表演，在一些比赛中也得了不少奖，说起这个，我也挺自豪，平日的辛苦没白费。希望这个老社区，能够越来越有活力。"

链接：秀水街，原名秃（塌）水桥下，清嘉庆年间因厌桥名不雅，而取字形近似为"秀水桥"，民国时道路改建以桥为名，定名为秀水街。现秀水街内保存有大批传统民居及吴宅、鹤年坊、孙宅等宅第，为宁波市历史文化保护区之一。

北城脚下忆横河

○ 周东旭

宁波的老城现在看来是很小的，但在千年之前，就不能算小。建城的历史只能在方志里找到只言片语。唐代长庆元年（821），刺史韩察把明州的州治由小溪鄞江桥迁至三江口，"城四周围四百二十丈，环以水"，官府在城里办公，老百姓住在父母官的脚下。过了六七十年，一个叫黄晟的刺史又造了一个外城，"周围长二千五百二十七丈许，计一十八里"，把老百姓的住所也围了起来。老百姓把内城叫作"子城"，外城则称作"罗城"。一千多年以后，子楼的城楼屡建屡废，但依然在。爬上鼓楼，"欲穷千里目"，登高望远的感觉早被现代的高楼大厦弄得支离破碎。老城墙在民国初年就拆了，改成了环城马路。先前的六个城楼门成了路名。在以前，花上三块钱，叫辆黄鱼车，可以做个环城游。车夫乐意，乘客也乐意。现在自然不会有这样的人了，而这类瞎逛不知回家的人，宁波人谓之"游六门"。

横河街，就贴着北城脚下。据《鄞县通志》载："横河街，旧名双池头、横河头。"清光绪《鄞县志》作黉河头巷。因旧街南侧有黉河流经，故名。民国时，把这个许多人看了一下子反应不过来"黉"字，依其谐音改成"横"字。"黉"是古代的学校，黉门客，就是读书人。康熙《宁波府志》载："黉河，府治西北百步，四周学宫。"在几百年前的黉河岸约莫可以看到这摇头晃脑念四书五经的孔门弟子的影子，渐渐地这河也听惯了书声，沾了书生的光，命之为"黉河"。然而河早就填塞了，现在唯一能做证的就是横河街上还有三五棵"溪口树"。这些树，大可合抱，

　　每逢夏天，遮天蔽日，夏夜的凉风吹来，从树上会掉下类似毛毛虫的东西，不知是花还是果实，让乘凉的人多了几分惊奇。溪口树喜欢生长在多水的地方，人们经常用她的嫩枝皮做"叫子"，能发出很尖的声音。

　　这条街像一条弯曲的小河，两边多是一些民国时的房子，掺杂着一些上世纪八九十年代的房子。生活在这里的人大都是一些上了年纪的人，银发如雪，佝偻着腰，脸上都是岁月的痕迹。自然，他们也不知道啥时候自己成了这个样子，只是一天一天、慢慢地他们老了，跟房子一样老。他们不愿爬楼梯，他们喜欢老墙门，喜欢坐在一起，喜欢"乱话三千"地讲大道，他们觉得这样"落胃"。这里除了一些不愿爬楼梯的老年人，就是一些外地人。有时候走过这里，都是一些外地口音，什么地儿都有。横河街的安逸让他们多了许多随遇而安的自在。

　　从西往东一百来米的地，有一个老宅，是典型的民国时期砖混结构楼房。朝街的大门，北向，并不高大。据老人们说，那门楣上原先有"载庐"一匾，而今不知所踪了。走进去，两进房子，都是坐西朝东。第一进房子面阔六开间，两层。在民国，这样考究的房子算是大户人家了。据说这个房子是虞洽卿所建。虞洽卿的故居在慈溪龙山，这宁波北城脚下，约莫也是一处别业吧！虞洽卿，小名瑞岳，按虞氏宗谱排列行第，属"和"字辈。取名和德，乡人呼之"阿德哥"。上海有谚云："龙山大泥螺，三北阿德哥。"虞氏的一生有说不完的传奇，经历洋务运动、辛亥革命、五卅惨案、九一八事变、抗日战争等，从一个三北拾泥螺的男孩，变成闻名上海滩的达人，从一个颜料学徒成为中国近代航运界的

巨擘。从清末到民国的六十年间,他与中央和地方政府要员都有密切接触,其政治影响极大,然而他从没有认认真真地做过官,而是以商人自居,一心创办实业,尤其在航运业和金融界具有举足轻重的地位。他爱国爱家,热心公益,为人传扬。而这老宅,或许他在这里住过一段时间,已不得知了。王维诗云:"来者复为谁,空悲昔人有?"大概就是感慨随着岁月的流逝,像房子这样的财产,一会儿属于你,一会儿属于他,看似人是房子的主人,但几十年间,主人都不知所踪,而房子却成了真正的主人。它迎接着每一位过客,迎接着深夜的月色,诉说着一个一个传奇故事。

鹤年坊在横河街的中段,也是民国的房子。鹤年,就是松鹤延年的意思。这个房子共由三进风格一样的建筑组成,坐西朝东,每进房子的北侧都有大门,上面写着"鹤年坊一弄""鹤年坊二弄""鹤年坊三弄",字都要很费力地看才能看出来。一弄面阔六开间,二弄面阔七开间,三弄面阔八开间,这个说起来类似绕口令的布局不知道当初是谁的匠心独具。有一次,我和房管处的人来这里,只听他说,那些房子的椽子都不是上好木料做的,所以最初建那些房子可能是用来卖的。我询问了一些人,有些是外来的租户,他们一问三不知,不知有汉,无论魏晋。

鹤年坊的对面是一排低矮的房子，两层，房子没有出挑的走廊，墙面上涂了红红的漆。这应该就是民国时的店面房子，虽然不甚精致，但十分有味。向东走十来步，隔着孙家巷，是一座大房子，非常别致，中西合璧。它由两个独立的院落组成，东院朝北开了一个大门，大门两侧的柱子都用当时的水泥磨石子罗马柱，门楣上书"德门重辉"，坐西朝东，前后两进，还有偏房。西院呈"工"字形，非常小巧别致的民国时期建筑。

横河街
Henghe Street

再过去的一块地,据说是欻飞庙的遗址,然而许多当地人都不知道了。欻飞庙供奉的就是黄晟。黄晟墓碑上说:"此郡先无罗城,郭居若野居。晟筑金汤壮其海峤,绝外寇窥觎之患,保一州生聚之案。"黄晟除了筑罗城外,还有一个经常为人提及的故事就是桃花渡斩蛟。蛟是现在所说的鳄鱼一类的动物。在唐代的时候,蛟在河涂边出没伤人性命,黄晟除之。老百姓为了纪念这位父母官,就造了欻飞庙。

短短的横河街,没有什么显姓大户,就现存的房子来看也多建于民国。不足百年,就已物是人非了好几轮。当年陈子昂登幽州台,大放悲情,天地悠悠,人生须臾。想来悲怆也是有一些道理的。

链接:横河街,原地名双池头、横河头,因街南原有横河故名。横河原名黉河,"黉"指古代学校大门,因河环府学故称"黉"河。民国拓路时,以近似"横"字代之,称横河街。原有纪念建明州罗城的唐明州刺史黄晟的欻飞庙、鼍池及报德观等古迹。现为秀水街历史文化保护区的一部分。

老城深处广仁街

○ 李文国

　　宁波城旧时的规模并不算大,若是沿着城墙根走一圈,估计用不到一个时辰。城内大小街巷纵横交错,如蛛网般密集。而西北厢的广仁街,隐藏于老城深处,倘不是地道的老宁波人,恐怕少有人知道它的具体方位。与城内通衢大道中山路、解放路、百丈路、镇明路等相比,广仁街没有更多的琐事猬集,似乎略觉封闭。从东端大桥街起到西端孝闻街止,短短不足半公里的路面,在两侧高大的梧桐树遮掩下,愈加显得清幽静谧。

　　广仁街的形成远在唐代,不过当时的街名叫"白衣寺跟",因其地有佛教寺院白衣寺之故。大约到了宋代,街上竖立起一座表彰功德的石碑坊"广仁坊",此后街巷以坊易名,所以就有了这个颇具亲和力的名字"广仁街"。

　　有一个在浙东地区广泛流传的民间传说。据称故事发生地就在广仁街,说是南宋初肇,金兵南侵,高宗赵构出逃至明州,随从走散,赵构只身逃到城西北的广仁街一带,幸得当地一位老妪相救,躲过金兵追捕。老妪给饥肠辘辘的赵构做了一道叫"金镶白玉板,红嘴绿鹦哥"的菜,高宗食后,赞不绝口。躲过一劫的高宗回到京城后,想起在明州落难时的经历,便派专使到明州寻找老妪,但老人已过世。专使特地打听"金镶白玉板,红嘴绿鹦哥"的做法,原来就是浙东一带极为普通的家常菜——菠菜烧豆腐,于是这道菜被高宗正式赋予"清香白玉板,红嘴绿鹦哥"的御名。流传至今。脍炙人口的民间传说,虽不及正史那样凿凿有据,但给人透露一个信息,那就是广仁街的名称,在宋代已经确定了。

广仁街
Guangren Street

宋代的广仁街是什么样子呢？谁也说不完整。曾经是明州士子会考之地的贡士院在历史的长河中已消失得无影无踪，只有在旧文献的只字片语中，还记载着广仁街上曾矗立过一座巍峨的黉宫学府。那么明清以后呢？不管记载在文献中的，还是流传在口头上的，街巷的脉络似乎清晰起来。采访多位世居于此的老人，他们记忆中的广仁街，或是他们父祖辈口耳相传的广仁街是属于小桥流水人家式的。"半边街，北街南河。"南侧的河渠向外延伸，贯通着整个宁波城里的水系。从街东到街西，大桥、李衙桥、启文桥横跨河渠，桥上人声杂沓，桥下小舟穿梭，半边街上的店铺林林总总有十余家。徐氏药铺、钱家理发店、象山人豆腐店、童家杂货铺、施芝莲米店，皆沿街面设，大都有些年头，生意倒不清淡。河埠头浣妇说笑声，顽童嬉水声，以及船工装卸货物时的吆喝声，给原本宁静的街巷增添了动态的旋律，呈现一种灵动之美，极富江南水乡的韵味。

坐落于广仁街西端的白衣寺无疑是这条小小街巷中最重要的历史遗存。据宁波乡邦文献《四明谈助》记载：白衣寺原称"净土报仁院"，五代后唐长兴元年（930）初建，宋治平元年（1064）

赐"白衣寺"额,遂称白衣寺,一度声誉隆隆。白衣寺历史上几经兴废,清光绪十八年(1892)重建,民国时期有过重修。由于历史原因,白衣寺现仅存一座大殿,目前还是一家工厂的成品仓库,但五开间面阔,翘角飞檐的大殿,依然气派非凡。推开厚重的大门,已看不到庄严的佛像,但殿内一根根硕大合抱的屋柱,令人叹为观止。高高架起的抬梁又给人一种高不可企之感。白衣寺在近代声名远播,更与民国时期一代高僧——弘一法师短暂驻锡该寺有着密切的关系。民国二十年(1931),弘一法师驻锡浙东名刹慈溪五磊寺。因创办弘扬佛教律宗的南山佛学院,与主持僧栖莲在意见上发生分歧,随即迁到圆瑛法师主持的宁波白衣寺挂单。这期间,他和圆瑛法师朝夕论道。甬上文人雅士及更多的善信慕大师之名纷至沓来。争瞻大师法颜,聆听法旨。弘一大师亦经常应他们之请而留下墨宝。一个月后,弘一法师拜辞白衣寺,又开始了他一瓶一钵的云水生涯。弘一法师短暂的驻锡,使千年古刹白衣寺再度声名鹊起,在自古有"四明佛地"之称的宁波产生了相当大的影响。

如果说较早传入中国的佛教给中国文化带来了深刻影响,并融入了中国社会各个层面的话,那么近代以来西方宗教在中国的传播则更能证明中国传统文化的兼收性、包容性。远的不说,广仁街的"三一教会学校"即是一个很好的例证。

"三一教会学校"坐落于广仁街的中心地段,东西走向的广仁街,与南北走向的秀水街、永丰巷在其东侧十字交汇,也算是小小广仁街的交通枢纽。早在清同治七年(1868),英国基督教圣公会在城内贯桥头设立义塾(相当于小学程度)专收教会子弟。至光绪二年(1876)传教士霍维瑟将义塾改称书院,起名"三一书院"。三一意为基督教宣扬的"圣父、圣母、圣子三位一体",故名。光绪七年(1881)始建新校舍于广仁街李衙桥旁,即今址。1912年,始建"三一书院"改名为"三一中学",并开始招收非教会子弟入学。当时学校为初级中学,教会气息很浓,圣经为必修课,规定学生星期日必须到教堂参加礼拜。圣经及英语不及格

不得升学，也不能毕业。当时学风保守。1937年抗战军兴，"三一中学"迁到浦江马剑，成了流亡学校，直到抗日战争胜利后的第二年（1946）才迁回宁波，在此期间成立了高中部，成为宁波市学生运动的堡垒。这段时期是"三一学校"的黄金时期。1952年12月"三一中学"与青年中学合并，成立宁波第三中学。

"三一教会学校"在近百年的校史上，曾出现过为数不少的知名人物。早年在"三一中学"就读的王正廷，后任北洋政府的农商总长、外交总长、财政总长、内阁代总理等职，积极支持现代体育运动在中国的发展，让中国体育走出国门，因其对中国体育事业的特殊贡献，被尊为中国的"奥林匹克之父"。曾在"三一中学"任过教的马瀛（涯民）是当时享誉国内的知名学者，一生著作宏富，其主纂的《鄞县通志》被竺可桢赞为"古今方志第一"。

现在"三一教会学校"的大部分校址成了李兴贵中学的校舍。现存的校舍尚存两进东西方向交错的楼房，依旧保存着昔日的欧式建筑风格。与隔壁李兴贵中学高大气派的现代化教学楼相比，显得局促狭小。不时传过来的琅琅读书声，使人觉得时间倒流，穿越百年……

广仁街上老宅多。当你进入任何一家，总会发现一片片的岁月痕迹，总会听到一段段的悠远故事。在广仁街老人中流传着这么一个说法"街北孙家人，街南徐吴姓"。就是说孙姓房产占了广仁街北面一半的地面，而徐姓与吴姓的宅地则占了广仁街南面一半的空间。街北孙家巷这条巷名很能说明问题。据《鄞县通志》记载：孙家巷旧名孙家衙。孙氏自明万历年间迁此，数百年间繁

衍成大族,称纯德堂孙氏,屋宇连片,整整占了街北的一半。虽然孙氏鼎盛时代的局面不知其详,但从现存的广仁街40号孙家巷12号孙氏旧宅规模上,仍可看到当年孙氏全盛时代的冰山一角。整整两个大院,七开间并列的楼房,七脊马头墙,豪华大气,给人庭院深深深几许的感叹……

而街南的吴氏与徐氏亦毫不逊色。清代吴氏的崛起给广仁街注入了新的活力。吴氏自福建故籍来宁波药行街开设木材行,经过几代人的努力,资财雄甲一方。遂在广仁街南买地建房,一并购入旁边的周姓官宅,规模超常。到了民国时期,吴家子弟在工商实业界又有新的发展。于是又在老宅东侧营建了水榭别院,水榭融合中西方建筑风格,既讲求均匀对称之美,又特具新颖别致之奇。庭院中的一池绿水,几叠假山,数株木本,巧妙搭配。伴着鸟鸣鱼喋,逸趣盎然,使人流连忘返,几疑身在城市。现在吴家宅第已成为海曙区的文物保护单位,颇受世人瞩目。另外街东的徐姓也大有来历。徐氏明洪武年间世袭宁波卫百户之职。清兵入关世事变迁,许多徐姓子弟改习医术,悬壶济世。延绵数代,成了中医世家。从前,广仁街徐氏药铺即其祖传之业。当时人们称徐氏为道后徐,因为街南不远即为清代统辖浙东三府一厅的宁绍台道署,因地而得名,足见徐氏在周边的影响。民国以后,徐氏后嗣陆续外迁另谋发展。道后徐建筑群中有的房屋转售他姓,有的改变形制,所幸徐氏核心建筑"登科殿"保存完整,依旧矗立在广仁街东段,青砖乌瓦,屋宇恢宏,似乎还存留着昔年的辉煌。在世居此间的徐素娥老人心目中,"登科殿"是他们祖上的荣耀。现在从"登科殿"走出的陈世荣博士,成了中国科学院青

街边小吃
Street-corner Snacks

年专家,在全球卫星定位系统的科研领域崭露头角,成了广仁街新的亮点。不仅"登科殿"人引以为豪,而且在广仁街传为佳话。

经历了千年风雨的广仁街,在当今城市现代化的进程中步履蹒跚,与周边钢筋水泥建筑物林立的街区相比,总显得那么的不协调。双休日的清晨,趿一双拖鞋,揉着惺忪的睡眼,到街上的小吃店,叫上一碗宁波风味的馄饨,悠闲地品味,看着街坊们不紧不慢地生着煤炉,听着街头摊市的叫卖声,一切都是那样的亲和真切。这种原汁原味的市井生活,能够相伴我们到何时?

链接:广仁街,原地名白衣寺跟、大池头。民国道路改造时,因白衣寺巷口原有宋代所立的"广仁坊",故名为广仁街。原街南侧为河,河上有启文桥、李衙桥、隐仙桥等古桥。现存白衣寺等古迹。

香气袭人桂芳巷

○ 陈维军

提起桂芳巷,似乎就能闻到扑面袭人的桂花了。

桂芳巷位于鼓楼中山公园以北(原明州城独秀山以北),与历史上的倪家花园有密切的历史渊源。据《四明谈助》记载:"倪家花园,在旧府治北。元倪万户建。倪万户可辅,官浙东宣慰司都元帅兼海道漕运。"元代这儿有个姓倪的大户人家,造了倪家大花园,倪家花园紧邻明州的官城,相当于市中心邻近市府的"钻石地带",可见主人不但资产丰厚,也是社会显赫名流。后来这儿,几经沧桑变化,倪家花园大部分不在了,唯有巷内的桂花厅保存较完整。

呈"Z"形的桂芳巷,巷北侧曾建有"桂芳第",据《四明谈助》载"倪隐君克介介石园,在四港桥河北。后其子孙分居河南,犹称'介石园倪氏',即今桂芳第。"这便是桂芳巷的命名直接由来。倪氏在此居住了700多年,占据了街区南侧近四分之一的土地,如今明代建筑桂花厅依然存在,其房产主人仍为倪氏后人。

桂芳巷不深,约200米。巷北侧传统建筑围墙界面保存较好,北侧是青砖老屋,但南侧有不少20世纪80年代末造的现代多层民居,不过多层建筑与传统建筑之间有绿篱和围墙分隔,而且地面高度不一,走在桂芳巷,虽然现代建筑与你仅有一墙之隔,却如同两个不同的空间,令人恍如隔世,巷子中间的水泥路约两米宽,是20世纪80年代造的,早已被行人踩磨得粗糙不平,小路曲径通幽,在巷内古树掩映下散着淡淡古朴的气息。

桂芳巷
Guifang Lane

　　桂芳巷有几处市文保点，也是本巷的主要建筑。一号陈宅的主人是甬城近代著名的实业家陈庆恒。陈庆恒于20世纪20年代创办宁波著名的万信纱厂，他一生勤勉，走实业救国之路，为宁波近代民族工业发展作出了巨大的贡献。其有两子，天资聪颖好学，均是社会显达。大儿子陈守义曾任宁波市副市长、市政协副主席，次子陈守礼执教多年，曾任宁波中学校长、市政协委员。现存的陈宅是两进立面六间硬山顶建筑，东西两个三间的厢房，为民国时期砖木结构建筑，共由前后两进组成，主体建筑坐北朝南。第一进主楼为平面呈"工"字形的二层楼房，用铁花栏杆，廊楼板端面有雕刻，柱础呈花篮状且有雕刻，左右有面阔三开间的厢房。

第二进为面阔七开间的二层楼房,用牛不栏杆。山墙饰观音兜,券彤砖窗,界碑上书"陈禄房己墙",是典型的民国时期传统民居。现在墙上青砖斑驳陆离,长满了绿色的青苔和爬山虎,更加为老巷增添了一些古朴宁静。

桂芳巷6号民居也是市文保点,里面有一幢三间重檐硬山顶的老房子,也是民国时期的建筑。

桂芳巷最古老、最著名的建筑是位于桂芳巷的17、18号的桂花厅。桂花厅属明代建筑,坐北朝南,面阔三开间,五柱九檩,单檐硬山顶式,覆小青瓦,梁用材硕大,截面较圆,柱础为鼓蹬状,分隔墙采用竹泥作。整个厅堂无雕饰,素面,具有明代建筑型制的特征,原为大户人家进行接待贵宾的场所。上面有市文化局颁布的文物保护点的标识。现在桂花厅两边次间"文革"时期进行了改造,主间变成了通道,两边次间改成了居民住房。此建筑于2005年进行翻修改造,椽子、柱子许多用材翻新,据我市文保专家介绍,桂花厅是宁波老城区为数很少保存较好的明代建筑之一。

此建筑原系甬上望族倪氏介石园内花厅。倪氏自宋移居鄞县,元时家产颇富。明末钱肃乐抗清复明起兵时,倪氏子弟懋喜(字仲侮,官至金事)、元楷(字端卿,官至评事)从之。

桂芳巷18号现为民居院落,有两进三间重檐式硬山顶民居,院里有两棵橘树,枝叶婆娑,香飘满园。一位60多岁的朱老先生说,此院落有侧门,可通桂花厅。他打开院门,可直通桂花厅的右侧。

桂花厅21号原来是周家墙门,正偏屋三间,住了许多周家的

子孙。由于年久漏雨,区房管处正在组织大修,脚手架林立,里面杂住了许多居民。桂芳巷21号偏屋住房里住着一位84岁的周二毛老孀孀,她在桂芳巷生活了80多年。回忆小巷的往事,老人浑浊的眸子里闪出一丝兴奋。她指了指前方的多层民居:这儿改造之前,小巷两边都是多好的老房子。这些老房子有着青砖黛瓦、高大马头墙、古朴宁静的三合院落……谈及小巷大户人家的轶事,儿时和伙伴玩耍的故事她历历在目;小巷中间的路原来是青石铺就的,走上去发出清脆的"笃笃"的声音;那老屋的石窗边还留下她少女时代的美好回忆。老人年纪大了,有时爱坐在门口晒晒太阳,看浮华烟云,心里充满着淡泊宁静。对她来说,小巷永远是一坛陈酿的老酒,汩汩地流淌着让她回味无穷的往事。

桂芳巷现属于鼓楼秀水历史文化街区的一部分,随着该街区保护方案的全部启动,我们相信桂芳巷会以更好的历史风貌呈现于世人。

> 链接:桂芳巷,原名桂芳第、秃水桥(秃亦作塌,清嘉庆年间改名为秀水桥)。元代,浙东宣慰司都元帅兼海道漕运倪可辅在今桂芳巷一带建万户府及花园,时称"倪家花园",其后人倪豫,字克介,又建"介石园",宅名"桂芳第"。后以此为巷名。现该处有明代"桂花厅",系原桂芳第遗存建筑。

永寿巷旧事如烟

○ 张大健

老城多小巷。

我家老屋就在永寿巷。永寿巷改名为永寿街后,老住户还是叫它永寿巷。小巷的老屋被誉为"典型的宁波民居",照壁、马头墙、飞檐翘角,随处可见。

在我的记忆中,小巷鳞次栉比的老屋都善于营造阴森奇丽的意象。宗族灵位牌旧尘如烟,仿佛叙说完老屋当年的辉煌后又叙说颓靡伤感的传奇。夕阳西下,阴暗潮湿的明堂,纤细精巧的窗棂,气韵典丽的厢房,散发淡淡的幽香。捉迷藏时,合抱大柱暗处,仄仄楼梯底下,七石水缸缝隙,处处引人入胜,顽童哪顾烛影摇红的诡谲?及成年,老屋新住户多得挤挤挨挨,明堂也被纷□□□或作厨房,连有山水石桥异树的"假山墙门"□□□□□的老屋如同一种精致的文化由此衰落。我在□□□常走神,仿佛眼前就是一部记录沧桑的历史

一

永寿巷古老的豪门大宅,至今保存较完整的有三处。

名气最大的是俗称"文昌食堂"的大宅。我家老屋,就在"文昌食堂"第一进西厢房楼上二间楼下一间。整幢建筑原是清康熙二十年(1681)副贡官、长乐知县陈明府居宅,陈家连宅带地一

并售给上海县县令、定海人叶机后,叫"叶宅"。人民公社化和大跃进时期,因为大门厅和正厅气势宽敞,而被占用作"宁波市海曙人民公社文昌大队"队员们(其实仍是居民们)的"文昌食堂",我就在这个食堂吃过饭。如今,如果向老宁波打听"叶宅"何在,大多不知;打听"文昌食堂",知者众焉。整个建筑坐北朝南,富有清代早期浙东民居建筑特色:格局宏伟规整,共有三进,若将三进大门都打开,那是深得难以一望到底。五道边门均有石刻,石刻门边均有狗猫进出的小小拱形石洞。而正大门南,有庞大的砖质浮雕照壁,就造在伏跗室的北墙。"文昌食堂"大门厅和正厅曾被一家大红灯笼高挂的"得胜面馆"所用;部分老住户还在,更多的住户为外地来甬的新宁波人。

我家老宅西邻,即如今的永寿街40~43、45、47号,老邻居们叫它"假山墙门"或"林家墙门"。其建筑为明清时期典型的宅院。主体建筑为台门、前天井、正厅、东西厢房、后天井,还有附属建筑。正厅五间二弄,气势颇大,但质量不如"文昌食堂"。"林家墙门"前天井的南侧,有太湖石所垒假山,造型通透参差有致,上植叫不上名的异树,四季花草茂盛;山下有碧池,池水深不可测,大旱不涸。阳光明媚之时,可见鱼影游晃。顽童如我曾将从北斗河钓来的小小河蟹和鱼放进池内,几年后居然也长大了不少。碧池之上,有整块天然的大石头作小桥,呈南北向,连接天井。但桥面坑坑洼洼,长满青苔,胆小孩童不敢过。池的东北侧有二尺宽的青石石梯,约十数格台阶,陡峭弯曲而上,直通天井。这一台阶,居民们偶尔一用,无非是下去打捞枯叶或买鱼来放生。"文革"后,这一景观被新住进的居民拆除填平,建为

永寿街口明府第
A Compound House of Ming Dynasty at Yongshou Street

厨房，实为可惜。此宅基原为北宋名臣敷文阁侍制林保住宅旧址。林氏为甬上望族，也称"北郭林氏"，族内为官者甚多，如南宋户部侍郎林祖洽、明吏部侍郎林栋隆等。听父亲说，永寿巷与孝闻街相交的街口原先立有林家的父子登科坊。其后人中，有民国时期曾任宁波工务局局长的林绍楷和其弟林绍楠，皆与蒋介石关系甚密。林家后来将部分住宅出售俞姓、范姓。到我懂事时，林家已败落到仅有几间私房的地步。不知是林家第几代孙的外号叫"阿六"的，和我交好，欲将他名下的两间房子低价出让给我，当时我北国插队，和父母商量，不允。

紧靠着"林家墙门"西侧的，即如今永寿街50号，叫"元戎第"，其原主人以武学出身，叫沈垣，字再中，一字午亭。清嘉庆年间（1796－1820）巡洋缉匪有功，官至广东水师提督。但听老人说，"元戎第"其实是沈垣购郑家旧居拆建而成。后楼为沈改建，整个院落就有了明晚期与清早期相结合的特色。

这三处昔日的大宅深院，虽风雨沧桑，颓败不堪，但豪门气势依稀可辨，住户比我幼时更多。而牢固程度当推"文昌食堂"。

二

永寿巷，原先叫"水浮桥巷"。这在清咸丰、光绪《鄞县志》上有记载，因这条巷有永寿庵、永寿桥、水浮桥而得名。这是个相当生动的拟人化叫法：水凫桥，一座会游泳的桥！水凫桥成"巷"，一条碧水多桥的巷！我懵懂之年，小桥流水人家的美景犹存。

水凫桥是一座小巧玲珑的石拱桥，就在我家老宅东侧，高高耸于和南北走向的孝闻街相交处，从五六格的淡红斑驳的石梯上去，过条石桥面，到桥东，有座小小土地庙。再往东走，就是永寿桥。而《鄞县通志》上，改称这条小巷为永寿巷。具体何时所改，我问过当年几个古稀老人，都不知其详。

永寿巷多桥，不仅仅是《鄞县志》《鄞县通志》皆有记载的东西走向的永寿桥、水浮桥，还有众多没被记载的南北走向的桥。

我家老宅南边，隔永寿河相望的伏跗室北门就有座考究的平桥，通永寿巷。那桥由八大块淡红平整的桥面石组成，东西桥栏用直立的两块石板，也是淡红色，细磨如镜。我小时候常在这石桥上玩。伏跗室北外墙石基桥栏的榫眼，至今清晰可辨。而当年

  永寿巷南侧的房子大多有小桥通北侧的巷路，或简或繁罢了。
  永寿巷东端与南北走向的呼童街中端相交的"永寿桥"，我幼时还有遗址。但那时，居民们已叫"十六块桥板"了。
  老宁波对十六块桥板应该是有印象的。它地处永寿巷与呼童街的交接处。在我年少时，永寿河虽填了，但十六块桥板还在，那是十多米长、一米多宽、近三十厘米厚的暗红色的十六块桥面石板，桥面石板上有高而宽大的似榭又似亭的建筑；紧挨桥面北侧，有个挺大的似庙又似堂的大平屋，居民们都称其为土地堂。及成年，我才知其叫永寿庵，是尼姑住的地方，始建于明嘉靖年间，和永寿桥是同时代所建。位置在现在的永寿街东侧，原宁波日报社址（永寿街1号）北侧，现宁波晚报广告部南边的花坛。
  记忆中，被我误称为土地堂的永寿庵，长年关着大门，里面阴森森的，根本没有人。东面呼童街通中山公园的拐弯处住一户人家，儿子是彪形大汉，绰号就叫"十六块桥板"，他是我的邻居——住在林家墙门的"上海阿五"和"宁波鹤龄"的朋友。他们常练功，肌肉比现在的健美运动员还健美，我们这帮小孩特别眼红他们的身材。他们还养了很多鸽子。"十六块桥板"的鸽子就养在陈旧的二楼屋顶，围着庞大的钢丝网。白天，空中时不时传来悠悠悦耳的鸽哨声。他有时拿出几只出卖，换酒肉坐在家门口的十六块桥板孝敬父母，有时也和我们这帮顽童一起享受，特别是在夏天，那是我儿时一道美丽而温馨的风景。

三

后来,我读书多了,才知十六块桥板与中华传统美德孝道有关,与宁波的董孝子庙也有关。

宁波最早的董孝子庙分城内与城郊两处。城内一庙在鼓楼东,与渡母桥相近,是董氏母子的住宅。董孝子死后,群众感其孝,改宅为庙祀之;城郊一庙,在南郊祖关山,由朝廷封敕而来,饬地方官保护其墓。董孝子杀王寄,为母申冤,事详史册,爱读史的人大多知道,其事可谓惊天动地,使枭獍胆寒,利于世间行孝道,与上虞的孝女曹娥无异。清朝末叶,会稽道尹王庆澜到甬城任职,下车之后,廉访民情。王庆澜秉性慈善,克孝其母,访得宁波怕旱,不惜用自己的俸禄,为群众凿了不少井,解决了群众的吃水问题。他听说十六块桥板的土地堂内,有个竹匠刘春才事母尽孝,就毫无官架子地与刘春才结拜为兄弟,拨土地堂为刘氏私宅,还常周济刘氏。据我父亲说,此事还有诗赞"孝子不匮,永锡尔类"。我想,这应该是可信的。可怜旧时代穷人命薄,刘春才母子相继亡故。当时的政府拨地于江北岸辅善会馆面前安葬,并立碑保护,昭示路人,碑上大书"刘母周夫人暨孝子春才合葬墓碣",听老一辈的书家说,碑字端庄,笔势遒劲。也不知这块碑现在还在否。若在,放到祖关山董孝子庙正好,因这座董孝子庙现已修葺一新,庙中若有此碑,则相得益彰。

现在想来,十六块桥板一带自古人孝地灵,与永寿巷相交的孝闻街也出孝子呢!当年,绰号叫"十六块桥板""上海阿五""宁波鹤龄"等后生,都是左邻右舍有口皆碑的孝子呢。

四

永寿巷旧时东起呼童街,西至文昌街,宽3米。在20世纪50年代初期,河填桥废,并向西延伸至望京路,全长达到530米,延伸部分的宽处5米,而原巷窄处还是3米。在新时期的城市改造中,孝闻街以东永寿巷路段的北侧老宅拆迁后,新造民宅时,巷路往北拓宽约6米。于是这个巷段就成了如今的双巷道,巷道中间植有樟树。

后来的"地名办"也许是考虑到永寿巷在老城众小巷中不算太小吧,报请改巷为街。1981年11月,经市人民政府批准将永寿巷改名为永寿街。

现在的永寿街是混凝土路面。旧时却一分为二,北为条石铺成的小路,南是清澈见底的小河。小孩子们常用三五枚缝被大针绑扎在长木棍一端,扎那藏在河沿石缝中的河蟹。小河两岸有河埠头,古朴可爱。南岸大户豪门及普通人家皆有石板桥通北,便于出行。

当年与永寿巷交叉的孝闻街也是一分为二,东是河,西是路。河水流转相通,街巷十字相交处,东有石拱桥,西是与路齐平的石板桥,两桥呈直角紧挨着,与周庄双桥有异曲同工之妙。(此石板桥何名,至今难以考查了。)石板桥脚,有香樟如盖。依稀记得树下有一个卖油炸香干的老人,白发白须,清爽飘逸,记不得其姓了。东边与永寿巷平行的石拱"水浮桥",小巧玲珑,刻有石狮。桥东小庙,内栖赵姓老人,黝黑精瘦,挑水为生。那卖香干的老人也是挑副担子,一头是小炉小锅,一头是小碗小碟,左右上下满是抽屉小橱,像是蕴藏饮食的百科全书,白天就放在香樟树下。那香飘十里的油炸香干,其实就是切成半寸见方的老豆腐放在茴香汁中煎成。一旁备有酱醋辣油葱花等佐料,还有一种甜酱,色彩绚丽,许是祖传秘方,鲜美无比。我儿时馋,天天吃,吃不起,家人就模仿自制,全不是那个味。天一黑,老人就挑担走街串巷地吆喝"油——炸——香干——",声音倦怠而悠远,美味的诱惑就在黑暗中弥漫。

老人累了就回香樟树下歇息,那是夜的书场,主角是挑水的赵老伯。他讲小巷老屋的奇闻轶事,讲姑苏烟雨、金陵春梦,语调恬淡,活灵活现。小孩挤在大人怀里,特别爱听含冤上吊的少女魂灵不散、美丽阴柔的少妇独守空房、狂诞不羁的浪子任由家

永寿街
Yongshou Street

业倾圮以及宗亲仪式的神秘繁复、骚人墨客的风流韵事、保家卫国的英勇悲壮……听后便有无以名状的兴奋和惶惑。听大人讲，赵老伯也懂一些楚辞章句、四六骈赋，因身世坎坷，所以故事多荒诞和狭邪。直到如今，我仍能穿越时空，真切地感受到赵老伯故事里那种"南朝自古伤心地"的恣肆气息，以及明清以来江南老城小巷中特有的乱世奇谈和那难以言语的魅力……

小巷那有着"不能承受之轻"的历史，转瞬如烟而逝。多少年以后，当我读到戴望舒的《雨巷》，我的视点并没有落到丁香上，却幻化出一幅江南水墨——永寿巷。

> 链接：永寿街，原名水凫桥巷，民国二十年（1931）道路改造时，因该街东与呼童街交界处有永寿桥而名永寿巷，1981年定名永寿街。现永寿街区为宁波城内历史文化保护区之一。是我市内呈现明清时期官宅建筑风貌的历史街区。街内有元戎第、明府第、万氏别第等宅第。

不求闻达重书香

○ 楼世宇

一直以为宁波之所以成为历史文化名城，藏书是其中不可或缺的文化元素。宁波的藏书文化被人们知晓，很大程度上得益于天一阁的存在。然而，就在距离天一阁不远的孝闻街91号，还有一座并不为众人所周知的藏书楼，这里的藏书，曾经卷帙浩繁，内容精湛，价值非凡，这便是伏跗室。它的主人是近现代重要的版本目录学家冯孟颛先生。

少立读书志

冯孟颛先生（1886～1962）名贞群，一字曼孺，号伏跗居士、成化子、妙有子，晚年自署孤独老人。原籍慈溪，随祖父冯溪桥迁居至宁波。

冯孟颛少年即有读书之志，他摒弃了先祖经营钱业的遗愿，专心攻读。17岁即中光绪壬寅科，补宁波府学生员，后来参加同盟会。辛亥革命后，曾任宁波军政分府参议员。

1932年冯孟颛出任鄞县文献委员会委员长，从事表彰先贤、保护文物等工作。在职期间，曾主持募捐，重修范氏天一阁，将宁波府学"尊经阁"移至天一阁后院，并搜集了宋代至清碑碣八

十余方建"明州碑林"。

1936年至1939年,冯孟颛先生历时3年,整理编纂天一阁全部藏书目录《鄞范氏天一阁书目内编》,此外他主持重修黄宗羲甬上讲学处白云庄证人书院,还参与编辑《四明丛书》。

1947年冯孟颛先生任《鄞县通志》编纂,修辑《文献志》人物、艺文两编。

新中国成立后,冯孟颛先生担任浙江省文史研究馆馆员、宁波市人民代表会议特邀代表、市政协委员、市文物管理委员会委员,致力于宁波的文化建设。

艰辛的历程

最近一次造访伏跗室是在一个初冬的午后,气温有点低,不时袭来的寒风吹在脸上有些生疼。不大的院子里,栽着一株橘树、一株桂树和两株芭蕉,叶子还在往下掉,但它们的枝干在坚强地积聚着生命的能量,孕育着来年的枝繁叶茂。而橘子树果实累累,据称名为"代代橘",其中的含义既指橘树本身生命力旺盛,更喻示着冯孟颛先生开辟的伏跗室,藏书事业生生不息,代代相传。

对于伏跗室,我始终都有一种特殊的感情,因为这里是我曾

经工作和生活过的地方。记得那是1993年5月,我从市文保所调到这里,参与室内庋藏图书碑帖的管理工作。当时,伏跗室仅三名工作人员,而书楼因为收藏有冯孟颛先生捐献的11万卷藏书,晚上必须有人值班,我便在这里住了下来。

伏跗室不大,600平方米的建筑面积,是一座坐西朝东、五间两弄三厢的木结构楼房。它的主人是浙东著名藏书家、目录学家冯孟颛先生。

而伏跗室作为一座藏书楼的由来,自然经历了一番极为艰巨的历程。浙东自古多藏书楼,天一阁、抱经楼、水北阁、五桂楼、

伏跗室
Fufu Private Library

二老阁……但正如一代大儒黄宗羲所言："读书难，藏书尤难；藏书久而不散，则难之难矣！"藏书不啻是一项常人无法想象的艰苦的接力工程，需要有极其热衷此道并深谙此道的人为之作出不懈的努力，且每一棒的交接者都必须具备这样的素质，否则只能是"君子之泽，五世而斩"。很多藏书楼的湮灭，便是因为接力过程中的某些环节出了差池。一生嗜书如命的冯孟颛先生继承了其父"求恒斋"两千册遗书之后，更感藏书之不足，弱冠以后，乃"屏嗜欲，节衣食，搜访坟典"，在军阀混战"世视故书雅记以为无用"的年代，历尽艰辛，辗转绵延，才得以汇集明清以来赵氏种芸仙馆、董氏六一山房、柯氏近圣居、徐氏烟屿楼、赵氏贻穀堂、陈氏文则楼

九 不求闻达重书香

等流散之籍，罗列室中，脱误虫伤，即为补治。历30年所蓄之本，遂使伏跗室庋藏充实至十余万卷。

伏跗室的名称，是由冯孟颛先生从叔冯君木所取，源自东汉王延寿《鲁灵光殿赋》中"狡兔跧伏于跗侧"。跧，通蜷；跗，脚背也，意为如狡兔一般蜷缩其身，不求闻达，孜孜不倦，专心攻读，审慎治学。至冯孟颛手中，伏跗室已有善本三百多种，弥足珍贵的有宋代杜大圭编《名臣碑传琬琰之集》宋刻本十六册，宋许洞撰《虎铃经》明复宋刻本四册，元赵撰《春秋属辞》元刻本一册，清史荣《李长吉诗补注》稿本二本，清全祖望撰《鲒崎亭诗集》谢山眉批抄本一册，清姚燮撰《姚复庄诗文稿》稿本三册等等。

保护与贡献

明清以来，在宁波的版图上，藏书楼可谓星罗棋布，自晚清至民国年间，由于战乱频仍，这些图书文献的保护便成了一大难题。冯先生为之倾注了极大的心力。抗战期间，他亲自将天一阁等藏书转移至浙西丽水、方岩等地，以确保安全。宁波沦陷后，他面对敌伪拉拢利诱不为所动。由于日寇炮火时袭宁波市区，冯先生便在伏跗室内挖了一座防空洞，将所有藏书连同他的书斋搬入洞中，誓与藏书共存亡。如今，伏跗室天井内仍保留有这座见证了冯先生磐石之志的地下防空洞。

冯孟颛先生对于伏跗室的贡献并不仅仅在于收藏,他还是一位严谨审慎的学者。在伏跗室藏书初具规模的过程中,他一直专注于校勘、考订。由于他丰富的版本目录学知识,所藏典籍多经手披目览,批校题跋。冯先生尤其注重地方文献的保存和研究,经他整理而收入《四明丛书》的有唐贺知章《贺秘监集》、宋杨简《杨氏易传》、明黄润玉《宁波府简要志》、清李邺嗣《杲堂文续抄》等十余种。冯先生一生勤奋治学,积文稿十七册,并编著《姜西溟先生年谱》一卷、《鄞城古甓录》一卷、《晏子春秋集注》八卷,编订唐元结集《箧中集》一卷、《别录》一卷、《考证》一卷等。

1962年,冯孟颛先生不幸病逝,其长孙冯孔豫代表家属,遵照冯老遗嘱,将伏跗室全部藏书捐献给政府。当时的宁波市人民委员会根据冯老遗愿和家属意见,决定将伏跗室原地辟为藏书楼,并保留原名,以志纪念。

室内之结构

伏跗室主体建筑分上下两层,藏书全部安置于楼上,为表彰和纪念冯先生的功德,楼下辟"冯孟颛先生生平事迹"陈列室,用大量图片资料和实物,展示冯先生的生平简、

伏跗室大门

历著述成果、藏书业绩和将藏书捐献国家的义举,对冯孟颛先生的一生作了生动翔实的介绍。1995年,为进一步保存并供后人研习整理这些藏书,伏跗室藏书移至天一阁统一保管,"冯孟颛先生生平事迹"陈列仍保留在伏跗室楼下。

如今的伏跗室,正面朝孝闻街,马头墙下,两扇黑漆木板大门,各用辅兽铁环装饰。进入大门后,再穿过两道黑漆小门,便进入天井。过天井,便是"冯孟颛先生纪念室"。阶前是一副包柱的楹联,上写"有满屋藏书古为今用,是当代宿儒人以文传",为冯先生好友、书坛宗师沙孟海先生亲书。过台阶便来到正厅,又有一副楹联"集乡邦遗著充栋汗牛真事业,承庠序余风传知解惑古先生",为甬上知名学者郑玉浦先生撰写并手书。正厅中堂名"树德堂",匾下挂冯先生像,左右各一联"邺架十万卷搜罗备古今,学海千仞深坐拥胜百城",为甬上书家沈元魁先生所题。正厅两侧即为"冯孟颛先生生平事迹"陈列室。厢房之中亦极具书卷气,有姜宸英、米芾、刘墉(已移天一阁)所书楹联,及甬上名家单克伦、丁乙卯、吴昌卿、曹厚德等人字画。

读书好时光

伏跗室绝对是个读书的好地方。这里虽地处孝闻街闹市区,但无论白天还是晚上,关上门,室内便一片静寂。加之精巧的古建筑构件,照壁上垂下的丛丛青藤,造型古典的盆景,茂盛的芭蕉,硕大的蕉叶,无不构成良好的读书氛围。

从1993年到1995年,那两年多的时间,我浸淫在冯先生的藏书中,有容无欲,悉心研读,那是我一生中最为快乐、也是最为纯粹的读书时光。

作为当时宁波市文保所伏跗室文保站的工作人员,我的工作就是保护和管理这批珍贵的文献资料。伏跗室内的藏书和碑帖品相大都比较完好,所以平常的工作量并不算大。只是到了每年梅雨过后的伏季,室内便要进行晒书。所谓的晒书,并不是在日光下曝晒这些藏书,而是在晴天干燥通风的环境下晾书,然后放回柜中,再放上樟脑等物,以防书籍霉变和受蛀。记得有一年,作家肖复兴来伏跗室参观,我们几个工作人员正在晒书,他便饶有

孝闻街
Xiaowen Street

兴致地和我们聊了很久。后来，他写了一篇《伏跗室》的散文，发表在《随笔》杂志上，里面还专门提到了我——赤膊晒书的大学生。

1994年底，我因为工作关系调离了伏跗室，但因实在舍不得离开这个读书的绝佳去处，便又在那里居住了大半年。直至今天回想起来，在伏跗室两年多的工作和生活，依然是我最值得回味的一段人生。

链接：孝闻街，原有河利市桥、水凫桥、芳嘉桥跟、孝闻坊、佑圣观跟等地点。北宋时有孝子杨庆居住该地，杨庆性至孝。传父母病时割己肌肤为之药使病愈。宣和三年（1121）郡守楼异奉命表其坊为"崇孝"。另，宋时该地还立有"孝文坊"，在闻性道编写的《康熙鄞县志》中改称为"孝闻坊"，民国二十年道路改建时定名为孝闻街。现孝闻街上有伏跗室等史迹。

一岭何以镇四明

○ 汤丹文

一

镇明路以镇明岭而名。它是我们这个城市曾经的中轴线。

如今走在平坦的镇明路上，哪有岭的踪影？但上了年纪的老宁波人会告诉你，在现在的县学街到戒珠巷口之间，就是镇明岭的旧址。若仔细观察，现今镇明巷内市老干部活动中心一带的建筑地基还是比现在的镇明路路面高了一截。

"六十多年前，这里要比周围的路面要高出50多厘米哪。那时候，骑自行车上镇明岭墩是要花些力气的。"家住镇明路陈家巷的85岁俞永标老人这样说。72岁的张桂卿则回忆道：小时候，周围有人小囡走失，便会在镇明岭上敲着火油箱登高一呼："小人不见了，拿出铜钿来！"

镇明岭是由宋真宗天禧年间（1017－1021）的郡守李夷庚在浚清澜池后，以池泥堆筑而成，那时岭高约 5尺。在李夷庚的眼里，这事关城市的风水。因为他认为镇明岭"下有石脉，自锡山来……以其土益岭卑薄，壮县内案山之势"。

依山面水，俯临平原，左右护山环抱，眼前朝山、案山拱揖相迎。这是古时中国人理想的居住景观模式。镇明岭位于宁波城市中轴线的中心，正对着鼓楼和遍布衙署的子城，从而成为风水理想之地。

元代诗人袁菊村的一首诗是这样吟咏镇明岭的：一岭坡陀镇四明，无山无水自天成。闲看来往登瀛客，仿佛金鳌背上行。从这首诗可以看出，镇明岭虽不高，但其雄镇四明的城市标志意义不言而喻。早在李夷庚以土培岭之时，镇明岭上面就建造了佛亭，

而后成为镇明庵，为"圆通道场"。明代嘉靖年间，镇明岭上又建起了正学祠，祭祀宋代宁波正学四先生。清代嘉庆年间岭上建镇明岭庙，祭祀的是宁波下属六县的城隍之神。到了近代，镇明岭这个风水宝地还是成了宁波闻人金庭荪（老百姓称之为"金牙齿阿三"）的豪宅所在地。这座中西合璧的建筑历经风霜，保存仍为完好。

镇明岭是如何渐渐消失的？自然是因为城市中有这样"岭"的阻断毕竟不便通行，于是"渐削"几成平地了。曾经在市政公司工作、在镇明路紫薇巷住了60余年的陈梅年则回忆道，镇明岭的大修大约在20世纪二三十年代，逐渐变得平整，看不出山岭的模样了。而镇明岭的完全消失，则是在1997年的月湖（镇明路）大规模改造中。

2006年12月，镇明巷口的镇明岭庙重修完成，似乎想唤起宁波人对镇明路前世曾有"一道岭"的记忆。但它现在却成了一家美容院，只有马头山墙让后人喟叹世事沧桑！

旧时的宁波城水网密布，是个真正的水城。现在的镇明路曾

镇明路
Zhenming Road

经有一条同样南北向的河道附势而行，它也是月湖东部的界河，连着宁波南城的水门——长春门。平桥头、湖桥头、仓桥头这三个以桥命名的地名沿袭了下来，成为镇明路的三个地标。

二

过去的镇明路并不像现在那样一街通衢，而是由三个桥头为分割点的多段街道组成，而河道交叉穿行其中。到了20世纪20年代，当时的鄞县县长陈宝麟为了改善城市面貌，着手改造城市河浜与道路，镇明路的小河被填平后，才慢慢现出镇明路的雏形。

平桥头就在现在的镇明路与迎凤街口。由于临近月湖，紧靠内城，也就是宁波的行政中心，这里也成为宋代官衙"度水增减，以为启闭（碶闸）"的水文观测点了。如今，此地路面以下还有一石亭翼然而立，人称水则亭；亭中有碑，通称"平字碑"，榜书镌刻"平"字于石上。南宋州官吴潜颁布政令，规定城外所有碶闸均视"平"字之出没，为启闭潴泄之标准。这是月湖边最古老的历史遗迹了。

平桥头由于在子城根下，达官贵人、巨贾富商自然聚居于当时城市里的这块"CBD"。现在镇明路上高丽使馆遗址这一带历史的变迁，更是明白无误地表示，这里曾是我们这个城市的"门面"和"客厅"。

高丽使馆建于宋徽宗政和七年（1117），它是那时江南唯一一所高丽使馆，不仅要安顿使者的食宿，更是储藏货物的栈房。据记载，它的建立者是北宋明州人楼异。他在任随州知州时向皇帝建言：在宁波设来远局，建高丽使行馆，以供高丽使者每年来宋贸易之用。在建议得到宋徽宗采纳后，他便改任明州知州操办此事。

当时，高丽和日本进贡的船舶至明州定海（今镇海）口，即由中国官府封舱经甬江，驶入三江口，由市舶司验货纳税后，再由水路入月湖，抵高丽使馆。高丽使馆附近的银台第就是曾经的维舟埠，也就是停泊船只的码头，当时是宁波最大的内河码头。

　　使者们的船只北入余姚江,经曹娥江、钱塘江达杭州,再经运河抵开封,在明代还可至北京。宋、明朝廷收到贡品后,则予大量赏赐。高丽使馆显然担负着中韩贸易文化交流的中转重任。

　　平桥头最繁华的时代应是南宋,因为在高丽使馆的原址上曾建有"一门四宰相"的史氏家族史浩的王府——寿乐府。

　　宋孝宗时的宰相史浩曾在其《鄮峰真隐漫录》卷四十二《迎奉城隍并惠济王祝文》中,称其王府所在地"昔为驿亭,以舍使星,既遭兵火,酒垆是名"。

　　在高丽使馆为兵火所焚后,南宋初年,这里成了"酒垆",这也得到了历史资料的确认。据载,郡酒务在南宋绍兴五年(1135)迁于"子城南平桥下街西高丽行衙"。"酒垆"或者说是"郡酒务"实际上是当时公营的酿酒作坊和专卖机构。据说一种叫"双鱼"的酒,是当时的名酒。前几年,这里的地下还曾出土过不少被人们称作"韩瓶"的酒瓶。

　　如今,高丽使馆遗址附近还有一个叫宝奎巷的巷子,所谓"宝奎",是指皇帝的御书。史浩是历经高宗、孝宗、光宗的三朝元老,这三位皇帝都赐以亲笔御书予以嘉勉。当然,他要在王府造一座有气魄的楼阁来供奉、保管这些天子的真迹,于是有了"宝奎阁"。后来,物是人非,王府不在,人们把宝奎阁当作祭祀当方土地神的地方了,这里也称作宝奎庙了。

　　在宝奎庙的南首,现在月湖东岸的镇明路广济街口,则是大方岳第。它是明代贵州布政使张渊之故居,建于嘉靖年间(1522–1566),原宅第附近建有坊,即称"大方岳第",又称"张方岳第"。

旧时镇明路三支街口（《宁波旧影》）
The Crossroad of Zhenming Road and Sanzhi Street in the Past (from *The Old Pictures of Ningbo*)

　　湖桥头位于现在镇明路的中段，即现在的柳汀街与镇明路口。曾经有一个民间传说让镇明路（岭）的名声远播海外。宁波文化人曹厚德和杨古城对这则"牡丹灯笼"的传说有过较为详细的考证和描述。据说古时一位乔姓书生就居住在镇明岭下，被提着牡丹灯笼走过的漂亮女鬼色诱，最后枉死在湖心寺内。他们说，这个鬼怪神异故事在日本、韩国的流传如同我们的梁祝故事在国内的知名度。故事的发生地"湖心寺""镇明岭"在日本几近家喻户晓。

　　镇明路上有许多庙，除了曾有的镇明岭庙，现在镇明路、三支街附近的七枚将军庙，是旧时穷人躲债的庙宇。随着月湖改造，其踪迹难寻，但它的半截牌坊被拆迁到现在的月岛，静静地立在那里。据说，另外半截还埋在三支街地下。而苍桥头附近的一座大庙里，供奉的却是一个姓鲍的县吏，生前他含冤而上吊，死后却在灾害来临时显灵，替百姓纾难解祸，因此被百姓奉为神明。所以，这个庙又被称作"灵应庙"。

湖桥头也曾是月湖的商贸中心,这里是曾经的"湖市",也就是湖边买卖土特产的农贸市场。在月湖改造前,这里丁字形路口旁还有个菜市场。每天天还没亮,就有大批菜农挑着新鲜采摘的蔬菜赶来摆摊。一年四季,天天人声鼎沸。

如果说高丽使馆遗址代表着中外贸易在镇明路上的足迹深深,那么湖桥头的"湖市",同样也构成了月湖商贸文化的源流。

三

到了近代,镇明路落寞了许多,这也许是因为它的东边江厦街的兴起。当贸易的船只不再进入月湖,而靠泊在江厦码头,城市的经济贸易中心显然东移了。镇明路也成了宁波人所谓的"落家",也就是城市平民的居住地。

家住广济街的82岁老人冯方林回忆道,当他少年学生意时,镇明路也就三四米宽,旁边的房屋大都是由平房改建成的二层楼房,板壁都是木制的,底下有门板却是钉死的,昭示着这是以前的店铺却是当下的民居。他记忆较深的是一家叫张宏德的药店和平桥头的味华酱油店。前者因为有坐堂的中医,他经常光顾;后者因为卖的酱豆腐、霉麸、豆瓣酱等是当时穷人饭桌上的必需品。"现在的镇明路靠近鼓楼的停车场就是味华晒酱油的地方,放满了缸缸罐罐。"冯方林说。

在杨古城的记忆中,对镇明路印象最深刻的莫过于煤炉和马桶。从小住在镇明路附近水仓巷的他,每每在东方刚现鱼肚白的清晨,见到是这样的场景:勤劳的主妇们,心急火燎地生煤炉、倒马桶,在一片烟雾和喧哗中,生活忙乱、热闹但十分亲切。

仓桥头也是近代镇明路比较闹猛的地方。因为临近当时城外的三市,宁波四乡的人们都会在赶三市集市时顺便进城买他们的生活必需品或享受必需的生活服务。新中国成立后,这里曾有一些店铺诸如粮站、百货店和副食品店。那时的新华兴、白牡丹理发店也算是服务业的名店了。

原镇明路宝奎巷口
Former Crossroad of Zhenming Road and Baokui Lane

在镇明路大规模改造前，镇明路沿街还是有一些小作坊式的工厂。最为有名的当属宝奎巷附近的宁波第一服装厂了，20世纪七八十年代，它生产的"红灯牌"衬衫在宁波十分有名。大红灯笼寓意着喜气，不经意间也为镇明路现在成为"婚纱喜庆一条街"埋下了伏笔。

现在的镇明路是一条浪漫之街，更是一条文化之街。1999年月湖大规模改造完成后，它完全地脱胎换骨。破落的民居早已不见，而一些代表性的建筑和街巷被保留了下来。像高丽使馆遗址、卢宅、大方岳第、宝奎巷等等。绿草茵茵、树木葱茏、碧波荡漾的月湖景色和点缀其间的老房子，成了宁波人拍摄新人婚纱照的场所。一些精明的生意人敏锐地观察到这一点，纷纷在镇明路上租来门面开起了婚纱摄影、婚纱租赁店以及糖果喜铺和鲜花店。

像凯地、维纳斯、台北丽人、薇薇新娘、施洛琳、金蒂皇后、阳光灿烂等近十多家宁波喜庆业的翘楚云集于此。

每当节庆吉日，镇明路上花车成排，喜气洋溢。与此同时，餐饮行业这几年在此也渐成气候。而大庙附近正在兴建中的历史文化商贸街区更代表着镇明路的未来。浪漫的镇明路，早已无须镇明岭的"雄镇"。这条宁波曾经的中轴线，将永远荡漾着今生的快乐愉悦，散发着厚重的历史情怀！

链接：镇明路，旧名紫薇街、镇明岭、桂芳桥、仓桥头、兵马司桥、鼓楼前大街。北宋天禧年间（1017-1021），郡守李夷庚将处在鼓楼之南子城中轴线上的小土坡加土增高为明州城的内案山。南宋绍定元年（1228）郡守吴桀书"镇明岭"以表之。民国时，将多条街巷连接定名为镇明路。为宁波古城南北向的主干线，也是"月湖十洲"的东界线。

四明本是三佛地

○ 王国宝

一

佛教有三世佛，指过去、现在、未来三世的一切佛。佛教讲三世因果，即重视过去，也注重现在和未来。最近，常听宗教界人士谈及四明"三佛地"。所谓四明，是指宁波境内有四明山，所以古称明州或四明。四明三佛地，指的是宁波阿育王寺珍藏供奉的"现在佛"释迦牟尼真身舍利、奉化雪窦寺布袋和尚契此弥勒化身的"未来佛"，以及海曙区戒香寺哑女化身的"过去佛"毗婆尸（维卫佛）。

说起阿育王寺，很多人都知道，因寺内珍藏着一座名闻天下的佛祖舍利宝塔而享誉中外；而说到笑口常开的奉化雪窦寺的布袋和尚（名契此，弥勒菩萨化身），许多人也是耳熟能详，尤其是目前中国唯一的露天金身弥勒大佛开光落成，更是为佛缘世界增添了新的光彩；至于海曙区戒香寺以哑女形象现身的维卫佛，则似乎鲜为人知。

从一些发黄的古书和枯燥的史志中，我们发现，宁波古代历史上一个颇有传奇的名字：哑女。这个示现哑女相，以柔和智德感化人的维卫佛，与月湖发生着千丝万缕的联系。也许她此时就站在湖边那条已经消逝的街巷，站在那座已不复存在的戒香寺的遗址上，对着漫天春色和满眼波光，古貌又古心。

关于"戒香"，有大师云，自身没有过失、没有罪业、没有嫉妒心、没有贪瞋心、没有劫心，就叫"戒香"。原来佛教谓戒律能涤除尘世的污浊，故以"香"喻。另外，"戒香"亦指所燃之香。

史载原戒香寺的具体位置，是在今月湖附近的县学街一带。而民间传说其所在地，则为今月湖畔镇明路旁的"哑女巷"。我并不热衷于考古，但身心长久栖居月湖，依恋月湖，对月湖周边的每段往事、每个传奇，甚至每棵古树、每块石头、每张瓦片，都有着浓厚的探究之兴，尤其是对流传在月湖周边街头里弄的民间故事，抑或神话传说更为关注——文学终究需要羽翼，并凭借想象起飞。

于是，循着有关人士的思路，邀上几位挚友，我们再次走进了昔日的"哑女巷"，走入早已湮灭的"戒香寺"，试图穿越历史的屏障，更加深入地研究一下这位"哑女"——既平凡又神奇的佛。为了印证昔日戒香寺的古老与辉煌，有人还特意走访了位于城外的鄞县东乡横泾的戒香寺遗址，发现了该寺的一些遗存物，同时还叩拜了哑女的埋葬地柳亭巷一带。柳亭巷旧名柳亭庵，它西北起南郊路，西南连鹅场跟，东南通鄞奉路，因旧有柳亭庵而得名。

梦想究竟（盛欣夫作）
A Dream Looking (by *Xinfu Sheng*)

不用杜撰和虚构，凭借其遗存的石件，我们早已点燃一炷心香，心中自有一座真实存在的寺庙。它们并不高大，但充满神圣的威仪，在古月湖与镇明岭的湖光山色中露出过几分峥嵘。

通过此次的寻访，我们更多地了解到，素有"三佛地"之称的宁波，历史上高僧辈出，名寺众多，佛教文化十分昌盛，并已成为宁波区域文化的重要组成部分。

二

宁波自古就是佛教圣地，宁波一带至今闻名的一些佛教寺院，多在唐朝兴建，宋时更盛。据南宋《宝庆四明志》记载，时有佛寺六十九座、尼院一座，历元、明、清，佛寺代有兴圮。延续至今，在这片海定波宁的净土上，闻名天下的有阿育王、天童、天宁、延庆、金峨、护圣、七塔、雪窦……终年梵呗不断，香火不熄。除此之外，昔日在海曙区境内还有一座寺庙也颇有些名气，那就是戒香寺。

《四明谈助》有载，戒香寺位于"县治东南。旧为尼寺，在竹湖坊（今县学街一带），唐大中年间（847—859）建，名'白檀'。宋大中祥符元年（1008），赐'戒香寺'额。熙宁间（1068—1077），有维卫佛现哑女身而为说法，铸铜像事之。明初，寺废。弘治间（1488—1505），徙建宝云寺于其址，超灵修复结庵，以存旧迹"。

由此可见，昔日的戒香寺，曾因"哑女"闻名。历史上是否真的有"哑女"这么个人物出现在戒香寺里？且看《四明谈助》的另外一些记载："哑女，莫详其氏族，宋熙宁中（1068—1077）见于明州之戒香寺，年可十七八……以容之喜惨定吉凶，多验……在寺惟持帚扫地而已。中大夫周锷，居月湖西，方治举子业。（女）屡至其家。一日，趣装应举，女大笑，作长短句饯行，云'风波未息，虚名浮利终无益；不如早去披蓑笠，高卧烟霞，千古企难及。君今既已装行邑，定应雁塔题名籍。他年若到南雄驿，玉石休分，徒累卞和泣！'锷袭而藏之。寻归寺，长吁而逝。锷为具棺瘗之柳亭。后（锷）见（女）之京师（开封府），惊问曰：'汝哑女耶？'（女）挥手不答，骤步去。"

这段文字同时被收录在《宁波府志》之中。在府志卷四十一，我们可以查阅到有关这名哑女的一些介绍，"垂臂跣足，晨粥午饭，每拾菜渣啖，人以为颠痴。历人家，预知凶吉，以为欣戚"。与《四明谈助》记述的，别无二致。

据考证，周锷在历史上确有其人，他于政和四年（1114），按照哑女所赐的偈语所言，果然到了广东南雄做知府，颇多政绩，南雄父老誉其"视民如子，居官如家"。后因"言边事"，得罪了当朝丞相，受到迫害。再后来，据说周锷碰到一位道士，与道士聊及哑女和她所作的偈语，道士告诉周锷说："你家乡那个哑女,道行很高,是佛祖中的第一佛,叫维卫佛。"从此,"哑女"是毗婆尸佛(即维卫佛)的化身这个说法便在民间口口相传开去。戒香寺哑女坐化后,由周锷将其葬在了柳亭庵,这段传说被记载在历史典籍之中。《戒香寺哑女传》载:"南郭柳亭庵,祀维卫佛。相传宋时有哑女,能知未来事。一旦无病而逝,后有人见之,云即维卫佛。庵,其埋骨处也。"《鄞县通志》亦记:"柳亭庵,长春镇柳亭巷,境清寺之子院也……。宋元间,建为维卫佛塔,又名塔头庵,明崇祯间重建。"云云。

三

至今在江浙一带,还流传着戒香寺"哑女"其他一些传奇故事,《四明谈助》即有一载:四明名儒卫开游学至洛阳,遇上一道士。道士对卫开说:"您家乡的哑女是维卫佛,您若回乡,可前去朝拜。"卫开回家后,哑女早已归葬。第二年,卫开去钱塘陈式家中,看见十多个儿童拥着一个小尼姑进门。卫开很惊奇,此尼姑竟是个哑女,她比画着手势,哑言不语,意在向人索要纸笔,并写下"须弥山上摆铎,大洋海底摇铃"几个字。卫开问哑女姓字,哑女就指了指这几个字,出门竟去。卫开回头,追问那些儿童,"哑女何人?"儿童回答说:"维卫佛也。"说完十多个儿童全然不见。后来,卫开到戒香寺进香,发现寺中的哑女与昔日在钱塘遇到的尼姑果然十分相像,便觉得实在是神奇至极。

明朝人高宇泰所编的《敬止录》一书中,有一篇《铜像缘记》,说的则是戒香寺维卫佛铜佛像的由来,原来是有人据戒香寺老尼姑法智的亲口讲述而记撰下来的。据传,广东有一家铸铜佛像的店铺,有一天进来一个年轻的女子,只见她背着一包铜料,说是要按照她的模样铸一尊铜佛,送到浙东明州府戒香寺供奉,说完她就离去。店铺里的家人于是将铜放在桌上。谁知第二天清晨,桌上的那包铜料竟然变成了一尊铜佛,而且这尊铜佛的面相与前一天那个女子的长相一模一样。店老板感到很惊奇,认为这是因为佛的神力才自行现化的,于是就按此女子所言,将铜佛送到了明州戒香寺。

还有一个出自《敬止录》的故事,在《闻志》里也有记载。有一次,灶台断了柴火,情急之下,哑女竟将自己的脚伸进灶膛

当柴烧,等烧好了把脚抽出灶膛,旁人一看,她的脚居然完好无损。从此,便有了流传宁波老话中"有柴烧柴,呒柴烧脚"的俚语。当然,事后人们也发现了,上述几个故事中的传奇女主人公哑女,其实都是同一个人,她的名字叫维卫佛,又称毗婆尸佛,也就是"过去佛"。

据佛经《长阿含经》卷记载,佛教中的七尊佛,毗婆尸佛是第一佛,在佛教典籍之中,有关毗婆尸佛(维卫)的译法较多,大意有种种观、种种见等。据传,当年释迦牟尼创立佛教后,在印度有两座寺院,其中一座即为"戒香寺"。是时,印度所有高僧,都集中在这两座寺院里参禅悟道。据了解,坐落在古代明州的戒香寺,后来供奉的也主要是维卫佛,尤其是出了维卫佛化身"哑女"的种种传说之后,明州城的戒香寺也渐渐有了名气。有人考证,由于"哑女"的缘故,宁波地区的善男信女们在念"阿弥陀佛"时念成了"娅(同宁波方言'哑'字发音)弥陀佛"。

四

关于哑女的去世,还是与前面提到的周锷有关。史载,哑女过世后,周锷备棺将其葬于柳亭庵附近。数年后,周锷在京城开封府见到一女极似哑女,遂问之,女转过身就走。周回明州后,掘开墓穴一看,仅存空棺一具而已。

至于柳亭庵所在位置,《四明谈助》载:"哑女化后,瘗于南郊柳亭庵。""柳亭庵,(位于)甬水门外里许。"在请教了文保专家和查阅了《宝庆四明志》鄞县境图发现,"甬水门外里许"应是"郑郎堰",而"郑郎堰"即今日的澄浪堰,由此可知哑女的墓葬之处,即旧日的柳亭庵,应该是现在的澄浪堰一带。《敬止录》中关于柳亭庵,还有这样一段详尽记录:"甬东多古刹,柳亭庵其一云。庵始建于唐天复二年(902),隶境清寺。而寺故为柳使君所创,犹吾慈之有阚太傅舍宅为普济寺是也。柳亭亦使君别业改为庵。林壑幽清,寺僧鸿绍领之。……而志传所称'戒香寺'哑尼,为维卫佛,先亦曾葬此,非踪迹杳茫,不可考者。"

清初甬上名士万斯同在《鄞西竹枝词》中，也曾有过这么一段抒怀："背郭茅庵字柳亭，一丛竹木喜青青。若言哑女当年事，不信人间怪物生。"佛陀之事，见怪不怪。万斯同诗中所言的"不信"，反过来说，其实就是一种"信"。佛到人间，我们方能与魑魅魍魉划清界限，我们方能以"和谐"之心来创造自己的生活新境界。

当我们保持着谦恭与敬畏之心和历史直面对望的时候，当我们被佛像眼里的大善良大宽容深深震撼的时候，当我们贯穿几千年既庄严又诚恳的信仰而感叹自身渺小的时候，我们会不会大彻大悟？打动人心的，永远有心中的佛，心中有佛，佛自在……

诚然，从理论上讲，每个人都有佛性，有的刹那生，有的刹那灭。人生都有过去、现在、未来三种状态，正如任何事物的发展变化一样，也有自己的过去、现在和未来。过去是现在的因，现在是过去的果，现在的因创造将来的果。回首过去，是为了重新启航；把握现在，是为了走向更好；期许未来，是为了测试目标。在漫长的人生过程中，不管每个人如何度过，至少应该少留下遗憾。这也是近年来的很多时候，我和朋友们经常思考的一个问题。

曾经在月湖区域工作的近二十年里，自己的精神领地就像被文字的犁耙梳理过一般。历史虽然沉默无言，哑女尽管笑而不语，但历史上的一切章节，哪怕只是一点蛛丝马迹的细节，都保存在一代又一代文史工作者辛勤积累、研究、考证而成型的、承前启后的文山史海之中，保存在人民群众口口相传的言述与流传之中。作为宁波历史文化名城核心区中的一员，今天我们所做的，就是最好的证明。

> 链接：今县学街一带，在唐大中年间（847-859）建有白檀寺，北宋时改为戒香寺，有维卫佛现哑女身的传说，哑女坐化后葬于南门柳亭庵。到明代初，寺废。而在今云石街西，北宋开宝元年（968）建有宝云寺，与建于南宋嘉定十三年（1220）的鄞县学相邻。到明弘治十三年（1500），因鄞县学扩建，将宝云寺迁建于原戒香寺的遗址上，并建有维卫殿以奉哑女像，旁建戒香庵，以存旧迹。今第一医院即为戒香寺、明代宝云寺及鄞县学旧址。

迎凤传说堪称奇

○ 张落雁

迎凤街东起解放南路，西至偃月街，中与镇明路相交。全长420米，宽3~4米，混凝土路面。《鄞县通志》载："迎凤街，旧名迎凤桥、醋务桥。"乾隆、光绪《鄞县志》称千凤坊西横街。

一看到"迎凤街"这个名字，大多数人会联想，是不是这里曾吸引凤凰落脚呢？

据《宁波府简要志》和《鄞县志》记载，宋徽宗崇宁二年(1103)，皇后病重，太医无策，皇帝向全国发出诏告：特求天下名医到国都汴梁诊治。皇榜贴到明州，大家议论纷纷。这时，一位银须飘胸的老人缓缓推开众人，轻轻揭下皇榜。

这位老人60多岁，叫臧中立，江苏人，年轻时到甬城定居，是四明一带名医。他住在明州南湖之畔，每天医治数十人，手到病除，诊治如神，病人个个钦佩。这次他揭了皇榜，千里迢迢赶到京城，布衣麻履随禁卫军进入后宫。

宋徽宗赵佶此时才21岁，即位不过三年就逢皇后得此大病，心急如焚。臧中立诊毕，开出药方说："服药后，病人能够睡眠，便可治愈；到半夜必思粥食。"果然皇后服药后安稳入睡，到后半夜吃了一碗稀粥，清晨便能坐立，调养十多天后康复了。皇帝龙颜大悦，要留臧中立在太医院中，被婉言谢绝，坚持要回明州。皇帝同意他的要求，并下诏给明州官员，为臧中立在明州南湖复修屋舍，建立牌坊，永彰后世。这座牌坊被命名为"迎凤坊"，这条街由此便叫迎凤街。

又光绪《鄞县志》载："医士臧中立愈徽宗后病，赐宅南湖，诏后大书一'允'字，势若凤尾、时称'凤诏'，故名。"

原迎凤街口
Former Crossing of Yingfeng Street

"文革"时，迎凤街曾改称迎新街。1981年地名普查复原名。街两侧多为居民住宅。西端，有明代大理正卿徐时进开凿之方井。中段有明万历间建筑的大夫第（又称大范家），为海曙区文物保护单位。

现在的迎凤街不长，似乎一口气就能跑个来回。来到迎凤街中段的路口，一群老人三三两两聚集在一起晒太阳，天南地北地聊着天。时间的脚步在他们身上似乎走得很慢很缓。一路走去，一侧店铺林立，有图片社、糕饼店、电玩店、文房四宝店，也有卖服装丝巾的。店铺虽小，却有着浓浓的市井气，想来也有不错的生意。随意进了几家店，边逛边打听。老板、店员大都热情随和，一说起这迎凤街的历史与故事，便滔滔不绝。走出小店，一看手表，竟过去了两个多小时。

而另一侧，则让我们有时空倒转的感觉，每走一步，就是一

银台第
Tong Huai's Residence

处历史遗存。且不说服装博物馆，原来就是保存下来的宝奎巷旧宅；往前走几步，是银台第官宅博物馆，宅子里清清静静的，转了几转，便让人走进了历史；再几步，冷不防又冒出一块须弥座的碑，上面的铭刻清清楚楚地写着"宋都酒务遗址"……心底油然而生一种敬慕的感觉，一页又一页的历史如此高密度地挨在一起，显得深邃而厚重。

二

宋都酒务遗址是迎凤街上的一处古迹，始建于北宋天禧五年（1021），务内有藏春园、庆丰楼等建筑。宋代规定东、南、西三

京官造酿酒之曲,各州城内置务酿酒。县镇乡间允许民酿,主要实行政府专卖制度,为重要财政来源。至宝庆三年(1227),下属各县有酒坊,鄞县29所,奉化25所,象山5所。清全祖望《湖语》云:"月湖北有酿泉,其甘如蜜,当时酒务于此焉。"宋代明州所产双鱼酒曾做贡酒。南宋初年,将酒务改为通判南厅,元代改置录事司,明洪武元年(1368)鄞县县衙搬到了这里,明代中期,又改为税课司。

迎凤街西端有一口古井,称作方井,由明代大理寺正卿徐时进捐款开凿。据《敬止录》转引徐时进《鸠兹集》称,万历三十五年(1607)宁波大旱,井水亦涸,"郡东北陬半壁皆就汲绠,担道相属,毋宁宵昧"。可见这口井水源甚好,不虞枯竭。这口井至今仍保存着。

迎凤街133号为清代官宅银台第。月湖十洲自古以来为官宦学士首选的居住、讲学之地。位于偃月堤边的银台第,建于清道光三年(1823),主人童槐曾任江西、山东按察使,后改任通政司副使。按察使别称臬台,通政司别称银台,故童宅有"臬台第""银台第"之称。童槐之子童华以礼部右侍郎入南书房行走,为光绪皇帝的老师,童宅又被视为"帝师故居"。

银台第坐北朝南,面向月湖,现中轴线上有门厅、大厅、正楼、后堂等建筑,东西两侧有厢房、书楼,占地面积约2300平方米。建筑格局规整,布置合理,用材考究,装饰具有浓郁的地方风格,是宁波城区内清代中晚期官宦住宅的典型。

三

古老的迎凤街上,如今又增添了不少新景点。

宁波老年大学创办于1985年9月。1998年3月由市政府出资和社会各界资助建成教学大楼,建筑面积2268平方米。目前,学校聘用各类具有中高级职称的专业教师75名,开设了语言文学、书法绘画摄影、医学保健、计算机应用、文艺体育及家政服务6个系

服装博物馆
The Fashion Museum

64个专业,是一所多学科、多层次、多学制的综合性老年大学。

　　位于月湖风景区,平桥河畔数重院墙簇拥着的中国首家服装专题博物馆——宁波服装博物馆,于1998年10月成立开馆。馆内陈列从7000年前的河姆渡人纺织原始服装切入主题,展示了从先秦,历唐宋元明清直至民国的服饰演变,并展现了充满生活气息的洞房花烛、五代同堂、织布绣花、裁缝作坊等一个个逝去了的历史场景。以此为铺垫,博物馆又浓墨重彩地引入了一个对中国近现代服装的形成与发展作出重要贡献的社会群体——宁波红帮裁缝。在跨越两个世纪的岁月中,他们矢志不渝,从横滨港学艺、上海滩成名、东三省拓展、天津卫称雄、港澳台延伸,到北京城争光、大西部援助、三江口奉献,建树了宁波人引以自傲的八个里程碑,创立了中国服装业的"五个第一"。

四

现年57岁的汪开明是迎凤街的老住户,他出生在迎凤街南侧的宝奎巷里。据他回忆,旧时的迎凤街,只是条宽不过3米的石板路。他和玩伴们在这条街上奔跑嬉戏着长大。记事不久,汪开明的家便搬离了宝奎巷,住进不远处镇明路上的两层小楼。20世纪90年代初,镇明路逐步改造,他家的房子被拆迁,分到了迎凤街北侧的楼房。兜了一圈回到与儿时旧居隔街相望的地方,居住条件却有了翻天覆地的变化。这期间,他目睹着迎凤街从一条窄窄的石板路变成煤渣路,再变成宽敞平坦的柏油路。月湖景区整治,宝奎巷的老邻居一个个搬走了,幸运的是房子保留了下来,修葺一新,古宅风韵不改。他所住的楼房,外墙也进行了修整,一扫岁月风尘,不负月湖美景。

后来,汪开明在临迎凤街的店面开了家杂货店,这里虽然地处市中心,却格外幽静。坐在小店里,看着经过的汽车一天比一天多,游客们在月湖边停下匆匆的脚步,偶尔也来光顾他的小店。"回忆起小时候,街边的小河里,常有小船载着蔬菜杂货来卖,船主大声招揽生意,大人们忙着讨价还价,而我在一边挑着菜叶子玩。那时曾渴望自己也要做个买卖人,有满船的货物。如今这想法成了真,慢慢老去的岁月里,或许我将一直守望在迎凤街的这家小店里。"他说。

> 链接:迎凤街,原名迎凤桥、醋务桥。北宋时,江苏籍名医臧中立客居宁波,诊治如神,适逢宋徽宗的皇后病重,诏求良医,应诏而治愈皇后之病,徽宗大悦,下诏赐宅定居,因诏书后大书一"允"字,势若凤尾,时称"凤诏",而迎诏书称之为"迎凤诏",在建牌坊时称"迎凤坊",建桥为"迎凤桥",民国时为迎凤街。现迎凤街上有宋都酒务遗址、方井、银台第、水则亭等史迹。

在雪汀的北端，有一重檐的三层楼阁——超然阁，如今，镜湖阁影，已成为月湖西岸的点睛之笔。
Chaoran Pavilion, a 3-storey, multiple eaves building located north of Snow Stream, has been a spot on the west bank.

流光碎影偃月街

○陈蕾　黄伟萍

一

这是一个冬日的下午，我徜徉在月湖西岸，品味着千年月湖的风情。午后的日光，静静的，暖暖的，懒懒的，醺醺的，就像脚下的这条老街——偃月街。

偃月街北起中山西路，南至柳汀街，东临月湖，西接拗花巷、中营巷、马衙街、书院巷。相比前后两条大街，偃月街少了一分繁忙和喧嚣，多了一分闲适和古韵。

在偃月街的西侧，月湖人家的灰墙黛瓦错落有致，青石小弄曲径通幽。临街的是一排低矮的店铺，门楣底下，不时飘出炒菜的蒜香、奶茶的醇香、水果的清香。在街的东面，是一片点缀着亭台楼阁的绿地，绿地之外是波光潋滟的月湖。天气晴好时，湖对岸的垂柳和拱桥，一览无余。

偃月街始于何时？我无法说出确切的年代。最初的月湖，"僻在一隅，初无游观，人迹往往不至"（《西湖记》）。950多年前，一位名叫钱公辅的常州人来明州赴任时，迎接他的月湖也是蓬头垢面的：年久淤塞，旱季缺水。

钱公辅的到来，是月湖最大的幸运。用司马光的话来说，就是"风月逢知己，湖山得世人"。他以父母官的责任心和园林设计师的艺术眼光，指挥官民治湖疏淤、筑堤建桥、造亭堆屿。经过一番梳妆打扮，月湖顿时由一个灰头土脸的乡下丫头，蜕变成锦衣华服的大家闺秀。城中百姓也得了实惠，不但饮水问题解决了，而且有了休闲游赏的好去处。

在这场月湖的首次改造中，偃月堤便是新成景观。据《四明

谈助》记载:"偃月堤钱使君公辅所筑,在红莲阁下,当时置酒务于湖北,作堤其上,以辘轳引而注水。"曾经的偃月堤是何等的景致?两百多年前,从小生活在月湖畔的全祖望,在他的《湖语》中如此描述:"偃月长堤,载沙立就;如截如抱,莲香满袖。"

然而,千年之后的今天,月湖北口,偃月堤早已杳无踪影。曾经的红莲酒香,也只能从文人骚客的诗句中去意会。倒是在原堤址西侧,多了一条名为偃月的老街,依湖而生。

据《鄞县通志》记载,民国时的偃月街,北至西大路,南至长春路,旧名惠政桥下、虹桥头、老水仙庙、桂井巷、新水仙庙、湖西。如今,柳汀街以南部分已称共青路,偃月街只留北边一段,全长约733米。

二

从中山西路向南转至偃月街,便进入月湖的北口。仿佛是时光回转,这儿没有车水马龙,没有高楼大厦,没有行色匆匆,没有尘世喧嚣。抬眼所见,便是浓荫如盖的大树,青砖黛瓦的亭阁,江南丝竹的柔婉,喝茶打牌的闲逸,探古寻幽的雅致。

从北往南一路缓行,一路古迹胜景。最北的西侧是"十景长廊",十一间长廊内,依次嵌着十幅灰色砖质浮雕,月湖十洲的美景生动入画,中为《月湖记胜碑》。在长廊的对面,便是明代

原偃月街口
Former Crossing of Yanyue Street

十三 流光碎影偃月街

建筑范宅,今为古玩交易市场。沿街往南,是月湖北入口的门厅——拱北厅,正厅和西厅长廊相连,游人至此可歇足、纳凉、避雨,亦可闲坐于此消磨时光。厅的东北面为宋红莲阁故址,今为银台第官宅博物馆。厅以南的湖畔为芙蓉洲。

历史上的芙蓉洲,尚在偃月街的西边,天一阁当年便坐落在芙蓉洲上。如今旧洲早已湮灭,新洲建在月湖之西偃月之东,南与雪汀相接,以虹桥之水为界。洲上有一座圆形回廊组成的环形剧场,四周大树参天浓荫蔽日,中间广场空旷静谧,当年这儿曾是儿童航空飞机场,如今是附近居民吹拉弹唱的地方,社区文艺活动也常在此举行。

芙蓉洲的东边有一座小岛,名为芳草洲,一座曲桥与湖岸相连。步入芳草洲,只见花草繁茂,水榭迂回,楼阁高耸,妙联荟萃。不过,在许多宁波人的回忆中,这儿更多的是儿童公园欢乐的片段:高高的吊桥、摇荡的秋千、旋转的木马……琳琅满目的游乐设施,遗落了几代宁波人的童年欢笑声。

越过芙蓉洲,跨过虹桥,就到了雪汀。虹桥之下,一条小河由马眼漕往东注入月湖。在陆路交通不便的几百年前,这儿曾是重要的水路,西边的人到城区来,须乘船经此至月湖,然后在偃月堤前系船上岸。在雪汀的北端,有一重檐的三层楼阁,临水矗立,巍峨古朴,名曰"超然阁"。不过,此阁本不在此,它原名"文昌阁",于1831年建在湖中柳汀之上,后因柳汀街改建,于1993年迁至雪汀之北。如今,镜湖阁影,成为月湖西岸的点睛之笔。

在雪汀的西边,有一栋粉墙黛瓦飞檐的高楼建筑群,现为海鲜食府——石浦饭店。但是，不少宁波人更喜欢提起它的另一个名字"月湖书院"。其实，这幢偃月街上最高的楼，有着坎坷的身世。据记载，它宋时是观音寺，元代为广盈仓，明代为义田书院，清代改为月湖书院，民国时为宁波府师范学堂。显然，在众多的身份中，宁波人更钟情于"月湖书院"这一充满浙东历史文化气息的名词。

再往南，便是偃月街的尽头。回望长街，一路行来，一路生羡。那些久居湖畔的人家，耳畔传来的是江南丝竹之音，鼻端飘来的是街边小吃之香，目光所及的是飞檐下垂柳间的潋滟波光，无论四季晨昏，跨出家门便可饱览月湖千般风情，这是怎样的一种得天独厚的幸福生活啊！

三

其实，向往月湖畔居住的人不止我一个。千百年来，达官贵人、学士儒生，纷纷看中了这片风光旖旎、闹中取幽的胜地。经过数百年的积淀，偃月街旁，留下了大片的明清建筑。只可惜物是人非，当年的宅宇府第，历经岁月磨难，成了七十二家房客的合租房。不过，也有时来运转的，如位于月湖北岸的银台第，房客相继迁出，经重新修整，再现了江南古典庭院的精巧和婉约。

银台第位于古偃月堤之上，坐北朝南，面向月湖，建于清道光三年（1823），主人童槐曾任江西、山东的按察使，后改任通政司副使。按察使别称臬台，通政司别称银台，故童宅有"臬台第""银台第"之称。童槐之子童华以礼部右侍郎入南书房行走，为光绪皇帝的老师，童宅又被视为"帝师故居"。

　　按原貌修复后银台第，一度是月湖景区的官宅博物馆。但随着宁波博物馆的开门迎客，银台第的大部分展品被撤走，曾经游人如织的官家大院，如今朱门紧闭，徒留两只高悬的五彩宫灯，在寒风中寂寞地飘摇。斜阳之中，深灰的高墙，精巧的飞檐，门楣的大字，墙边的铭碑，无声地诉说着这深宅大院的前世今生。

　　"今白华堂，古红莲阁"，银台第的前世，即宋时红莲阁，为明州通判章郇所建。清人忻继述曾赋诗怀古："危楼创自宋祥符，四面荷花一色铺。偃月堤边人载酒，斜阳门外客停舻。"不过，在明代万历年间，童氏先人迁至醋务桥南时，红莲阁已不复存在。到了清道光年间，童槐中进士后，仕途顺达，家道中兴，便在原址兴建府宅，于是就有了今天这座三进两厢五间两弄的官家宅第。

　　闭门谢客的银台第，庭院深深，格外清寂。无论是主厅绳武堂，还是祭祀厅白华堂，都大门紧闭、竹帘遮窗。即使如此，游走其中的我，还是被这栋晚清宅第吸引。你看那四方的天井，重檐的高楼，高耸的马头墙，雕花的门窗，大红的灯笼，雅致的小景，无不体现着宅院的精巧和气派。

　　值得一提的是，在后堂小天井的一角，有一堆破碎的酒埕子，据说是宅院改造挖井时挖出来的。原来，当年此处便是郡酒务，盛产名酒"双鱼"和"金波"。这些小小的酒埕，当初装的是宁波产的名酒。

四

　　行至马衙街口,一棵需双人合抱的银杏树,高高地耸立在街中央,正好把过往车辆双向分流。如果你再仔细找找,就会发现这样的大树其实有两棵,只不过另一棵在上街沿,不太惹人注目而已。在20世纪末的月湖改造中,众多湖畔的居民住宅都被拆迁,为何独留此树在路中?原来,这两棵大树的背后,便是江家祠堂的百年沧桑。

　　据《鄞县通志》记载,明末清初,一位叫江彦惺的人自徽州歙县来到宁波,他是宋绍兴二年由进士判歙洲军事的江汝刚的第二十二世孙,也是江家宗祠的始祖。自他之后,江家在宁波开枝散叶,到了民国二十二年(1933),江家后人有140多人,分住在虹桥头(即今偃月街)和孝闻坊。江家祠堂就建在虹桥头,额署"江氏宗祠",堂名为"滋德"。江家族风俭朴开通,后人多从事商、政、学、工,每逢冬至、元旦、清明、中元(即阴历七月半),皆到祠堂祭祖。

　　江家祠堂建于何年?坊间的传说是:150多年前,江家有人中举,于是大兴土木,建立宗祠,并在祠前种下两棵银杏。至于举人是谁,如今坊间已经说不出所以然。倒是《鄞县通志》中提及的江家后人学海,中举的时间正好与传说吻合。

　　江学海,字慎夫,一字仲慎,咸丰元年(1851)中举人,曾赴四川任试用知县,为人清正秉直,帮助审查案子,不少人获得平反。有大户人家犯事贿赂他,被严厉拒绝。但正是因为正直,江学海的仕途一般。此外,江学海酷爱书籍,偶得一卷,便亲手抄录,著有《历代干支通表》两卷,《江氏徵信录》四卷,见闻随笔若干卷。

　　斗转星移,当年的小树早已参天。岁月沧桑,旧时的祠堂,故迹难觅。几经打探,才在一位老宁波的指点下,获悉那间普通得不能再普通的茶室,就是江家祠堂所在地。茶室门面很小,里面倒还宽敞,厅中摆着几张方桌,有人喝茶,有人打牌,悠闲地打发着冬日午后的时光。要不是茶室老板热情介绍,以及墙上那块并不醒目的"文保单位"铜牌作证,我几乎难以相信,这间四壁简陋的茶室,竟是当年门前空旷香火不断的宗祠。

　　关于江家祠堂的掌故,茶室老板略知一二。他指着茶馆的灶间说,这儿当年是祠堂的披间,大厅便是祠堂的天井。据说清朝

十二　流光碎影偃月街

江氏祠堂俯瞰
Overlook of Jiang's Ancestral Temple

的时候，江家有人考中，便建造了这个祠堂。前几年，文保单位曾来此挂牌，还通过测那棵大树的树龄，才知道这个祠堂已经150多年了。当年的祠堂，一度改为工厂，后作茶室至今，已十年有余。

五

月湖的秀丽风光，不仅吸引了众多文人墨客泛舟湖上吟诗作词，也留下了不少名家学士驻足湖畔授业讲学。从芳草洲上的"碧沚"，到雪汀西的"月湖书院"，从新学滥觞的"储才学堂"，到如今的偃月街小学，数百年来的月湖西畔，琅琅书声不绝于耳。

来月湖讲学较早的是杨简。在芳草洲的吊桥旁，立有一块石碑，上镌"杨文元书院遗址"。杨简（1141—1125），字敬仲，号慈湖,历任国子博士、国史院编修官等职,是"四明学派"的创始人之一。杨简最初来到月湖,是应丞相史浩的邀请前来做家庭教师,史氏一门三宰相中的另两位史弥远和史守之,幼年便师从杨简。当时学塾就设在湖中之岛芳草洲,岛中建有"碧沚"亭。杨简和他的学生们经常在此读史诵经。后来,史守之退居月湖,为感师恩,将藏书丰富的"碧沚"改为书院,请免官归里的杨简开馆讲学。如今在芳草洲的假山之巅,建有一座别致的三角亭,上悬横匾"碧沚",下刻楹联"匠心独具亭三足,天意双来花并头"。

穿过曲曲折折的芳草西桥,斜越过芙蓉洲至街西,有一所以街命名的小学,叫偃月街小学。学校不大,也不起眼,但很清幽。一位正在墙边练网球的女教师告诉我,因月湖街区改造,到2009年夏天,学校就要停学了。

就是这样普通的一所小学,却是甬城新学的滥觞。据载,光绪二十四年(1898),知府程云俶与郡人严信厚在崇教寺原址创办储才学堂,提倡新学,设译学(英语)、算学等课程。1904年,储才学堂改为"宁波府中学堂"。1907年,学校搬至奉化江畔(今东恩中学)。1923年,办在原月湖书院的第四师范并入府中学堂,称"浙江省立第四中学"。

不过,如今的偃月街小学,除了高大的树木和近水的楼台之外,校园内早已难觅历史人文景观,连在校任教的老师,都不知此处曾经是甬城最早的新式学堂。一位曾在此就读的青年说,印象中的偃月街小学,除了每天上学放学时走在老街上的感觉特别好外,实在说不上更值得炫耀的特色了。

链接:偃月街,原地名惠政桥下、虹桥头、老水仙庙、桂花井、新水仙庙等。民国时将多段巷弄拓建改名为偃月街。因北宋嘉祐年间(1056-1063)太守钱公辅在月湖西岸筑偃月堤,故名。现偃月街南止柳汀,有银台第、月湖书院、江家祠堂等史迹。

书声琅琅仓基街

○ 裘燕萍

仓基街,顾名思义,是因为原是仓库的地基。东起解放南路,西至镇明路,区区五百余米。民国时这里唤作仓基弄。光绪《鄞县志》称南仓巷、广盈仓巷。宋于其地置南仓,元为广盈仓,因仓储旧基得名。据《四明谈助》记载:"(宋)淳祐四年,制帅殿撰赵纶以官地易延庆寺西蔬圃,建南仓。储五年以后,续添之,数规模,视西仓益闳。"光绪《鄞县志》载:"(元)广盈仓,在采莲桥西,宋威果三十营其,盖仓纳官苗粮(《至正志》)。"还有一种说法是,明万历年间宰相余有丁府第仓储旧基在此。不管是官府的仓基,还是宰相私人的仓储,这些都不是特别重要了。仓基的名字还在,这就是一个文化的印记。

仓基街虽然不很长,但地理位置很独特。它西边接着月湖,东边则连着日湖。日月两湖一直是明州城的"眼睛",它透着灵气,散着光晕,它引着无数文人墨客流连于此,定居于此,因此它虽短,但人文底蕴深厚。而今日湖虽然已经易址,但莲心岛上的延庆寺和观宗寺仍在。延庆寺始建于五代后周广顺三年(953),北宋大中祥符三年(1010)始改今名,为天下讲宗五山之第二,以后历代多有兴废替代重建。现存主体建筑有天王殿、吉祥殿、方丈殿及部分厢房。它还是明末"南湖诗社"的聚集地,黄宗羲曾在此开设"证人讲会"。

观宗寺始建于宋元丰年间(1078~1085),原称十六观堂,它是在延庆寺观堂旧址上重建屋六十余间,中设宝阁,环以十六室,因名。清乾隆、嘉庆年间(1736~1820)重修。至民国元年(1912)由天台宗谛闲住持后,扩充殿宇,重整规模,始正式命

为观宗讲寺。该寺属天台宗,在日本等国颇有影响,为中国历史上的文化交流起着重要作用。现存天王殿、大殿等近1000平方米木结构建筑,式为重檐歇山顶,翘角飞檐,古朴庄重,保留了晚清浙东地区寺庙中常见的风格。谛闲法师主持应寺,使其成其民国时最有影响的寺院。谛闲法师(1858-1932),俗姓朱,法名古虚,号卓三。1919年创观宗学社,1928年扩大为弘法研究社,继赴哈尔滨极乐寺传戒,1932年1月鄞县佛教会成立,任监察委员会主席,同年圆寂于观宗寺,门人辑有《谛闲大师全集》。谛闲在当时是一个十分有影响的高僧,著名国画大师张大千也曾慕其名,欲在其名下受戒。但在腊八节举行受戒的前一天,因为害怕烧戒而出走。

仓基街最有名的家族是经常为人称道的"仓基陈氏",北宋时出了一个大名如雷贯耳的直臣,他叫陈禾。当时的皇帝是徽宗赵佶,他宠信童贯、蔡京等奸佞,弄得朝纲不振。陈禾非常气愤,劾奏这些人说:"黜幽陟明,天子大权,奈何使宦寺得与?愿亟窜之远方。"徽宗听了一半就生气了不想听,陈禾上前拉住皇帝,一定要让皇帝听完他的话,徽宗一用劲,这皇帝的衣服如裂帛一声响,撕成两半。徽宗十分生气。陈禾接着说,"陛下不惜碎衣,臣岂惜首以报陛下"。最后惹得皇帝没办法,把这块破衣袖奖给了他,表彰他的正直敢言。

清代同治十二年(1873),举人陈愈守在仓基街创设翰香家塾,即取"文翰振其书香"的意思。陈愈守(1827-1873),原名愈修,字道立,号稻笠。他秉性忠厚,才识过人,勤俭起家。

清代仓基陈氏在一段时间内中举人数寥若晨星,陈愈守想,老陈家数百年来人才辈出,眼前这么多族人子弟,不可能没有可造之才。于是他于咸丰十一年(1861),和同仁一起敛资修复日湖文昌阁。同治九年(1870),设宗赡会,置田22亩,房屋一所,以租钱存储,专助仓基族裔乡会试盘费。这一年,又在采莲桥北与同族的烈瀚、愈涌、愈晙、隆琛和里人蔡筠创设日湖义学,捐助田产120亩,房屋数所,以每年的租金,充作修缮经费。又设立全节会、保寒会、勤勤斋、全义会等等公益类教学、资助、扶贫事业。陈愈守本着"愿吾宗子弟,有志读书,克振书香"的志向

翰香小学校园一角
One Corner of Hanxiang Primary School

和"科第接踵，功在社稷，泽及生民"的美好愿望，于同治十二年（1873），"习前人之手泽，结先哲之心传"，在月湖之南的水月桥边，出资1200缗、田6亩，构书室数间，创立翰香家塾。

陈愈守一生做了许多公益事业，都围绕着"教育"两字，让家族中的子孙无论贫贱富贵，都有书读。当翰香家塾正在大兴土木时，陈愈守却不幸病逝。陈愈守的长子陈隆藻，继承乃父之志，购置了水月桥边房屋数楹和一部分土地，"翰香"终于竣工。凝聚两代人心血的家塾从此迎来了书声琅琅的景象。光绪三十一年（1905），随着科举制度的废除和新式教育的影响，陈家人召集

族人商议,将翰香家塾自光绪三十二年(1906)起改为翰香初等小学堂。陈隆泽出任校董,陈愈守的长孙陈圣佐任校长。开学经费仍以原书塾的收入款抵充,学级程度悉遵小学堂章程,学额30名,教员2人。随着时代的改进,翰香一直致力于教书育人,从办学初至今日,依然书声琅琅,人才济济。

"世有伯乐,然后有千里马。千里马常有,而伯乐不常有",陈愈守父子就是伯乐一样的人,他们为办学而殚精竭虑。徘徊于翰香小学之内,看竹林苍翠,亭台映水,先人的功业令人肃然起敬。

链接:仓基街,原名仓基弄,该地宋时建有"南仓",元代为广盈仓,后废。明都御史陈濂在该基地上建宅第,世称"仓基陈氏"。民国时定名为仓基街。现有"翰香家塾""翰香初等小学堂"等史迹。

雕尽浮华始为金

○ 戎爱武

一

林宅，是浙东地区现存的古代砖刻艺术最集中、最精致，雕刻内容最丰富的建筑之一，位于宁波市海曙区，坐北向南，南依紫金巷，北靠三支街，东近镇明路，西面毗邻民居。200多年前，该地段名曰王家墩，临月湖东南，处城内三支水流会合的"三支街"南，在西湖与南湖、南水关流通域内，这一块面南高地，草木葱茏，其东其北仓桥头、三市、望湖桥均为闹市通衢。择这样闹中取静的城南僻地建宅，其主人意在避世藏幽与返璞归真。

为领略浙东一带砖雕艺术家巧夺天工的手艺，寻觅"明清时期民间宅第的经典之作"的韵味，深秋的午后，我们踏上了寻访林宅之路。

驻足镇明路三支街口，面南不足百米是俗称大庙的灵应庙；沿三支街西行，路经吴氏支祠，该祠始建于清光绪年间，是一座单檐硬山式建筑，处处散发着古朴的气息。

从吴氏支祠向西南方向不远处，一道约30米长的青砖高墙颇引人注目。走近观之，原来这是三幢并列独立院落的拼用外墙。三幢主体建筑均坐北朝南，南立面上有三道西式石库门，各通院落，三个石库门装饰了欧洲古典主义风格的线脚山花和雕刻忍冬草的科林斯柱式柱头，显得华美典雅。这群现处三支街48、54、62号的院落是民国时期朱姓、邹姓商贾大户所建，故称作"朱宅－邹宅"，1999年9月被列为宁波市级文保点。

"朱宅—邹宅"的东侧即梅园巷入口,紫金巷与梅园街垂直相连,沿着紫金巷往东,两旁是密集的居民楼,接近巷口——镇明路紫金巷30号,在一道青灰色高墙的簇拥下,守护着一段150多年沧桑历史的林宅静静地伫立于此。

二

　　林宅的正门辟在南墙东侧，主体建筑隐藏于五米高墙内，对称于中轴线，大门外观为标志"冠带"的牌楼式官帽石库门，左右前后五岳五马风火墙昂然蓝天。大门的构造虽无森严巍然的气势，却有"泰而不骄，威而不猛"之态。据民间文物研究者杨古城先生介绍，林宅高墙围护，正门侧辟，意在"深"和"藏"，体现主人隐逸内敛的性格特征和封建士大夫"隐者高明，省事平安"的处世哲学。封建士大夫"藏"与"露"的微妙心态居然能在建筑外观上得到如此巧妙体现，真是独具匠心！

　　正门是一座精雕细琢的牌楼砖式门楼，翘檐由高达6米的歇山顶斗拱纱帽式砖刻组成，其门额篆书"庆云崇霭"，门额左右上下的砖刻上刻有"天女献花""岁寒三友""鸾凤和鸣""文士聚会""喜上眉梢""家眷和睦"等喜庆吉祥的图像，寓意不言而喻。反观檐壁，除了栩栩如生的图案、错落有致的排列，映入眼帘的便是"春风得意"四个篆体字。

　　"吱呀呀"推开头门，迎面便是一堵高4米，长12米的墙。墙肩上三块深雕砖刻，居中的"双凤朝阳"自古就是文人的自喻，一左一右"太狮少狮"与"双狮戏球"烘托出主人祈愿门族丁嗣昌盛，兴旺发达之心愿。头门内的第一明堂（也称天井），长10米，宽3米。而门洞上的长2.5米、高0.3米整幅长卷砖刻"八骏图"颇具视觉冲击力，石刻上奔腾的骏马呼之欲出，随风舞动的玉佩、流苏动感十足，让人叹为观止。

　　头门右折，东边的隔墙开一扇八角形洞门，可通前偏室，或为守门人的居室。头门左折，是一道砖木结构二门——仪门，即"礼仪之门"，仪门意义非同一般，此门于林宅而言仿若静谧与喧嚣，内野与外朝的隔阻之门。据杨古城先生介绍："宅内人一般不出门，特别是女眷们到此为止，而来访宾客经主人允许进入仪门，主人在此相迎。"仪门砖瓦盖顶，木结构三叠斗拱，有力支撑深达1.5米的出檐，以满雕的云蝠为肩线，门枋及门梁施以精

雕,但所有木结构又全都不施漆画彩,显得幽雅淡泊。

入仪门,又是一天井。南侧以5米之墙为屏,用以"聚气",俗称"影壁"。影壁上一幅幅砖雕刻的是"八仙""福禄寿""九老图""二十四孝子"等图,周围饰以奇草异卉,亭台楼阁,细细一看,仿佛人在画中游,情景交融,美不胜收。天井北面称"轿厅",三开间,左右两厢当为轿夫或侍者住地,或辟为小茶厅"明轩"之类。

当时镇明路、三支街、紫金街一带地貌,宛若意大利威尼斯,水网交织、河道纵横。南护城河横卧过梅园巷;仓桥大河(平桥河)匍匐于镇明路西,自南门外经仓桥头直逼鼓楼,说是仓桥大河,其实河道也只五六米,仅可供两船交错而过;而两三米宽的小河则纵横交错遍布这一带。南护城河、仓桥大河及附近许许多多小河四通八达形成域内水网,可谓家家门前绕水流,户户屋后垂杨柳。

那时的林宅无疑是一块珍藏在千年古城、梦里水乡中的瑰宝,静静地泛着水样柔和的光。只可惜经济社会寸土寸金,如今这一带的大小河道早被填平,取而代之的是拔地而起的钢筋混凝土森林,林宅的周边不再是清波流动、林木昌荣,而是火柴盒似的居民楼、车水马龙的柏油路、人声鼎沸的大卖场,早已没有了往日的纯粹与清静。低头深思,我们在拥有经济高速增长、坐享现代工业文明的同时,却要付出摧残环境、破坏历史文化、侵害民族传统和城市风貌的巨大代价,真不知是喜是悲。所幸林宅以北,一路相隔即是碧波长堤、芳草飞柳的月湖风景区,东面的灵应大庙也正在修缮中,说是要还其原有风貌。现在,人们在物质富足之余已能重视非物质文化遗产的保护和延续,这略略让人感到欣慰。

再让我们回首百年前，当时的林宅门前小河蜿蜒、碧波涟涟。林宅"兰亭"水池所在位置，最是靠近河流，水池是林氏一族生活用水的来源。值得一提的是，在园的一侧壁上嵌有明代画家董其昌临摹《兰亭集序》的碑刻，淡园的水池也按"此地有崇山峻岭，茂林修竹，又有清流湍急，映带左右"的格局修葺。由此，诠释出林氏对大自然恬淡安详的渴望与追求。

林宅的第三个门，实为穿堂，又称过厅，尺高地栿似是主人高贵身份的象征，门厅的上下虹梁、檐枋和牛腿上，又是一批奇花异卉的巧夺天工的雕琢，只是依旧不施漆饰，仅刷几道清油，至今仍延续原有风貌。

跨入三门，便是近300平方米的中庭，这是林氏家族的核心活动场所，不仅承揽起婚丧嫁娶、年节庆典、族礼祭祀等隆重的礼仪活动，还是林家老少赏花弄月、共享天伦的休闲娱乐佳地。明堂三面两层楼的道地内，有四扇模制的砖刻花窗，还有刻有"渔樵耕读""敬老携幼""采桑牧牛""纺纱教子""白头偕老""玉堂富贵""黄甲传胪""和合献瑞""加官进（晋）爵""鹤舞鹿鸣""天官赐福""麻姑献寿"等工艺精湛的砖雕，这些无论内容和形式，都渗透着浓浓的儒家思想，如一幅幅经典的画卷生动形象地提醒和告诫着后人。

宛若曲径通幽，别有洞天。穿过狭长幽暗的弄堂，又有两个明堂忽然呈现在眼前，屈指算来这已是第四、第五个明堂了。其中，占地约百平方米的第四明堂中，有两道高约3米的花格墙，透空的漏窗上部，各有两条长达4米的砖刻长卷，刻的似是"唐伯虎点秋香"的戏曲故事，画面上才子佳人笑意盈盈、眉目含情。在这座庭院深深大宅内，在满宅伦理族规的约束之中，长卷的砖刻透出殷殷春意，"幽藏深闺人未识"的才子佳人，梦寐以求的是"春风及第"。

十五 雕尽浮华始为金

109

三

砖雕是宁波"四雕"艺术（木雕、砖雕、石雕、灰雕）的重要组成部分。林宅内集中了170多幅精美绝伦的砖雕，50余幅木雕、石雕艺术作品，是浙东地区极具艺术、科学、文物价值的建筑艺术代表作之一。

砖雕艺术是中华文化的瑰宝，起源较早。据史料记载，中国砖雕由东周瓦当、空心砖和汉代画像砖发展而来。汉代画像砖是墓室预制构件的大型空心砖，它是在湿的泥坯上用印模捺印各种图像。北宋时形成砖雕，成为墓室壁面的装饰品。元代，墓室砖雕逐渐衰落。至明代，砖雕由墓室砖雕发展为建筑装饰砖雕。清代，北京紫禁城宫廷内墙面夹柱的通气孔也都使用砖雕，镂雕花鸟图案，牢固而美观，且利于空气流通。清代后期，砖雕趋向繁缛细巧，具有绘画的艺术趣味。砖雕大多作为建筑构件或大门、照壁、墙面的装饰。由于青砖在选料、成型、烧成等工序上，质量要求较严，所以坚实而细腻，适宜雕刻。

砖雕不同于木雕，它的制作虽不及石雕困难，但也并不是一蹴而就。砖雕的制作，若从大处上分，大致可分为制坯、烧制、

雕刻三环节。若从细处分，又可分为造泥、制坯、晾干、烧制、冷却、打磨等环节。砖雕的质量要求严格，而用来烧制砖雕的泥土要比普通砖的细腻，一般还要经过水洗、沉淀，使其纯洁度与黏合力提高。制坯则大致分为取土、过滤、捣烂、成形的步骤。烧制的关键在于火候，火候过大或过小都会导致作品的失败。而雕刻则是把砖美化的过程，在雕刻技法上，砖雕主要有阴刻、压地隐起的浅浮雕、深浮雕、圆雕、镂雕、减地平雕等；砖雕通常饰以龙凤呈祥、和合二仙、刘海戏金蟾、三阳开泰、郭子仪做寿、麒麟送子、狮子滚绣球、松、柏、竹、兰、菊、荷花和鲤鱼等为题材的寓意吉祥的图案。

作为浙东地区现存的砖雕艺术最集中、最精致，雕刻内容最丰富的建筑，林宅砖雕传承了江南独有的清秀雅致、典雅绮丽的风格，内容丰富多彩，技艺精湛。林宅的砖雕在工艺技法上采用立体感极强的多层次镂雕，图案四周还配以玲珑剔透、典雅隽秀的各种吉祥纹饰，如回纹、卷草纹等，给人一种祥和、舒适的精神享受。林宅的砖雕把各式人物、背景镂刻得十分完美。其刀法流畅，画面生动逼真，充分显示出古代工匠的艺术才华。

从整体上来讲，林宅并没有富丽堂皇的高调与张扬，宅内的砖雕侧重于"渔樵耕读"，讲究返璞归真，体现"斯是陋室，唯吾德馨"之意境，从"岁寒三友""文士聚会""喜上眉梢""家庭和睦""放牧图""耕织图"等题材中可以看出林氏兄弟的儒雅，以及对田园生活的美好向往。

抚摸着这些精美的砖雕艺术，感受百年沧桑，那一幅幅精致的作品背后，透露的是淡定与内敛，浮华散尽，皆是幽远、宁静、祥和，由此看来，这不正是的林宅最独特、最宝贵的艺术价值吗？

链接：紫金街，原地名王家墩、王家墩巷。民国时因巷南有紫金桥而名紫金街。其北为三支街，因其东原有尚书桥，故又名尚书桥巷、三支弄等。该地位于月湖南岸，现存林宅、朱宅、邹宅、吴家祠堂等史迹。

历史人文与现代气息紧密交织的柳汀街,记录着宁波从传统到现代的历程。

The historic and human cultured Liuting Street, along with modern scenes in it, records Ningbo's development from tradition to modern.

双桥辉映杨柳波

○ 唐路安

一

柳汀街是足够繁华，也是足够幽静的。

大家心目中的月湖是宁波的母亲湖。如果说它像一颗熠熠的明珠，点缀在甬城的腹地，那么柳汀街，就像一条串联了月湖之珠的动脉线，浑身上下闪烁着珠联璧合的宝气。而在我眼里，这条历史人文与现代气息紧密交织的街衢，更像是我们城市的一笔浓妆，从湖水的脸庞上，一晃而过。无论经过多少年的风风雨雨，这一笔，是永远都不会褪色，永远都不会被遗忘的。

从前，有一首关于宁波地名的十字歌谣："一言堂百货多，良心堂药材多，三法卿钞票多，四明药房西药多，鱼市场黄鱼多，陆殿桥杨柳多，七塔寺和尚多，八角楼下小鬼多，九曲巷弄赤佬多，日新街花轿多。"其中提到的陆殿桥，就坐落在柳汀街上。"杨柳多"的描述不禁让人想到"江南水乡，杨柳依依"的画面，只不过昔日陆殿桥上的那些杨柳，如今只存现到月湖的湖堤洲屿以及老宁波们的脑海里面去了。

今天的陆殿桥，有两座。一新一旧，一宽一仄，宛如两座时代截然不同的对比。新桥上奔跑的是汽车，老的那一座，现在专门是人行道，已经有将近一千年的历史了，是一座石梁单孔平桥，跨度不大，没有精致的雕饰，只有几块石桥板和两侧的扶栏石。如果不是桥头立了一块写有"陆殿桥"的石碑，一般人谁能发现这是一座有近千年历史的古桥呢？它在历史上又被叫作"憧憧东桥"。沿着陆殿桥朝东，没走几步，就会踏上另一座桥——尚书桥，叫"憧憧西桥"。两座相连的石桥，如同腰带一般，把美丽

的月湖一分为二。

　　陆殿桥始建于北宋天禧五年（1021），当时，月湖还只是一个硕大的荒湖，镶嵌在居住人口还不多的明州城里。北宋宁波学者舒亶在《西湖记》中说：月湖"僻在一隅，初无游观，人迹往往不至"。这说明在那时月湖还是养在深闺人未识的。首先想到在这个荒湖中建桥的，是一个名叫蕴臻的僧人。为了两岸行人的方便，他一口气在湖上造起了两座石桥，把东面的桥取名"憧憧东桥"，西面的桥取名"憧憧西桥"。大概蕴臻的义举感动了朝廷官员，两座桥名，均由参知政事陈光佐题名。

　　为什么叫作"憧憧"呢？"憧憧"的名字也是有典故的，出自《周易·咸》"憧憧往来，朋从尔思"。意为熙熙攘攘，往来不绝，与友人相互过从的意思。也许是"憧憧"二字真的含有玄机，自石桥建成后，就拉开了月湖开发的序幕。到了明崇祯三年（1630）大理寺卿陆世科在柳汀东建关帝庙后，因俗称湖西陆殿，憧憧东桥遂易名陆殿桥。憧憧西桥则因明天顺八年（1464）太守

柳汀一角
One Corner of Liuting Street

张瓒为大司寇（刑部尚书）陆瑜建石牌坊于桥的西岸，而易名尚书桥。

有了这两座桥，月湖两岸就人来车往，陡增了几分热闹。每当春意盎然时节，更有大批官员百姓游湖踏青，纷纭而至。月湖的景观也渐渐地初具规模，明州知府钱公辅甚至还乘兴在两桥之间建了一座漂亮的亭子，叫"众乐亭"，环亭垒石堆土为岛为屿，遍植花木，供人游赏。可惜，随着城市变迁，我们只能在时光的影子里才能寻找得到这座"众乐亭"的巍然痕迹。但快乐是很容易在诗歌中留驻的，时人曾作《柳汀》诗曰："不似长安陌上梢，只将离恨寄长条。临流系得虹霓住，留作憧憧两岸桥。"由此，便可窥见出烟波浩渺的湖面上开始洋溢出来的一些繁荣之气、喜悦之气。

常常能在桥上发现上了年纪的老人正悠悠地晒着太阳，桥头的树荫下，又有几个老人围在一起，有的下棋，有的打牌……在风光秀丽、古迹众多的月湖，陆殿桥和尚书桥，普通得几乎不被人瞩目，可它们却俨然已经成为宁波城区内的古桥之祖，它静静地横卧在月湖中腰，如同两个历史老人，见证了月湖的盛衰与复苏，见证了宁波的沧桑与发展，它们在默默地凝眸对望中，感受到了历史无言的沉重。

20世纪40年代月湖柳汀（《宁波市志》）
The Moon Lake and Liuting in 1940s (from Records of Ningbo)

二

站在陆殿桥或尚书桥上眺望月湖，我们看到：甬城把它的真气，悉数凝聚在这明亮如眼的湖泊之中。因此，我们可以感受到，整条柳汀街仿佛充满着历史轨迹的凝重感，延伸，拓展。

两座古桥之间，坐落着甬城文史上颇为著名的"三连贯"，自西向东分别是——贺秘监祠、佛教居士林、关帝庙。

贺秘监祠，如今文学港杂志社在此办公。

贺秘监祠，俗称湖亭庙。相传宋绍兴十四年（1144），郡守莫将在贺知章读书的故地重建"逸老堂"，以祀贺知章和李白。关于贺知章的故里，据坐落在贺秘监祠内的文学港杂志社的主编荣荣介绍："贺知章的家乡在今天萧山蜀山街道的史家桥村（现该村已改名为知章村），在那里，人们也确实发现了贺知章生活过的痕迹和传说。"既然贺知章是萧山人，那他为什么一直自诩为"四明狂客"呢？他与宁波究竟有什么渊源吗？因为在历史上，唐玄宗作过《送贺知章归四明并序》的诗，李白也有诗云："四明有狂客，风流贺季真。"这些，恐怕已经成为历史之谜了。

"少小离家老大回，乡音无改鬓毛衰。儿童相见不相识，笑问客从何处来。"每当走进贺秘监祠的三重门，仿佛能感受到这位先贤，站在诗歌的王国门口，向人们颔首，捻须，微笑。南宋乾道五年(1169)，太守张津重修了这座贺秘监祠。宝庆三年(1227)，太守胡矩又重新对它进行维修。再往后，到了元至元年间（1335~1340），逸老堂和涵虚馆合并，改设水马站，分为南北二馆，贺秘监祠被废。至正十九年（1359），重修馆舍，得知章像于芜秽中，于是就在驿站东西的偏房作祠堂祀之。明洪武初年，南北二馆合并为一驿站，将祠堂迁至今天的位置上。清乾隆四十七年（1782）建后殿。现存建筑为清同治四年（1865）重修的，坐北朝南。

如今，这里是宁波文学艺术的华丽殿堂。文学港杂志社、市作家协会、市摄影家协会、市音乐家协会、市书法家协会等都云集在此办公。不知道究竟有多少双向艺术虔诚膜拜的手，推开过这扇朱红色的大门！又不知道有多少个文人墨客，从这里起航，载着自己的艺术作品，走出宁波，走向全国乃至海外。

从贺秘监祠出来，就可以看到古老的"瀛洲接武"石牌坊，和"保合太和"照壁。照壁下面写着"南无阿弥陀佛"。正对着照壁的，就是佛教居士林，它在"三连贯"的布局里是居中的，紧挨着贺秘监祠，矗立在都市的万丈红尘间。居士林，始建于元世祖忽必烈至元二十一年（1284）。1932年，鄞县姜山镇商贾边文锦居士发愿筹建佛教居士林，并经县政府批准正式定名为"宁波佛教居士林"。当时居士林还租赁民房，在今苍水街延龄里，随着佛事活动日渐扩大，经居士林董事会与宁波商业公会协商，宁波佛教居士林后移址于现月湖柳汀洲财神殿内。

居士林内有大雄宝殿、三圣殿、地藏殿、圆通殿、念佛堂、藏经楼街六座佛殿及东西厢房。楼上设办公室、藏经楼及阅览室等。殿后为临湖庭院。此外，还建有佛学阅览室、图书馆。一个在佛教居士林做了将近20年义工的老伯告诉我，居士林在"文革"中曾遭毁弃，1989年在有关部门的支持下开始逐步收回原属殿宇房舍。他说，近20年来，在众多居士捐资和义务助工修建下，居士林已修复了多个佛殿，殿后还修建了放生池、鱼乐亭，为月湖更添一景。

十六 双桥辉映杨柳波

关帝庙（季志毅 摄）
Temple of Guan Yu (by *Zhiyi Ji*)

他把我领到一个戏台前面，一边走一边说，这里过去是关帝庙，后来做了商场，你瞧现在也已经恢复了旧貌，不过仔细看，这座戏台，有抬高的痕迹，因为这里以前曾是卖糖果的柜台。

1994年柳汀街动工扩建时，最先规划是要造一条直路，那就得拆去居士林和贺秘监祠等文保建筑的一半。幸好在有识之士的坚持下，柳汀街走了点"弯路"，古桥、古建筑和瀛洲接武坊都保护下来了，这实在是宁波文化的一件幸事！据老伯介绍，当年参加柳汀街扩建工程的工人，有时也到这里歇脚喝茶。柳汀街扩建完成后，到居士林的交通方便就多了，前来进香拜佛的人也越来越多。每年十二月初八，居士林都会准备上千份的粥，有一年赶来喝腊八粥的队伍都快挤到广济街上去了呢。而每个月的初一、十五，以及一些大型法事的纪念日，更是信众云集。

关帝庙始建于明崇祯三年(1630)，清康熙年间(1662-1722)重建，1990年重修。以前这里曾做过粮店，1989年后改建为食品超市，由于在甬城商家中有个实行"十点利"经营理念，故生意兴隆，门庭若市。2003年该古迹归属于佛教居士林使用。关帝庙格局颇似宁波老城隍庙，大门牌楼式，进门有戏台，戏台单檐歇山顶，内为螺旋式藻井，正殿面阔五开间，前后廊，地上均铺砌大块青石板。

如今古色古香的老房子，高高挑起的马头墙，这些建筑都已经在城市中越来越少。但柳汀街上还保存着这份原汁原味的感觉，真的很让人赏心悦目，流连忘返。

三

柳汀街是古老的，也是现代的。据乾隆年间的《鄞县志》记载，古时称柳汀街为湖桥西横街，而民间流传的俗称就更多了，有陆殿桥跟、五圣官庙跟、小巷弄等，因为街之中部，原是月湖十洲之一的柳汀，后来就改名为柳汀街，一直沿用至今。读着这样的名字，我们可以这么设想，杨柳依依、水波潋滟的场景，浮现在四季，浮现在月湖。

柳汀街，东接解放南路，西街环城西路，确切地说，它始于繁华鼎盛的城隍庙，止于巍巍屹立的联丰红楼。当然，它的地理方向，还在不断延伸——朝东，经过药行街、百丈路，一直可以延伸到宁波的东部新城；向西，经过柳汀立交桥、联丰路、联丰立交桥，一直可以抵达城市的西部。它和中山路平行，并且赋予了月湖这座生命与美的湖泊以极多的灵性。因此，在宁波城市的道路发展史上，它占有举足轻重的地位。事实上，柳汀街也不啻是宁波城区最繁华的交通枢纽线之一。这或许是因为连接了省内外最重要的两大交通命脉——汽车南站和火车南站就坐落在它的旁边，而且更是因为这条街道直接通向了天一商圈，通向了东部新城……

在它的沿线上，还坐落着两家医院。它们是宁波人民的生命守护神，分别是：第一医院、妇儿医院。宁波市第一医院创建于1913年，原名鄞县公立医院，1950年更名为省立宁波医院，1951年再改名为宁波市第一医院。宁波妇女儿童医院（宁波市妇幼保健院、宁波市红十字医院），创建于1985年6月1日，医院前身为1975年成立的宁波地区医院，1983年改名为宁波市明州医院。1985年与宁波市第一医院儿科、宁波市第二医院妇产科整合组建宁波市妇女儿童医院，1993年增设宁波市红十字医院，1998年增设宁波市妇幼保健院。

此外，宁波市青少年宫也坐落在柳汀街上。青少年宫前身为宁波市少年之家，始建于1953年，是全国最早创建的12个少年之家之一，有科技、工艺、舞蹈、书画、天文、音乐等多项培训班，不知道多少孩童把它当成了自己心目中的乐园。还有焕然一新的华侨豪生大酒店，它坐落在原来华侨饭店的基址上，夜晚华灯初上，璀璨夺目，因此这座金碧辉煌的建筑，也成为今日柳汀街上一道靓丽的风景线。

链接：柳汀街，原名陆殿桥跟、小巷弄。后因街经"月湖十洲"之一的"柳汀"而得名。有陆殿桥、尚书桥、贺秘监祠、居士林、关帝庙、瀛洲接武坊等史迹。

心香一瓣居士林

○ 周含

2009年的初春,旧历雨水过后的天气一直淅淅沥沥。那一天,我从偃月街徒步向月湖畔走去,拂过拱桥上新抽的柳丝,转入柳汀街98号,握一把古老的门环,徐徐推开……

一

公元1284年,元世祖忽必烈称帝后的第13年。

距元大都汗城千里之外的浙东小城(即宁波)庆元路月湖柳汀州上,一座为翁王积册封闽国公而建立的家祠,第一次和世人见了面。

公元1327年,这座家祠改为官驿,史称涵虚馆,又名四明驿。直至1782年,宁绍平原的商户增多,商业逐渐繁盛,遂将驿馆废除整修为"玄坛殿",供奉财神,俗称"财神殿"。

1835年,财神殿完成了它的最后一次重修。

1932年,皈依佛门10年的宁波姜山镇边文锦居士从一地繁华的上海商界全身而退,与当时的5位政商名人联合组成董事会,开始筹建宁波佛教居士林,地点设在今日苍水街的延龄里,会稽道尹黄庆澜被推为首任林长。不久后,因延龄里旧址场所狭小,宁波佛教居士林移址至财神殿内,从此,这座雕梁画栋的建筑,正式成为了当地佛教徒修习佛法的场所。申甬两地的名人如虞洽卿、徐世堂等纷纷被聘为宁波佛教居士林的名誉董事,联合众居士之力在林内建起了大雄宝殿、三圣殿等,落成后的宝殿修葺完

善，气象一新。只可惜，这些精巧的建筑却在之后不断的战火动乱中惨遭破坏，毁于一旦，让人不胜唏嘘。居士林也曾经一度中断香火，被迫闭门。

看得清的历史，听不见的对白，都在更迭的岁月中慢慢融汇成一种包容，就像永存于世的居士林和她的精神世界。

昔日居士林（《宁波市志》）
The Buddhist Lodge in the Past (from *Records of Ningbo*)

1978年的春风，也吹进这座历经沧桑的老建筑。十一届三中全会后，党的宗教政策得到落实，在市委统战部和市民族宗教局的全力支持关怀下，宁波佛教居士林渐渐恢复了正常的宗教学习。

1986年9月开始，在市各界人士的帮助下，居士林把原属的房舍殿宇悉数收回。1989年6月，新当选的徐文芳林长和众居士捐资助工，尽全力保护下残存的文物，同时重新修建了大雄宝殿、三圣殿、地藏殿、弥勒殿、圆通殿、念佛堂等六座佛殿，总占地面积达2000余平方米。此外，还在林内新辟藏经楼、学佛阅览室和图书馆，提供给居士们日常的深习研修，重修了毗邻居士林建于明崇祯年间的关帝庙，将其更名为"宁波佛教文化苑"，内设藏经楼、佛学图书室、文化苑展示厅、莲华厅，均向社会免费开放。

同年，时任中国佛教协会会长赵朴初居士闻讯后欣然提笔写下"宁波佛教居士林"，赠予林區所用。

又一页历史，重重地翻了过去。

二

佛教居士林。林匾犹在，朴老真迹禅智磊落。

这一日正巧是庐山东林寺大安法师的弘法讲座。

摩肩接踵的居士挤满了殿前院后，我踏足在莲花盛开的石砖地上，穿过虔诚的人群，在黛青色的天光里，再一次见到了徐文芳林长，看着脚不沾地的她，不住感叹。

1995年，宁波佛教居士林成立慈善基金会。基金会主要向灾民、失学儿童、残疾人、孤儿院、敬老院、劳教人员和贫困市民实施援助。至今，居士林开展"送温暖、献爱心"公益活动，受益者达5000余人。为救助瘫痪青年，居士林把好不容易筹措到的盖房款如数捐出；老小区居民遭了火灾，居士林送米送衣送钱；1997年象山、宁海遭台风侵袭，居士林发动众信投身赈灾，捐赠物资9大卡车；湖北闹水灾，贵州有难民，居士林组织到居士2000余名，募捐物品18卡车……

可是居士林新修房屋时用的都是旧料子，窗帘就拿便宜布料拼凑缝起来，办公桌椅修修省省一用就是10多年。

从当年重建居士林的108位居士一直发展到如今的近6000位居士，仅2004年至2008年的4年间，居士林就募集到了不少善款。

宁波佛教居士林获得市区两级的荣誉无数，林中却无人挂在嘴边，每一次走进来，都是拥挤匆忙的工作场面。

60多年前，抗战之后百废待举，路见饿殍，宁波佛教居士林旋即发起"施米救济"，众居士慷慨解囊，共捐出粮食达百石，拯救起一方苍生。

60多年后,汶川大地震,居士林在短短7天里募集到31.7万善款和价值60余万的棉被服装,火速运抵四川灾区。

大爱于民,济世众生。

于是,国务院宗教局局长张声作来居士林视察时,郑重地写下了"行正即是道"的题词。

已故的中国佛教协会副会长明旸大和尚三次莅临宁波佛教居士林,曾无限感慨地题了"慈悲喜舍,利乐有情"八个大字。

所谓慈悲为怀,早已经包含在这沉甸甸的无私奉献中了。

宁波佛教居士林从1994年开始编辑出版《宁波佛教》,发行覆盖全国二十多个省、市、区,并与众多海外居士林实行免费流通。1997年2月,宁波佛教居士林成立"青年学佛组",首批成员56人,为佛教界培养输送了一批又一批德才兼备的年轻居士。

宁波佛教居士林爱国爱教的精神让四方高僧广来弘法开示,来访者的名单长得让人感动,不需要任何人的赘言。

居士林
The Buddhist Lodge

三

从宁波市区驱车30分钟，见到了一片青山绿水林荫葳蕤中的宁波佛教居士林安养院。

13年前，这里是一片荒山坡。

1996年12月，宁波佛教居士林在这里掘下了第一捧土，从设计图纸到施工资金筹集全部由林内居士义务完成。如今，占地40余亩、仿古大楼15幢的安养院内，拥有佛学图书馆、讲堂、念佛堂、医疗保健室、健身房、素餐厅、老年活动室、助念堂等，全院现有床位200余个，住在这里的老人除了宁波本地外，甚至有来自上海、湖北、江西、四川等地，共计140多人，其中年龄最大者已过百岁。如果是特困户或五保户老人入院，居住都实行免费。

点点滴滴，都浸透着居士林对老人们的拳拳真心。

我信步在安养院内，轻嗅便是百花香，侧耳就是竹林风，九曲桥、长寿桥环绕龙潭泉水，放生池里红莲朵朵，果木成行藤蔓沿墙，我登高亭极目远眺，眼底尽是郁郁葱葱的全院景色，迎面而来一阵爽朗的清风，真如人间净土啊！

无他，人间佛教，兼爱二字。

离开前，我顺路走过一位老人住宿的窗口，她正在里面熟睡，安详的表情、平静的呼吸。我驻足看着，心中默念：这应该是每个人晚年最好的写照，也应该是每位老人最后追求的幸福吧。

雨后初霁，我又一次迈过700多年前的石门槛，望见居士林门前那块题为"保合太和"的照壁，恍然顿悟。

身后这座佛教居士林的使命，才刚刚开始。

链接：月湖十洲有四洲（岛）在湖中，由南而北为竹洲（松岛）、花屿、柳汀、碧沚（芳草洲），其中柳汀应是最先开发的岛屿，北宋天禧年间（1017－1021）建东西憧憧二桥，嘉祐年间（1056－1063）建众乐亭，后又建云水亭、涵虚馆、四明驿、四宜楼等，现存有居士林等史迹。

居士林远眺
Overlook of the Buddhist Lodge

风雨沧桑马衙街

○ 陈联飞

马眼漕如月湖的臂膀穿过虹桥缓缓向西伸展。其北侧的马衙街如一根丝带将偃月街与长春路连接起来。作为月湖历史文化街区中的主要街巷,其北侧虽有几幢现代水泥建筑,但保留着的大半传统建筑,仍在向人们诉说着当年的辉煌与历史的沧桑。

马衙街,为何用姓氏与衙门的"衙"组合成街巷的名称?衙,本义是旧时官署之称。后来凡有军功者的府第也称"衙"。看来

马衙街
Maya Street

当年在这条街上曾有过马姓将军的府第,这好比如今毛衙街上有"毛衙"一样。为此事我曾向洪可尧先生求证过这一猜测。他告诉我明初宁波建有"四衙",故留下四条以衙门而命名的街巷,凡老宁波大多知道。除了马衙街外,还有现天一广场中的崔衙街、连接郡庙与观宗寺、延庆寺佛教文化区的毛衙街,以及其支巷郭衙巷。这马衙街,是因明初有明州卫指挥同知马胜在此建衙而得名。哦,原来如此。那么指挥同知,是什么样的官职?我查了明代卫所制的人员配制情况。明洪武元年(1368),全国边海防推行卫、所制,设明州卫指挥使于明州城,卫设一个指挥使(正三品)、两个指挥同知(从五品)、两个指挥佥事(正四品)、两个卫镇抚(正五品)。下辖五个千户所,每所辖十个百户。百户下总旗,总旗下设小旗。小旗率五卒。可见,卫所的最高长官是指挥使,明州卫的指挥同知则是明州卫的第二把交椅。后来马将军调防离甬,其家属也随之而迁。从鄞西迁来闻氏家族取而代之,但马衙街名称仍保留下来。

这个闻氏家族有两个府第比较有名,在马衙巷口的绿化带附近有一门楼,在1999年马衙街拓宽时被拆,人称"天官第"。主人闻渊,字静中,弘治乙丑(1505)进士,官刑部主事。嘉靖二十二年(1543)任吏部尚书,加太子少保,因吏部尚书的别称是"天官",所以人称其宅为"闻天官第",该府第现为闻宅、黄家墙门和余宅等民居。余宅的后面尚保留一八角古井,井台用八块石条拼凑而成,人称"天官井",这成了闻天官第的唯一见证。

天官第的西边陈氏宗祠,原是闻家花园,园中竹木扶疏,绿荫绕廊.并有书厅三楹,广植棕柱芭蕉,雨声淅沥,富有诗情画

十八 风雨沧桑马衙街

意。为此常有一些名士在园中聚会吟诗。到清道光年间，从慈城来的陈汉玉在此建祠，其后裔陈鱼门系麻将发明人，现将其改为麻将博物馆，如今成为天一阁外花园的一部分了。

其西边的秦氏支祠的位置，原有一建筑是闻渊的堂弟闻泽的府第。闻泽，正德甲戌（1514）进士，授兵部职方主事。嘉靖即位后，又升任他为江西布政参议，故人称"参政第"。"参政第"在清乾隆年间卖给官府，改为"后营游击署"，民国十四年（1925）游击署拆除，由秦君涵建造秦氏支祠。秦氏在第一次世界大战时，因经营颜料业发迹，就以21万元银圆。用三年时间，仿府城隍庙的建筑，建造了这座七间两弄连三进的家祠。整个建筑富丽堂皇，尤具特色的是，建筑物上大量采用了宁波传统工艺朱金木雕。由著名木工、石工和砖刻工雕成各种花鸟和历史人物故事等图饰，栩栩如生，有很高的工艺价值。现在尚保存有两百余幅。秦氏支祠现为国家重点文物保护单位。

闻天官第的东边建筑，后因多次遭受火灾，所余者亦屡经易姓改造。其东边现在为天一社区办公处，在清同治、光绪间就成了知县马海曙的宅第。他有九个儿子，都很有才学，有的还是著名的学者。长子马裕藻，留学日本，归国后经蔡元培推荐任燕京大学国文系主任。四子马衡，新中国成立前后任北京故宫博物院院长，是研究商代彝器铭文的专家。九子马廉，字隅卿。1926年任北京大学教授，致力于研究中国小说史，收藏的各种小说达数千种，并有不少孤本善本，自称为"不登大雅之堂藏书"（后全部捐赠绘北大图书馆）。他和鲁迅、郑振铎等都有交往。马廉还很关心家乡的文物事业，曾收藏宁波城墙拆下来的古砖千余方。加以整理收藏，取名"千晋斋"，后将全部藏砖捐献给天一阁收藏。新中国成立后这里曾是"金星乐器厂"的厂址。

再往东就是闻天官第之西厅，到清初就改为"李都督宅"，也称"荣禄第"。其世居砌里，后迁居车轿街、普照桥之后才迁到此地的。这都督李涵生活在康熙年间，凤负奇志，不喜读书。"三藩"变起时，仗剑入闽，用计策抵御敌方，设伏掩贼，歼擒无数。后总督姚启圣平台湾，因功授漳浦游击。后又因平土匪有

功,擢提中军参将;不久提督标中军副将。此府第至今部分建筑尚在。我们在文物普查时发现马衙街的南侧摆大排档的地方,尚有被踩踏得光滑无棱的阶沿条石。向周围老人打听,方知这原是"荣禄第"的门厅,是1999年马衙街拓宽时才被拆。从目前的房屋布局来看,中轴线上的厅堂建筑虽没有了,现存所建为临时建筑,但其东西两侧尚有观音兜山墙,依稀可见当时的规模。当我们敲开东侧马衙街30号的大门,进门就是主楼的檐廊,两开间,屋前天井有临时建筑。但主体建筑的楼板搁栅特别紧凑,这立刻引起我的注意,房主告诉我们这二楼的地板是用砖铺成的。难怪楼板搁栅布置得那么紧。于是我跑到楼上仔细察看,楼板地面全是20厘米见方的砖块铺成。

其产自苏州、松江等地。若有45厘米见方,就成了专供宫殿等重要建筑使用的一种高质量的铺地金砖。其工艺极为复杂,从选料到烧成合格需要一年甚至两年的时间。明代科学家宋应星在《天工开物》一书中记述了"金砖"的制作过程:选料要选可塑性适当、颗粒细、杂质少的优质易熔黏土,然后浸水将黏土泡开,让数只牛反复踩踏练泥,以去除泥团中的气泡,最终炼成稠密的泥团。接着将泥团"填满木匣之中","平板盖面,两人足立其上",研转加压使泥土成形,使砖坯密实而均匀。砖坯阴干后,再装入窑中经过高温烧制而成。这样,质地坚硬、敲打有金石之声的"金砖"就烧成了。这时有一老伯告诉我,那西侧的观音兜山墙的房子里面也曾是这样的"方砖"铺地的,可惜拆除光了。

房主还告诉我,在前檐廊东山墙里还有个宝贝,说着撕去糊在墙上的报纸,露出镶在墙上的两方石碑,石碑已被石灰刷平。我用刀刮去石灰,"亡儿厚建事略"几字,一一显现。这是父亲悼念儿子的悼文,谁写的呢?我急忙先刮碑尾部文字上的石灰:"咸丰九年己未十有一月中澣(浣)。伴石老人李维镛挥泪志,

时年七十有一。同里陈景崧书丹，寿松镌铭。"据此我知道了这是李涵都督的后人李维镛所记。从该碑文中我们可获知不少信息：一、李维镛本人世袭祖上爵位，也是在军队谋职，曾受弹劾奔走京师，与两江总督交往甚密，但当广东、定海有战事时，总有他的身影。当甬城被围，面对屠城威胁时，宁波知府也向他求救解危之策。这说明从康熙到光绪间，李家一直从事军事工作。二、其子李建厚是位有着江湖义气、文武兼备、智勇双全的将领，深得友僚好评，前鄞县县令愿将女儿许配给他。说其有文，其"已能作时艺（习字写文）。戊戌秋，先慈弃养，丧居，亲课，读《易》《书》《诗》'三传''三礼''四子书'，每六十日背诵一周，无许字忘"。"旋以职监生应乡试，中己酉科第十七名举人"。说其能武，其能"身率壮勇，讲击刺进退法"；说其智，其敢遣间谍设计诱捕贼副帅张金山；说其勇，为了捕捉通敌的一美国人、一英国人，其敢"率勇渡江围其屋，二人持刀出斗，不胜，跳而走，追之，及沟岸，群击之，力竭就擒"。"乃因解上海，斩之。以循夷人正国法，前此所未有也"。三、记载了东钱湖陶公山的史致芬欲攻城被李厚建杀退，以及其后厚建中计战死的经过，为宁波方志提供了一份翔实的佐证资料。

再往东就是闻天官第的东厅，后改为"李尚书第"。此李氏不是彼李氏。李氏世居孝闻坊，后建第于大梁街，到李康先做礼部右侍郎时再迁到马衙街。李康先，系明万历丁未（1607）进士，改庶吉士。（所谓"庶吉士"，即中国明清两朝时翰林院内的短期职位。由科举进士中选择有潜质者担任，目的是让他们可以先在翰林院内学习，之后再授各种官职。情况有如今天的见习生）

历官礼部右侍郎、国子监祭酒。后因得罪魏忠贤被罢官。崇祯改元（1628）后，以原官起用，进礼部尚书，加宫保。终与内阁温体仁不协，削籍归里。其有两个儿子，大儿子李振玑因与鲁王有涉下狱，小儿子李振玘竭所有营救得免，家由此败落。"李尚书第"现改为徽商的"江氏宗祠"，主体建筑改向为坐西朝东，面向月湖。目前尚存前后两大殿。

当年的马衙街曾是多么风光与显赫！可这一切已成为"滚滚长江东逝水"，"是非成败转头空"。我想，作为历史街巷，其"青山依旧在"，我们若能对其进行很好的保护，就仍能唤起人们对历史的记忆，照样能够夕阳红！

链接：马衙街，因街内有形如马眼与月湖相通的河漕，故原地点为马眼（牙）漕。民国时，因该地有明初明州卫指挥同知马胜的衙署，又取原名近音改名为马衙街。现马衙街上有秦氏支祠、闻家祠堂、陈家祠堂等史迹，而马眼漕水底传说有城下古迹。

中营巷一角
One Corner of Zhongying Lane

芙蓉洲头说中营

○ 林之寅

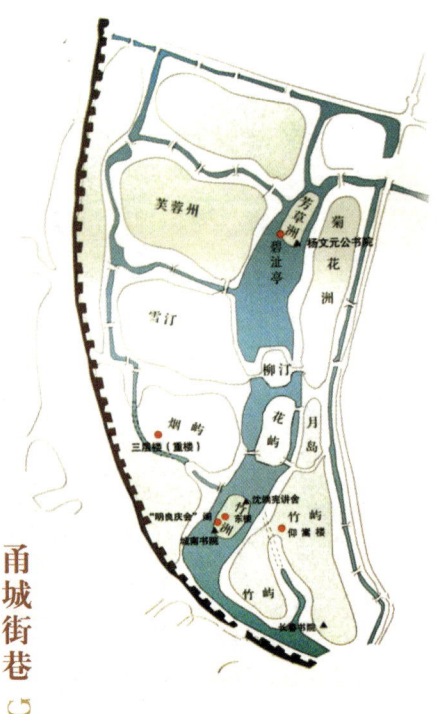

一

宁波月湖，在唐宋间是人文荟萃之地，也是楼船抵甬的系舟之所。宋嘉祐年间，钱公辅守明州，见湖淤塞，就仿杭州浚治西湖的办法，挖淤泥屯土修堤，于是有了偃月堤（即今偃月街）、月岛。至元祐年间，太守刘淑再次领导疏浚月湖。继任太守刘珵又继续浚治，并将周围景物作了一番安排，设置了"柳汀""雪汀""芳草洲""芙蓉洲""菊花洲""月岛""松岛""花屿""竹屿""烟屿"十景，号称"月湖十洲"。

中营巷就位于芙蓉洲上。

在月湖西岸，沿偃月街向南不远，有一条小巷，它东通偃月街，西达天一巷，北接三板桥巷，这就是中营巷。据曾居住于天一巷的戴自立老先生回忆：20世纪五六十年代还没有天一街、天一巷，人们问起天一阁在哪里，都会说在中营巷上。的确，中营巷上的明州碑林曾是天一阁的正大门，而不是朝西的现大门。

中营巷地块原为仓库，后改为中营守备及中营教场，是一处不折不扣的兵营。中营教场面积并不大。东到天一巷口，南至天一巷中段，西邻天一阁，北界中营巷，占地约八亩。辛亥革命后，营废，教场地基卖给刘姓、戴姓造屋。中营巷也就分为两条巷即

中营巷和天一巷。中营教场一带，在宋代是常平仓，常平仓的来源是官田田租收入和各州县缴粮后剩余的钱米，以对年老疾病无依靠的贫困户包括乞丐、罪犯、流放刑犯给予一定的救济，类似于现在民政部门的扶贫帮困。常平仓虽数易其名，多次改建，直到清初还在发挥着作用。辟为教场、守备署后，中营巷才多了一股兵气。与其尽头天一阁的书卷气，一文一武相映成趣，构成了中营巷特有的居住文化。

二

中营巷不长，可是它的历史文化积淀却非常厚重。从偃月街进去，位于西端中营巷8号的赵宅可以说是宁波现存老房子中最有气派的一座。这是一幢晚清时期的民宅。笔者在第三次全国文物普查中，曾踏勘了它的前后角落。赵宅整个院落由门厅、左前院落、右前院落、大厅院落、主楼、后院落、左偏屋七个单元组成，占地面积2944平方米。其格局表现为完整的官宦人家大院，门厅甬道左右各开一月洞门，形成左右两个院落。甬道北端为仪门，仪门为三重牌楼式，砖雕精细庄重。迎面天井宽阔，其中间原为大厅，惜毁于火灾。现存左右厢房，第三道才是正门，也为三重牌楼式门楼。过三门即为赵宅正楼，其前后檐廊的月梁、牛腿等部件饰以松鼠吃葡萄、龙凤头、荷花、莲蓬、蝙蝠等图案，重漆黄亮、内宅每扇窗户尽是细雕木格拼接，配置刻花玻璃，装有推移两用窗。

赵宅在其住民的口中不叫赵宅，而叫"严康懋女婿房子"。这是因为20世纪20年代，宁波大金融家、大慈善家严康懋的第四个女儿嫁给了当时在上海投资金融业的赵氏之子赵来瑄，赵氏遂花巨资购进大宅给儿子作婚房。赵严两家算来也是门当户对，实在是严康懋的名气大过赵来瑄之父。因此，在老百姓口中，赵宅只能叫"严康懋女婿房子"。

在中营巷有许多富有特色的古建筑。如位于巷中段石蜡坊，坊内有地下水柜。其水源为屋檐水，下雨时，屋顶的雨水汇流到水柜内，以供平时洗涮之用。饮用水则取自坊内两口呈"8"字形的水井。位于中营巷29号的汪氏婚庆房（老宁波叫"好日房子"）则代表了浓郁的人文气息，顾名思义那房子是结婚用的。20世纪30年代初蒋经国倡导"新生活"运动，宁波盛行新式婚礼。汪氏好日房子应运而生。它实行的是拜天地、摆酒席，"一条龙"服务。可以说是现代婚庆公司的前身。新娘子用黄包车拉到汪家房子，那二楼回廊是新娘子亮相的地方，在婚礼进行曲的伴奏下，

中营巷上"好日房子"
The Wedding House of Zhongying Lane

天一阁西大门
West Gate of Tianyi Pavilion

新娘子缓缓下楼，拜天地，行大礼，然后依次敬酒，那时的29号房子真的是人声鼎沸、热闹非凡。

现在的天一街8号，过去是中营巷44号。"大跃进"时办过幼儿园，20世纪80年代为文管会办公室。44号曾住过藏书家杨容邻老先生。"文革"前两年，杭州大学的几个学生用一个月时间，把杨先生的"清防阁"所藏孤本、善本、碑帖拓片整理成册。"文革"时杨老先生的藏书险遭焚烧，"文革"后其后人把藏书等献给了天一阁。

芙蓉洲上最有名的胜迹当数天一阁。天一阁是我国现存最古的私家藏书楼。宁波素称文物之邦。除了人才辈出之外，历代藏家之多和藏书之富是一个重要的标志。天一阁的创建者为明嘉靖年间兵部右侍郎范钦。范钦爱书如命。由于他为官遍及半个中国，

天一阁创始人范钦画像
Portrait of Fan Qin, Founder of Tianyi Pavilion

所以每到一处，总是细心搜集当地的公私刻本。无法买到的书就雇人抄录。几年下来书籍及各类地方志、科举题名录、名人碑帖等越积越多。为使藏书得到永久性的保存，"与其宅东月湖深处，构楼六间以为藏书之所"。书籍最怕火，为了保护藏书，范钦煞费苦心。他依据《易经》中"天一生水，地六成之"的说法，取以水制火之义，把书楼定名为天一阁。书楼的构造，楼上藏书处为一大通间，中间用书橱分隔。楼下六间象征着"天一地六"，从这里可以看出书楼主人对防火的高度重视。

清朝乾隆皇帝为典藏《四库全书》，袭天一阁藏书之法，仿天一阁形制建南北七阁，此后江南的藏书家纷纷仿效天一阁的管理理念、藏书思想和护书之法。天一阁对中国藏书文化发展产生了深远的影响。

三

中营巷自宋代以来，历经变迁。除天一阁雄踞中营巷尽头多年外，现存大多为清代及近现代建筑。随着生活水平的提高，老宅里的原住民纷纷搬到生活设施齐全的新小区，老宅也就成了外来"新宁波人"的栖身之所。但还是有几个年纪大的坚守着这条曾经风光的小巷。家住中营巷的79岁鲍老太太说，中营巷在她年轻时，两旁都是清一色的小青瓦、砖头墙房子。可惜拆的拆，倒的倒，现在已没几处老房子了。像孙家祠堂是三进二明轩四堂房的大房子，20世纪90年代旧城改造时被拆。这种情况确实不在少数，好在中营巷一带已被列入月湖西岸历史文化街区，这就昭示着中营巷将迎来一个散发着历史文化气息的未来。

> 链接：中营巷，原地名为中营校场、小仓，因清在月湖西三板桥一带设中营守备署、中营参将署、中营校场等，民国道路建设时命名为中营巷，后因巷内有天一阁而改名为天一街，现为月湖历史文化景区西岸的主要街巷之一，保存了大量传统民居及数幢近代建筑。有举世闻名的藏书楼——天一阁及赵宅等。

今生梦萦伴书院

○ 赵琼

一

说起宁波的书院文化，不得不提宁波现存的赫赫有名的古巷：书院巷。如今的书院巷，分为大书院巷和小书院巷。斑驳的小巷幽深静寂，遗韵犹存，而那错落有致的灰墙墨瓦，也为甬上的书香门第增添了一脉气象。

据《鄞县通志》载，书院巷，旧名书院衕，东至偃月街，南至柳汀街。这里的"衕"，指的是巷或胡同。

书院巷的传名，源于旧时这里有过书院。出于本职工作的需要，我对宁波幼教史，尤其是书院文化的辉煌产生了好奇，于是上图书馆查了资料，发现明州的书院创立于北宋初，首开讲学之风的是被称作"庆历五先生"的学者杨适、杜醇、王致、王说和楼郁，他们推崇孔子，收聚生徒，进行讲学，其中被时人称为西湖（即月湖）先生的楼郁，在月湖竹洲设正议楼公讲所（后改为城南书院），讲学长达30多年，并著有《遗集》30卷，朝廷封他为正议大夫。

到了南宋时期，理学兴盛，书院适时发展，月湖两岸成了纪念理学大师之所，朱熹、陆九渊学说流传浙江，特别是陆九渊的心学，对明州影响尤大。孝宗时，形成了德行高尚的四明学派，他们以传播陆九渊的心学为宗旨，以月湖的竹洲、碧沚等地书院为讲堂，聚集明州，切磋道义，以文载道，培养人才。

宋代书院的特点是私人自筹经费，自立讲舍，规模较大。当时的主持一般都是地方上的名师，负责院务的称为山长或洞主，教材以九经为主，也附有史书诗文，且治学严谨，教规严格。其时月湖范围内有影响力的书院主要有正义楼公讲舍、沈端宪讲舍、杨文元公书院和城南书院等。

我问过附近的长者，他们还能零星说出几个书院的名称，期间提及最多的，当数月湖书院。月湖书院东临偃月街，西接太阳巷，位于月湖西陲的雪汀之上。雪汀，乃月湖十洲之一。史书上记载：雪汀之上，宋有能仁观音寺，元至正年间（1341-1367），设广盈仓、常平义仓等。

原来月湖书院最早被称作常平义田书院，它始建于清顺治十年（1653），原址位于现在的月湖饭店附近，由海道副使王尔禄创立。有记载称王尔禄置义田百余亩，接纳民间弟子无力从师者，

天一阁东园
East Sector of Tianyi Pavilion

所建立的义庄仓廒,其租谷收入,供赈饥、恤孤和办义学之用。此处的"廒",指的是收藏粮食的仓房。其时的义庄,除仓廒之外,共有厅堂三间及左右厢房若干,厅堂之后,又有学舍两间,延聘教师一人,供民间无力延师入学者就读,所以初期的常平义田书院,实际上就是启蒙的初级义学,规模并不是很大。

可惜的是,就这么个小书院,后来也一度凋敝,其衰落之因,与清朝政府统治政策有关。清初,朝廷惧怕传播反清思想,因此抑制书院发展,曾令敕"不许别创书院,群聚徒党",且"令各省会设书院一所",盖因便于控制。

但随着学风渐兴,教育协替,还是有一些道、府、县地方官员争相办学,出现了捐款、集资办学的情况,为以后开办新学奠定了一定的基础。到了康熙二十五年(1686),太守李煦决心重新构建环月湖文化带,重振教育大业,因此重建了常平义田书院的大门、中门、讲堂、敞楼和书舍,并将它改名为月湖书院。

乾隆三十四年(1769),月湖书院的规模得到进一步拓展,聘请了院长执掌教事,下设监院、教习,书院的性质从刚开始的启蒙义学变成了府县内较高的学府。光绪三十一年(1905),书院改办为宁波府师范学堂……

这段历史,为宁波的教育文化、尤其是书院文化的启蒙、发展和兴盛,奠定了坚实的基础。

由此说来,书院文化不仅是中华民族和华夏文化的历史,而且还是我国封建社会特有的教育组织形式。除书院的名称之外,包括"居、斋、舍、堂"等,都是当时培养青年学子、传播学术思想和宣传政治文化的场所。

二

宁波教育的奇特景象,除了自古就有的官学与私学两大体系外,书院自然成了一种重要的教育机构,它也和幼儿教育紧密联系在一起,是传统教育发展变革的历史产物。在宁波城区,除了月湖书院,主要还包括:

甬上证人书院,始讲在广济桥,继迁延庆寺,后迁至白云庄,创办人为黄宗羲、万泰等;育才书院,在城南醋务桥西(今迎凤街与偃月街交界处),由知府高启桂建于康熙三十六年(1697);孝廉堂,在旧府治东北侧,由知府边葆建于同治十年(1871);辨志书院,在月湖竹洲,由知府宗源瀚创建于1879年,院舍共四进,课程开设舆地、算学等新学科,还设汉学、宗学、史学、舆学、算学、词章六垒,各设垒长担任助教,学生来自府属各县的秀才、童生;崇实书院,在旧道署西侧"后乐园"(现中山公园西),由宁绍台道薛福成创办于光绪十一年(1885);鄞山书院,于光绪十三年(1887)由知县朱庆镛以戒香、定香二庵遗址改建而成,在鄞山街(今镇明中心小学),有院舍30间,光绪三十二年(1906),改办县立高等小学堂,该书院与元代"鄞山书院"同名异址……

清末,外国传教士们也在宁波城区创办了一些书院,如三一书院,地址在孝闻坊,创办者系英国圣公会传教士禄赐和霍约瑟,创办的时间是光绪二年(1876);养正书院,地址在盐仓门,创办者系美浸礼会教士卫克斯罗勃生……

甬人自办幼儿园,始于1918年8月。其时,鄞县潘火桥旅沪商人蔡琴荪,以庆贺其母五十寿诞的款项400元,于城区参议庙旧址(现海曙区府桥街55号)创立荫蒙养园,园长张雪门,招收幼儿10余人,科目分礼仪法、识字、认教、唱歌、手技、谈话、游戏、体操等,每日授课10节,每节15至20分钟,它也是宁波市第一幼儿园的前身。

到了1922年，立荫蒙养园改名为县立星荫幼稚园。1928年，县立星荫幼稚园移至原后乐园云石山房遗址，更名为云石幼稚园。1932年，云石幼稚园并入县立尊经阁初级小学，迁至鼎新街，改称县立云石初级小学幼稚园。1947年，县立云石初级小学幼稚园移址中山公园内，更名县立幼稚园，1950年8月改为宁波市第一幼儿园……

从北宋宁波第一家书院的出现，到宁波第一家幼儿园的诞生；从南宋宁波著名教育家王应麟始创《三字经》，到历代圣贤的启蒙读本；从一批批位于东海之滨、月湖之畔的错落有致的书院，到宁波书院巷小学和白德妮女士创办的宁波澳大利亚国际学校，筑成了宁波文化的骨骼，延续了宁波文明的血脉。不管时光列车经过哪一段，它最终的风景都离不开幼教工作是真正的启蒙教育这一站。如若没有那些大大小小的书院，宁波的文化和教育事业也许就不会有今天这般的承继和发展。小小书院巷，贯古穿今，记录着从古到今的历史，并继续书写着今后的历程，已经成为宁波大地书声琅琅、崇文思辨的一个缩影。

一眨眼二十多年过去了，和小朋友朝夕相处，看着他们天真、活泼、无忧地成长，看着他们即将成为传承文明的栋梁，感到有种莫名的快乐。如若没有先辈们的探索与实践，我们哪能采摘到知识之树上的累累硕果？这也是我为什么多次踏足书院巷，对这块浸淫着先哲智慧的土地充满了崇敬与感激的真正原因。

三

说到这里，书院巷已经不是一条普通的小巷了，也不仅仅只是单纯的书院文化，它是多元的，因为就在它的边上，就有宁波著名的天一阁、清真寺和翁氏故居。

毗邻书院巷的天一阁，离我现在的工作单位不远，我曾无数次地在其中走读与沉思，除了那满园满阁的书香之外，雨中的天一阁，充满了江南的烟雨与潮气；而晴日的天一阁，又洋溢着花草的芬芳与碧树的葱茏。我没见过"孔子圣贤图"，但我想很多人都会相信，只要来到天一阁，一定会想到包括孔子在内的许多圣人，想到那些文教工作者的先驱。

位于书院巷附近的清真寺，距今也有近千年的历史了。清真寺，俗称回回堂，是回族人的礼教堂。自宋代以来，随着宁波（明州）港口的对外开放，很多阿拉伯人、波斯人到宁波从事通商贸易和文化交流，一部分人就在宁波定居了下来，同时也把他们信仰的伊斯兰教（回教）传入宁波，清真寺也成了宁波港口文明与历史的重要见证。

很多的记忆已经逝去，很多的传说业已淡忘，当悠悠的往事转眼成空，当更多的记忆失落在历史的长河里，静默的古巷也会沉沉睡去，变成一个谜，一个让人做梦都想去解开的谜。

如今的书院巷，小巷依旧，屋顶上的炊烟却逐渐稀少，长出的是随风拖曳的茅草，让人有点花开花落、物是人非的慨叹。其实不然，它也有今昔异趣之妙。如今宁波教育事业的繁荣和发展，可以用最好和最快两个词来作比喻。遍布宁波大街小巷的学校和幼儿园，如雨后春笋般崛起壮大，它们不也都是书院巷流传下来的文明和散播开来的种子？

书院巷，不仅是宁波教育的起步，更是宁波书香的源头。我喜欢这条幽静的、守护城市根脉的小巷，我更喜欢梦萦牵绕地伴随它！

书院巷翁氏旧宅
Weng's Former Residence in Shuyuan Lane

链接：书院巷，原名书院弄。该地宋为常平仓址，明为广盈仓址。清顺治十年（1653）建常平义田书院。康熙二十五年（1686）重建时改为月湖书院。民国时改名书院巷。现这一带有清真寺、翁氏故居等史迹。

书香飘溢桂井街

○ 李全平

一

月湖西岸，桂香馥郁，书声琅琅。这里不仅坐落着知名学府宁波二中，而且更伫立着有"南国书城"美誉的天一阁藏书楼。

在宁波二中与天一阁之间的月湖历史街区的街弄里巷间，有一条名曰桂井的小街。与其说它是街，不如说是巷，或小道，只能用"幽深"两字来形容。它东起共青路，北通柳汀街，西至长

桂井街
Guijing Street

春路。浇的是混凝土路面（我想以前应该是石板拼成的），全长不到500米，宽2~4米，仅能容纳一辆小车子开过。

它的存在，分明不是眼前的事情了。据《鄞县通志》载："桂井街，旧名大巷衖。"光绪《鄞县志》称大巷，为今路西段。以有桂井古迹得名。光绪《鄞县志》载："陆庭桂井，在月湖西，（明）给谏陆懋龙宅，老桂枝蟠高结，环围如井。"似乎从此，它就被称之为桂井或桂花井了。

陆懋龙，字启原，号珍所，是明万历丁丑（1577）进士，历刑科都给事中（统称"给谏"）。他就从小生长于斯，喝着月湖的水长大的，于是，等他做了朝廷的高官之后，这里就出现了后来的"陆给谏第"，因其宅第坐落在桂井，时人就称陆懋龙为"桂井陆氏"。

于是，整条幽静的小街，恍如因桂而博得了名声，每年月湖丹桂飘香时节，热衷于附庸风雅的达官贵人们皆纷至沓来，也辨不清他们是来游湖，还是来赏桂了。说实话，今天要在这里找到几株桂树也是件难事。但花开有香，那香味是勾人摄魂的。

小街两侧，是寻寻常常的月湖居民住宅区。你看，高高低低的瓦片，错落有致的马头墙，看似杂乱无章的电线，构成了一幅古老而宁静的月湖民俗风情图。推开每一扇吱呀作响的木门，走进高高的被阳光覆盖出许多斑驳之影的墙门，随便哪个老太都能向你讲述一段遥远的故事。这些故事，可能会与某个读书人相关，或者与某本在灰尘下面沉睡的古籍有关。

说起这条古老的街道，清朝的张幼学还作有一首以《桂井》为题的古诗：

瑶台青桂太玲珑,可爱机玄组织工。
木本不妨能绕指,花神底事会蟠空。
众香成国风难度,独坐观天月正中。
应是素娥嫌旧魄,人间别构广寒宫。

他所描绘的秋色、桂香以及坐"井"观天的踯躅心事,留给我们无限宽广的想象空间,读了让人不禁唏嘘。

除了"陆给谏第",原先这里还有"五桂堂"的,它与全祖望有关。说起全祖望,中国新文化运动的领袖胡适有这样的评价:"绝顶聪明的人有两个,一个是朱熹,另一个就是全祖望。"更早一些,另一位文化巨人梁启超说:"若问我对古今人文集最喜爱读某家,我必举《鲒埼亭集》为第一部。"《鲒埼亭集》的作者正是全祖望。这位被中国两大文化巨人共同推崇的千古俊杰全祖望,他的家就在月湖岸边的"五桂堂",这里还是他的读书与藏书所在。时间如白驹过隙,一晃儿,现在的我们离他已经有好几百个年头了,前阵子我们刚刚迎来他的300年诞辰。

全祖望,字绍衣,号谢山,亦自署鲒埼亭长、双韭氏、双韭山氏、孤山社小泉翁,学者称谢山先生。全家原住鄞县洞桥沙港口村,但据考证,全祖望出生地却是在宁波城内月湖西岸的全氏住宅,这是全祖望先祖全天叙中进士后建造的,因堂前有桂树,故称"五桂堂"。康熙四十四年(1705)正月初五,全祖望出生在这里。他曾写过一这首"五桂堂"的小诗,抒发了一个读书人的雄奇抱负:

五桂堂前桂,云光五色寒。
恩多从鹤禁,画尚记龙翰。
锦里图书散,菘窗竹石残。
凤毛零落在,珍重世论看。

据说,全祖望的聪明和天赋在他幼年时就显露了。他4岁时就能读四书五经,6岁时就能吟诗赋词,对课答词,8岁时已经可以读《资治通鉴》《文献通考》之类了。相传孩提时,随父亲去洞桥沙港口村祖居走访,族中长辈想试试这个神童的才华,就挡住去路要小祖望当场作诗。沙港全氏多以烧窑为业,有"十八太公"之称。祖望接题后脱口成诗:"一缕青烟上碧霄,月里嫦娥鬓熏焦。天将差使来相问,十八太公烧瓦窑。"长辈们听了哈哈大笑,当即让路放行。

后来，全祖望成了清代著名的史学家、文学家、思想家和藏书家，是清代浙东学派中上承黄宗羲、万斯同，下启邵晋涵、章学诚的重要代表人物。他一生成就非凡，著作等身，共30多种，400多卷。主要作品除《鲒埼亭集内编》38卷、《外编》50卷外，尚有《经史问答》10卷、《句余土音》3卷、《读易别录》3卷、《鲒埼亭诗集》10卷、《宋元学案》100卷、《汉书地理志稽疑》6卷、《七校水经注》《三笺困学纪闻》等。此外辑有《续甬上耆旧诗》70卷、《国朝甬上耆旧诗》40卷等。

《清史·全祖望传》称全祖望"其学渊博无涯涘，于书靡贯串"。清代著名学者、云贵总督阮元则称："经学、史才、词科三者，得一足以传，而鄞县全谢山先生兼之。"由此可知全祖望在中国学术史上的不凡地位和杰出贡献。

据文保专家介绍，全祖望除了短暂地有过到外地为官、教书的经历外，可以说，他的生命轨迹基本上都是集中在月湖西岸桂井街附近的这块区域。他在这里读书、著述，累了就到湖滨走走，看看湖光山色，怡情养性。

全家曾是月湖望族之一，但到全祖望一代已然没落。全祖望一生清贫，去世后要靠变卖藏书来入殓，所以生前很可能无钱维修他那从祖上传下来的木结构房子，他的故居亦在他逝世后不久倒塌，由此，或者易手他人新盖房子了。这便是历史之憾了。但文字终归是永恒的，我们或许可以从他构筑的字里行间，去寻觅这条古街曾经的古老意蕴与非凡境界了。

二

历史总是在嬗变与承继中递进的。

孰能预料，在同一条桂香馥郁的街道，相距不过百米，100年后竟然又诞生了一位耳熟能详的学者、方志学家、藏书家，他就是徐时栋（1814~1873）。

徐时栋，字定宇，一字同叔，号柳泉，道光二十六年（1846）举人，后来，两次上北京会试，均不得志，从此便回到老家发愤读书。在此，徐时栋投入了全部精力，致力于校勘文献，尤致力

地方文献,他校刻了《宋元四明六志》,写出了《烟屿楼文集》《烟屿楼诗集》《烟屿楼笔记》等三十余种著作。昔日的徐时栋故居,也就是他读书和藏书的地方,又名"烟屿楼",现在早已历尽沧桑,却依然屹立于月湖西岸共青路79号(桂井街的巷口旁),这是一座前后二进五开间楼房。

在一个淡定、清朗的月明之夜,我像一尾自由的鱼一样,使劲地呼吸着源自月湖两岸的阵阵书香、桂香。当我凝望烟屿楼,发现它的衰落在橘黄的月色里显得如此直接,又如此缓慢。我并没有怅然泪下。学一学古人,学一学那位柳泉先生,留一些嗅觉和视觉给自我的心乃至后世的灵,这是我读《烟屿楼笔记》之后留下的某些感触。

有人说,徐时栋"资性通敏,委己于学"。烟屿楼是他从小到大的读书之地,落座在月湖西岸的桂井巷口旁。大约先他一百年前,被后人誉为"万宝全书"的,也是徐时栋非常景仰的一代先哲谢山先生全祖望,就出生这条桂花飘香的街巷深处。

月湖,是一座千年之湖,也是一座逍遥之湖。她已经记不得了,究竟有多少人荡在清幽的湖里摇船打鱼,又有多少人窝在湖畔的藏书楼中熬夜看书。黎明,打鱼人看着读书郎家里摇曳的灯火,觉得那是一丛令人仰视的神圣的心灵之光。黄昏,读书郎推窗远望,看着打鱼人和他的渔舟,心中若有所思,飞笔挥毫,又涂写上几句自在之辞。"山中云在意入妙,江上风生浪作堆",这幅字条如今收藏于天一阁的云在楼,写这幅字的人就是徐时栋。揣想当年柳泉先生写字的模样和心境,肯定比今晚的月色更淡定,也更清朗吧。

烟屿楼
Yanyu Tower

　　显然，只凭怀想是不够的。在我们城市的森林里，湖里的白鹭鸟似乎没有了可以永远落脚的地方，渔舟唱晚的古老歌调也被市声以及浮华的喧嚣渐渐湮灭。但每次走过月湖，走过这座从城市的腹地飘散出郁郁书香的文化之湖，忍不住善感地想：若说月湖的柔波，似那一层在光线里微微卷曲的某本古籍的封面，从封面到封底，永不停歇地舞动着的水的涟漪，是含着多少人的泪与汗，书写而成的厚沓沓的内容？一米？两米？三米？那么，一千年的月湖，这永远不会被时光之火灼伤的古老之书，到底被多少人抚摸、阅读、书写和收藏过呢？

　　徐时栋注定是其中之一。

　　在月湖烟屿楼二楼那狭窄、逼仄、甚至稍稍有些潮湿的空间

里,他成天同古籍、方志和各种善本打交道。当他抚摸着宣纸柔韧的腰身,仿佛是商人抚摸着金银财宝。这种喜爱源自心灵。没有人逼他读书,也没有人雇佣他读书。他意识到的只有一条:文化的命脉必须传承下去,历史是沿着每一条现在的管道运输到未来的空间里去的。

有人说,沿着月湖,便是沿着一条宁波的文脉。方圆五公里处,依次坐落有伏跗室、天一阁、东楼、碧沚亭、辟尘居、博雅堂、烟屿楼等藏书楼。这些藏书楼的名字大都与湖有缘,与书有缘,与精神的湿地有关。

三

楼在烟屿洲,书藏烟屿楼。

烟屿楼,初名叫做恋湖书楼。徐时栋在自己的笔记里这样宣称:"吾十龄外即喜聚书。"在极年轻的时候,他颇有吟诗作对的天分,少年时就曾撰有《恋湖书楼诗余》二卷。"凭栏远眺,湖光一碧如万顷琉璃,玲珑四映。凡志所称花屿、柳汀、碧沚诸形胜,无不争妍献媚于其前。"他的书房面向月湖,碧波荡漾,花团锦簇,不仅是文人雅士们的精神天堂,亦是官宦人家垂钓与游园惊梦之地。

柳泉先生那一代共有兄弟六人。据说他的父亲曾感慨自己一家在宗族中话语权低落,于是要求儿子们发愤读书,以求碌碌功

名。努力的结果是一个儿子为进士,一个儿子为举人,家族的声望、地位、品位于是都有了明显提高。我相信,这也是烟屿楼藏书的坚实靠山吧。

21岁那年,徐时栋的藏书已经很多了。于是,他亲自编订了《新故书目录》二卷,把自己的藏书分为钦定类、丛书类、经类、史类、子类、集类六类。所藏多为当时常见的读物,书目卷首自叙:"置书以宜读之书为务,奇僻之书无所宝也。故吾家所有书,大约皆布帛菽粟。"卷末又题:"自先君来至今年九月止,置书如右,愿后人不以藏书为务,而以读书为急,此余心也。不然,邺架曹仓,仍饲蠹鱼,亦何裨乎!"表明其为读书而藏书的宗旨。

道光二十六年(1846),徐时栋33岁,乡试中举。后来他和很多读书的有志青年一样,踌躇满志,对未来的生活充满希望。但两次北上会试,均不得志,于是"以输饷授内阁中书",做了两年官,也觉得索然无味,便回家发愤读书。

夜夜凭栏临风,日日独对月湖,他发现月湖的天空、大地以及流动的湖水已经为他而变得更加宽广沉静了。他专心著述,"视世俗科举之学夷然有所不屑"。在《五十七岁小像自记》中,徐时栋这样形容自己:"四十年来苟无事故,吾手中未尝一日而释卷也。"宛然一个勤奋执着的殉道者形象。

走进烟屿楼,明末清初的建筑风貌便映入眼帘。镂刻在月湖这面古老镜子里的前尘旧世的记忆,打开,关阖,没有人能说得清主人的贫穷与寒酸。故事、历史和唇舌的关系是不牢靠的。石花窗、木墙门、大石墩,以及圆滚滚的柱子,似乎都是当年的原物。它们被火烧过,被历史的尘埃淹没过,被风雨侵袭过,如今

依然保持着站立的姿势。

桂花、石榴、海棠、杜鹃,花期年年精彩;燕子来过,台风来过,一代代的外姓人来过。这里现在住着十余户人家,市井气息甚浓,也许不久以后他们也会像门前湖水里漂动的树叶,漂到他处。来此小园里静静赏花的人也一年年、一批批老去了。离开意味着怀旧,而死亡却端倪着新生。

从漫漫时空中,穿越岁月的阻隔,拨开月湖的迷雾,这座楼的主人,那远逝的先哲,那位人淡如菊的柳泉先生仿佛又生动地浮现在我们眼前了。如今,南国书城天一阁里也保存着很多徐时栋的藏书,书上钤有他的藏书印章,如"徐时栋印""烟屿楼""徐氏""柳泉""城西草堂""水北阁"等。

专家们都说,徐时栋丰富的学术研究成果,是我国民族文化遗产中的宝贵财富。徐时栋为保存古代典籍所作的努力,是最最令人称道的;当他面对藏书的散失甚至毁灭,却依然能够矢志不渝、孜孜以求,这就是百折不挠!

徐时栋如此,全祖望如此,古往今来,宁波多少读书志士亦是如此。正因为有了种种"奋发"的精神,宁波的藏书楼、宁波的读书人方能呈现今日之昂扬面貌;正因为有了这种"潜心"的精神,浙东文化才能爆发出今日之夺目光芒!

古人常说"万般皆下品,唯有读书高"。桂井街,这是一条金灿灿的街道;桂井街,这里缔造着一座高尚的书香乐园……

链接：桂井街，原名大巷、大巷弄。明湖广参政陆懋龙居宅之后有棵老桂，枝蟠高结，环围如井，故时人雅称桂井，其地民国时改称桂井街。该地历史上为甬上四姓之一的"西湖陆氏"集居地。后易地他姓。史学家全祖望出生于此，现有烟屿楼、大夫第等史迹。

水北阁
Shuibei Pavilion

秦氏支祠后面为天一阁,照壁前的马眼潜凭借河道沟与月湖相连。
Qin's Ancestral Temple locates in front of Tianyi Pavilion, connecting to the Moon Lake with a slim channel before the entrance screen.

翰墨飘香秦氏祠

○ 应芳舟

漫步于月湖西岸的古建筑群中,你一定会被马衙街上的秦氏支祠深深吸引。

一、煌煌巨殿甲东南

无论是打长春路还是偃月街拐进来,你都会发现一方玲珑可爱的马眼漕,这漕的边上就是马衙街。秦氏支祠,又称"秦家祠堂",由于檐角高耸、巨构连绵,遂成为马衙街上标志性建筑。作为民国初期浙东建筑的杰出代表,秦祠于1999年被定为宁波市"十佳"近现代建筑,是宁波唯一一座获得全国重点文物保护单位称号的家族祠堂,还是研究20世纪20年代中国建筑和工艺雕刻不可多得的实物资料。

秦祠整座建筑坐北朝南,以南北为中轴线,分照壁、石栅栏、前厅、戏台、中厅、后厅,东西两侧为厢房,总占地面积约为2000平方米,建筑面积2165平方米。照壁前的马眼漕凭借河道与月湖相连,祠堂后面为天一阁藏书楼。天一阁和秦氏支祠,一个书卷文气,一个满屋财气,分别代表着宁波人文荟萃、巨贾辈出的两大特质。如今以上屋宇悉数归天一阁博物馆管理,并全部向公众开放。

秦氏支祠正门
Main Gate of Qin's Ancestral Temple

  现在，外地游客慕名来天一阁观光，一般先是拜谒藏书楼，再游览麻将馆，最后才是一睹秦祠富丽堂皇的贵族气派，这和20世纪20年代秦祠初建成时大为不同。之前，范氏天一阁和秦祠主人乃两家两姓，他们是邻居，中间有围墙隔开。人们那时去秦祠是从马眼漕旁大门直接进入，进了大门便是熠熠生辉的戏台，同时它也是秦氏支祠内所有建筑中最华丽、最吸引人眼球的单体建筑。秦祠美，美在戏台，一方小小戏台演尽千古风流，万种风情。戏台上的屋顶有16个斗拱承托，为单檐歇山顶。穹形藻井由成百上千块经过雕刻的板桦搭接构成，盘旋而上，牢固巧妙，中间覆以明镜，视觉和扩音效果很好。人若仰视会有登上奇妙境界的感觉，它绝对算得上是宁波小木工艺登峰造极的作品。有专家称，在近代民居内部建筑中，戏台往往打造得比住宅本身更完美，更华丽坚实。我想秦祠即是其中的一个范例。

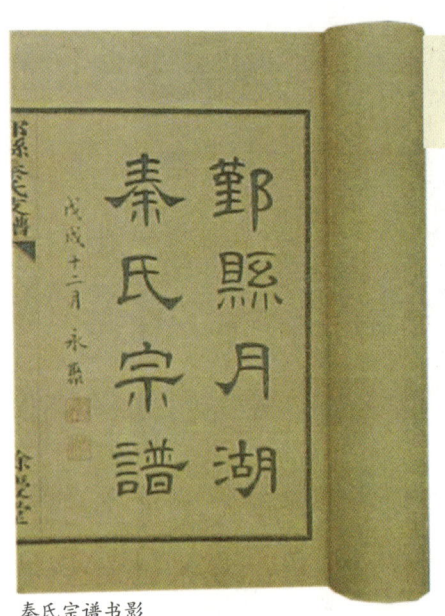

秦氏宗谱书影

祠堂是供奉祖先神主牌位、举行祭祖活动的地方，又是从事家族宣传、执行族规家法、议事宴饮的重要场所。旧时一般家族不仅有一族合祀的族祠、宗祠（又称"总祠"），族内各房、各支房往往还有各自的支祠、房祠，以奉祀本支直系祖先。由此可以说明，同族之内的血缘亲疏之别反映在建祠祭祖规格上时，同样具有等级差异。前人讲究建祠来纪念先祖功绩，报答前辈恩德，时人文章这么写道："居则容膝可安，而必有祖祠、有宗祠、有支祠。"（陈盛韶《问俗录》卷四《诏安县》）可见，祠堂是家族内部不可或缺的重要设施。

秦祠体量庞大，全部建筑共分三进。第一进是门厅，为重檐硬山顶，七开间，共两层，梁架为穿斗式，外檐如意斗拱装饰华丽。第二进是正殿，为单檐硬山顶，七开间，明间为抬梁式，其余各间均为穿斗式，两侧配有厢房、看台。第三进是后殿，为单檐硬山顶木结构建筑，七开间，明、次间为单层，梢、尽间为两层，轩梁雕刻各种花鸟、人物等图案。

秦氏支祠还是一座露天的雕刻工艺品博物馆，汇集木雕、石雕、砖雕于一体，精彩纷呈。嵌在墙体上的砖雕人物故事，造像生动逼真，刀法细致圆润，大面积的清水磨砖墙体，接缝严密，通体平滑，工艺精湛。瓦顶广施堆塑，人物、仙禽、神兽皆栩栩如生。涂刻在建筑上的装饰大多以历史故事为题材，综合了浙东地域传统工艺特色，目前保存有朱金木雕、黄杨木雕、石雕、砖雕艺术品等200余幅，代表着民国初期建筑和雕刻艺术水平。

如此规模浩大、造工考究的建筑，怎么只是区区一座支祠呢？这有两种说法。一种说法是：此前的鄞县秦氏祠堂已有两处：一处在段桥，一处在月湖东岸的章耆巷。前者为秦氏宗祠，但是缺乏修缮已经日渐破败。鉴于此，钱业巨子秦际瀚打算建造一座气派非凡的宗祠，一来光宗耀祖，二来在秦姓家族内部树立自己的威望。

另一种说法是：相传当年秦际瀚在上海做钱庄生意，一夜暴富，他想富裕以后回乡一定走路有风，去祠堂祭祀祖先更是可以风风光光一回。没想到因为他那一支在族内是偏房，正房的那些人说什么也不让他进祠堂祭拜祖先。秦际瀚大为光火，决定自己建造一座祠堂。

从族系来看，秦际瀚这支在当时确实已经不是秦家的嫡系，加之年纪轻轻就口出狂言建造宗祠，他的建议遭到代表正房利益的宗族势力的层层阻挠，这点是可以肯定的。

但秦际瀚并未放弃建造祠堂的计划。经过一番讨价还价，双方终于达成协议：宗祠绝不能建，只能退而求其次建支祠。秦际瀚憋着一股不服输的劲，声称要让自己建的支祠远远超过宗祠。经过实地勘查，他选中了月湖边马眼漕这方风水宝地，风景优美又闹中取静。之前此处已建有闻家祠堂和陈家祠堂，若论风水，此处定是难得的宝地。

砖雕

二、末代状元添翰香

本是生意场上春风得意，没想到却在老家受此挫败，秦际瀚决心一定要建造一座供奉本房长辈神位的气派支祠。秦氏支祠工

甬城街巷
YONGCHENG JIEXIANG

秦氏支祠戏台
Platform in Qin's Ancestral Temple

翰墨飘香秦氏祠

程质量要求极高，由宁波胡荣笙经营的胡荣记营造厂承担施工，建于1923至1925年，费时两年零七个月，所耗银圆20余万两由秦君安出资。胡荣记营造厂以质量取胜，当时在浙东一带较为有名，新中国成立前后宁波的市政工程大都交由它承包。

转眼间祠堂就要完工了，秦氏族人纷纷议论如此富丽堂皇的建筑建成之后一定要有一篇画龙点睛的文记，最好是能请到国内名流或者大实业家的手笔，这时有人推荐了为宁波闻人吴锦堂、叶澄衷写过书法、题过墓碑的南通人张謇（1853—1926）。

这位张謇可不简单，他乃光绪二十年（1894）恩科状元、立宪派领袖，清末民国初著名的实业家、教育家和慈善家，声名响彻朝野上下。

为此，秦际瀚执后辈之礼特地登门拜访了张謇。和秦家交情甚好，且多有业务往来的张謇听明来意后乐而受命，撰写了一篇扬名至今的《秦氏支祠记》。

几乎与秦氏支祠落成同时，秦氏族人编写的《鄞县秦氏宗谱》也宣告完毕，可谓双喜临门。其中，张謇的《秦氏支祠记》被宗谱全文收录。笔者根据天一阁所藏《鄞县秦氏宗谱》移录《秦氏支祠记》全文如下，与广大读者分享：

鄞西月湖之滨，秦氏支祠在焉。祠为君安翁妥灵之所，其子际藩、际瀚、际浩辈，承翁志以建者也。初，翁以器干开豁，由居积起家，性好施舍，振贫恤灾，汲汲若不逮。迨际藩辈承家，乃建祠于月湖之傍，经始于民国十二年夏正四月，告成于十四年夏正十一月。祠凡十余楹，崇宏严翼，既精既固。前祀翁，后祀翁妃张夫人。自翁以上皆奉祀宗祠。秦氏之先本居慈溪，当明中叶间，有大川君者，始迁鄞，家焉，遂为鄞人，由大川君至翁盖十二世矣。际藩辈建祠既成，复撰事略，来请余为之记。按秦氏自明以来，代有闻人，而挽近多善治生。翁以少贫服贾，谦而致益，继起有人，益兴其业，门户广大，为乡里称之。每值岁朝冬至，子孙拜参，行辈秩如，肃肃雍雍，何其盛耶。岂非翁所遗泽布濩者远，斯后裔绍述先志，因之而勿替欤？于是识其颠末，俾文于石，庶后之人得以考览焉。赐进士及第翰林院修撰张謇撰。

《秦氏支祠记》是否如文中所言出于"俾文于石，庶后之人得以考览"的目的，而刻成碑文转而成为一篇碑记的呢？笔者查找到了《宁波市志》，内称："（秦氏支祠由）宁波钱业巨子秦际瀚建，内立碑记一方。"线索显山露水，于是决定实地考察出个究竟。请天一阁工作人员开启秦祠旁门，只见堂屋下赫然有嵌墙石碑一方，喜滋滋地赶忙上前抢阅，方知是与张謇同时期的余杭人褚德彝撰写的碑记《鄞县秦氏支祠碑记》。此碑非彼碑也。经向天一阁老领导打听此事，也都说未见过张謇的《秦氏支祠记》碑文。秦氏支祠因为在"文革"中被改作医药仓库，所以建筑只是受到轻微破坏，不存在文物移迁或者被盗的问题。由此可见，张謇的《秦氏支祠记》一文最终并未刻石上碑。

有了戏台这一文化享受场所，秦家的日子自然变得更加闹猛。我们可以想象80多年前每逢重要日子到来，秦家邀集族人全体看戏时的空前盛况。那么，张謇是否出席了1925年秦祠落成时的隆重仪式呢？笔者未见到任何史料记载此事，我想最好的解释可能是此时张謇年老多病，又遭遇生意场上的节节失利（他一生经营的大生纱厂面临大厄），无意也无力从江苏赶赴浙东来参加一个外姓祠堂的落成仪式。他最终于秦祠落成的第二年就病逝了。

张謇的《秦氏支祠记》究竟作于何时？根据秦祠"（民国）十四年夏正十一月"落成，及褚德彝受秦君安长子秦际瀚之请撰写的碑记《鄞县秦氏支祠碑记》落款也是十四年（1925）十一月来看，张謇的文章大抵也是在这一时间段撰成的。

三、解读《秦氏支祠记》

秦氏支祠集中反映了宁波悠久的商帮文化。

从张謇的《秦氏支祠记》这篇文章来看，出身贫寒的秦君安是一个经商致富的宁波帮商人，他为人谦虚谨慎，起初以经营颜料业发家，然后以钱庄业致富闻达于乡里。秦氏创业成功后不忘桑梓，为家乡赈灾恤贫而奔波不息，可谓慈善公益事业的热心人。今日，秦祠正殿石柱对联上尚有一句"祠堂作记严先生永著高风"，言明了张謇文记对秦氏功德的赞美。

尤其难能可贵而被张謇啧啧称赞的是，秦氏一族从原先科举功业立家毅然转到了工商实业的轨道上来，表明秦氏受时局的深刻影响而作出了一种前瞻性的生存抉择，这也和张謇自己走的工商实业救国道路相一致，他们可谓惺惺相惜的同道同志。秦氏富于经营头脑,以信义相守。他摆脱传统的"士农工商"偏见,在生意场上与人公平逐利,勇敢追逐商业利益,不但在老本行颜料行业稳扎稳打,还大手笔投资地产业和钱庄业。据统计,秦君安资产最多的时候竟然达到了1000万元,由一个白手起家的小伙计翻身一跃成为享誉上海滩的九大钱业家族集团之一。

宁波不独现在是一座爱心洋溢的幸福城市,其实此风由来已久,广大宁波帮人士在成就显赫经济地位的同时,大多不忘弘扬仁义道德,这在秦君安身上得到了体现。据《秦氏支祠记》和相关史料记载,秦君安乐善好施,经常赈灾救济贫民。因为多次平粜米价,带头参与海防赈灾捐款,受赏花翎正三品封典,他还担任过宁波商务总会的协理一职。秦氏一族宗风远扬,其后人在从事商业活动的同时,受到传统儒家思想与价值观的影响,

秦氏支祠内匾额
Inscribed Tablet in Qin's Ancestral Temple

在他们经商成功后,往往又把大量的积蓄携归乡里,用来建造祠堂、庙宇、义庄、学塾、桥梁、道路等等,这反映了他们受儒商风气浸淫之深。民国十二年(1923)四月,由于长年乐于行善,民国总统黎元洪颁给秦君安夫人张氏"慈善为怀"的匾额,现存秦祠正殿之内。

秦家还是名震东南的收藏世家,张謇提到的"居积起家,性好施舍,振贫恤灾"反映在文化事业上,则体现在他们化私为公,向国家献宝的崇高精神。19世纪中期,秦君安赤手空拳从宁波到上海闯世界,逐渐成为上海滩有名的民族资本家,秦家也由此在上海扎根生息。秦氏后人秦康祥衣食俭朴,唯一爱好就是篆刻与收藏,平生尽全力收罗流落在外地的宁波人的字画作品。秦康祥曾多次嘱咐其子秦秉年,收藏并非为了投资增值,而是有朝一日送回故乡。秦秉年在一次捐赠仪式上说:"父亲的话我一直记得,以个人的力量收藏和保护文物能力有限,交给天一阁收藏,是回

归大众。"这也就有了三次捐赠共计8000多件文物给天一阁的盛举。如今秦氏捐赠的明清竹刻精品作为专题陈列，正在新落成的宁波博物馆展出。

中国社会不但讲究祭祀礼仪，而且极为看重祭祀所产生的重要向心作用。大学问家钱大昕云："祠堂之设，以祀其先祖，俾族姓不忘其所自出。"在城中月湖周边营建祠堂，反映了宁波商人受传统思想的影响，秦氏亦不能免俗。不过，秦氏支祠内这种"前祀翁，后祀翁妃张夫人"的祭祀方式，反映了民国时期女性地位逐渐上升，打破了传统礼仪中妇女儿童不得随意入祠的禁规。在此要指出的是，1925年秦际瀚等人建成的秦氏支祠是用来祭祀其父秦君安。但是，那时秦君安尚在世，因为根据《宁波帮大辞典》，秦君安辞世是在1935年，故而从严格意义上说，秦氏支祠最初十年应该是一座生祠。

秦氏支祠风物长存。1981年12月5日被授予市级文物保护单位的称号。因为具有非常高的历史、艺术、科学价值，加之保存十分完整，2001年作为天一阁的扩展部分升级为第五批全国重点文物保护单位。我们相信秦祠和天一阁一样将成为宁波文明的灿烂星座，在历史的时空永久闪烁。值得一提的是，位于南通的张謇墓也恰巧在同时间升格为全国重点文保单位。冥冥之中似乎在向世人昭示着状元张謇与宁波秦氏支祠非同一般的关系。

马衙街虽长不过二三百米，却是一条通向文化殿堂的重要街巷。除秦氏支祠外，尚有天一阁书画馆、麻将起源地陈列馆（陈家祠堂）、闻家祠堂，这些集聚一起的文物建筑体现了甬城自明清以来一直到民国时期浓郁的地域特色。马衙街的东首现今还留存有一大片清代以来的旧屋，尽管看上去风雨飘摇，但是时至今日还发挥着居住功能。马衙街南边不远处即是清真寺、三圣殿、翁文灏故居等文物保护单位和保护点，可资后人参观感怀。在不久的将来，月湖西岸历史文化街区将得到彻底改造，期待那时马衙街一带历史风貌与游览便民能达到一个最佳平衡而惊艳甬城。

链接：南宋时为丞相、后追封卫王的史弥远的丞相府所在地，后建有闻天官第、范侍郎第（天一阁）、李尚书第、李都督宅等官宅的芙蓉洲，是月湖中宗祠最为集中之地，现存有李祠、江氏宗祠、闻氏宗祠、陈氏宗祠等祠堂，其中最负盛名的是秦氏支祠。

越魂史笔耀海曙

○ 王殿旗

一

天晴之日,我爱到月湖边散步,这是我们古老宁波城的母亲湖。在这个温暖的冬天,月湖边的桂井巷口,矗立起了一尊意味深长的塑像。每次路过这尊塑像,我总能不经意间看到冬日暖阳将一层蜡一般的光辉,镀在这尊塑像身上,让人产生敬仰之情。

这是一个在月湖边独步沉思的老人,五十岁左右。只见他蓄着一把精致的山羊须,脸颊上透射出一股无与伦比的成熟与肃穆的神情,一件长衫罩着他筋骨毕现的躯体,略有些皱褶的衣袂,被月湖的风微微吹起,使得他的周身充满飘逸之气。

有时候我也在寻思,我们现代人的追求、胸襟与抱负,跟古人比起来究竟是更远大了,还是更渺小了呢?答案似乎一下子很难说清。

我抬头望着这个老人,右手拿着一卷书稿,放在背后,而左手将要甩向前胸,欲放还收,显示出一种胸有成竹的历练与飒爽,就像青年才俊一般意气风发。他的目光慈祥而睿智,他的额头高耸而饱满,一看便知这是一个满腹经纶的大学者……

他就是大名鼎鼎的全祖望,清代著名的史学家、文学家、思想家和藏书家,被誉为"越魂史笔"与"史学大柱"。史学家更是推崇他为清代"浙东学派中上承黄宗羲、万斯同,下启邵晋涵、章学诚的重要代表人物"。

这尊全祖望青铜塑像,就矗立在他的诞生之地,这里仿佛还留着他青少年时代寒窗攻读的身影。我们可以想象,他的书窗之外桂花是如何飘香,月光是多么明媚,而湖水又泛起怎样的涟漪

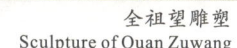
全祖望雕塑
Sculpture of Quan Zuwang

……可是这一切对他似乎都没有什么吸引力,唯有成千上万卷的史书与经卷,包围着他的梦想,填充着他的胸襟,成就着他的追求,成了他的衣食,同时也成了他的信仰。

这尊青铜像,高2.5米,经过四道工艺,最终采用青铜灌注技术精心铸造。它真实地还原了全祖望这位大儒的铮铮风骨。透过他的神情,我们可以遐想,或许他在思索南明遗事,或许他在酝酿奇绝诗文?

全祖望曾经历过著名的"康乾盛世",康熙四十四年(1705),他就出生在桂井巷的深处,一户种满了桂树的人家;乾隆二十年

（1755），他走完了51年的人生旅程，被安葬在宁波城南恒春街旁，一个叫作祖关山王家桥的地方。

目前，宁波已发现有关全祖望的遗址两处：一处是位于鄞州洞桥沙港的全祖望故居，2007年被列为鄞州区文保单位；另一处便是这座在恒春街边的全祖望墓，2006年5月25日它被列为第六批全国重点文物保护单位。

恒春街是一条新辟的街，距离全祖望的诞生地桂井巷不过一二公里，如果说桂井巷是一条充满沧桑感的历史老街，那么恒春街便是一条春暖花开的新街，时代赋予了它如春天般明亮的特色。也许是历史的巧合，也许是地名办同志的匠心独运，我觉得，恒春之春，与桂井之秋，恰好完美地体现出了一代大儒全祖望握笔写春秋的完满人生。

应该说，恒春街是随着海曙南郊地块的崛起而繁盛起来的，它北接苍松路，向南折向西至环城西路，由于它紧邻着南郊公园和全祖望墓，而显得格外的幽静。2008年冬天，恰逢全祖望诞辰303年，海曙区举行了"全祖望与浙东学术文化国际研讨会"，还在全祖望墓前举行了盛大的公祭典礼，场面盛况空前。

全祖望公祭仪式
The Public Memorial Ceremony for Quan Zuwang

二

全祖望，曾被胡适誉为"世上绝顶聪明之人"，梁启超也曾对他有类似的评价："若问我对古今人文集最爱读那家，我必举全谢山之《鲒崎亭集》为第一部。"

从胡适与梁启超的评判中，我们或许可以窥见全祖望学术之一斑。

全祖望推行的"以民为本""经世致用"和"躬身实践"的学术思想以及潜心治学的学术精神，给我们后人留下了宝贵的精神文化遗产。在学术上，他推崇黄宗羲，自称为梨洲私淑弟子，又受万斯同影响，专研宋和南明史事，尤好搜罗文献及金石旧拓。他著作等身，曾编成《天一阁碑目》，撰有《鲒崎亭集》38卷及《外编》50卷，《诗集》10卷，还有《汉书地理志吞疑》《古今通史年表》《经史问答》《句余土音》等，又七校《水经注》，三笺南宋王应麟《困学纪闻》，续选《甬上耆旧诗》，为我国的文化宝库增添了许多珍贵遗产。

海曙区是全祖望的出生和长眠之地。好多次，到桂井巷和恒春街考察，我总是在心中用一层神秘的色彩，描绘着这个历史老人的肖像。首先是他以一个婴孩的形象，走出桂井巷，走在共青路上，走在月湖边，然后走上了史学之路；走了一圈，又回到了桂井巷，又走在了共青路上，又走在了月湖边。他在漫游精神世界的同时，自由自在地成长着。他成长为一个知识渊博的青年，最终他又变成了一个学富五车的老者。最后他的归宿，沿着共青路，沿着苍松路，沿着恒春街，走向了自己的学问深处，走向了自己的生命终结……不，他的归宿没有终结，他走向了后人对他的持之以恒的学习、膜拜和景仰中。

史书上是这样记载他的漫游的：他于乾隆元年（1736）会试中进士，入为翰林院庶吉士，因不附权贵，于次年辞官归里，不复出任，专心致力于学术，援继讲学，足迹遍布大江南北，曾主讲绍兴蕺山书院，从者云集，后又应邀主讲广东端溪书院，对南粤学风影响颇深……

全祖望卒年51岁,葬在六世祖全少微、父全骐墓之南,他的墓呈横长方形,墓碑上刻"全谢山太史墓",西侧尚有全氏明代神道石坊一方。2005年,全祖望墓被公布为全国重点文物保护单位后,政府加大了对墓园的保护与投入,借此大力弘扬国学文化、推广传统教育……

如今,整修后的墓园面积达1840平方米,为开放式园林,"全国重点文物保护单位"的石碑非常醒目。墓的左侧,是数块古朴的石碑,上面或是介绍全祖望生平,或是摘抄全祖望的名言。墓的右后侧、全祖望六世祖全少微墓的前面,则添了一座石质凉亭"鲒崎亭",供游人歇息。整个墓道肃穆,景观古雅。在文保专家与各级人大代表及政协委员的共同呼吁下,全祖望墓园的远期保护规划正在设计进行中。

三

全祖望祖辈为桓溪全氏(在今鄞州洞桥沙港村),后来他的父辈才迁至月湖桂井。一代大儒全祖望亦是在月湖边成长起来的,但他的血脉里却流淌着沙港村的魂与魄。

"溪上盛时,碧瓦朱甍,鳞鳞比,望之如神仙居。"这是全祖望在《桓溪旧宅碑文》中对自己老家洞桥沙港村的描述,神仙之居,令人心生无限神往。

位于沙港村南、傍溪而建的全祖望故居，是典型的清代建筑，大门南开，前后二进，共12间，房均朝东修建。它已经历了200多年风月的侵蚀，却幸运地保留了下来，现经当地政府出力出资，已经修葺得焕然一新了。

全祖望的祖先富于藏书，大半抄自城西丰氏家藏，即阿育山房藏本。据说当年，正是明朝末年，兵荒马乱，他们家中曾经驻扎过一支军队，营将发现他们家有一个大库房，以为必有财宝，打开一看竟然全是书籍，一怒之下，将书库付之一炬。后全祖望之祖"以束脩所入购书"，无力收购就借抄，藏书又渐渐丰富起来。其先世原有藏书楼"双韭山房"，已毁圮；祖父重建，仍用旧名。

后来，全祖望的祖辈将这笔宝贵的精神遗产，悉数分给了自己的族人。全祖望一支得到十分之一，其余十分之九都被族人后代论斤卖掉了。而全祖望一支经几代努力，尽力收书，"几复阿育山房藏书旧观"。

据传，全祖望4岁时就进私塾读书，天资聪颖，8岁时已能读《资治通鉴》《文献通考》等史书……这实在是个天才！后来，每次全祖望外出远行，必从家藏五万卷书中选出两万卷，捆载相随，以为芒鞋雨衣之伴。他经常对人讲自己对书的态度："蓬窗驿肆，不能一日无此君。"赴京考试，亦携书两万卷，"车船过关口，必受盘查，税吏以为装运财货，启看乃书，便兴致索然，挥手放行"。因此，全祖望称随身携带之两万卷书为"山河跋涉之交"。这也在藏书史上被称为佳话。

全祖望的师友李绂称全祖望是"此深宁、东发以后一人也"

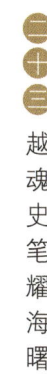

（深宁是王应麟的号，东发是黄震字，两人皆是南宋时期宁波地区的通硕大儒），这样的话并非恭维之辞。全祖望的著作与学说是浙东学派的重要支柱之一，对清末自由、民主的思想，提供了历史基础和深厚的营养。

"先贤虽已逝，风骨犹可追"。全祖望一生虽然只活了短短的51年，但其特立独行的人格、渊博无涯的学识、卓然超绝的思想，却像星辰的光辉，数百年来深刻地影响了一批又一批的学者，滋养了一代又一代的后人。时至今日，仍有许多海内外学者因钦慕先生的品学，络绎不绝来到全祖望墓前，拜祭和凭吊。"南国书城"天一阁内挂着全祖望撰写的一副对联"倜傥指挥天下事，风骚驱使古人书"，亦是他一生的追求和写照……

无论是在桂井巷，还是在恒春街，我似乎读透了全祖望不凡的人生履历，那就是"史学大柱焕光彩，越魂史笔耀海曙"！同时，我也深切体悟到了一代代读书人前赴后继的热情与希望。当年，全祖望从古老逼仄的桂井古巷，踏上欣欣向荣的恒春街，这难道不正是他的归宿吗？我倒是觉得，无论是桂井街，还是恒春街，都能成为甬城的历史之街、文化之街。而且，我希望这样的历史之街、文化之街能够越多越好，这样我们才能让我们的后人，在继承与发扬传统学术文化的道路上走得更远、走得更稳、走得更漫长。

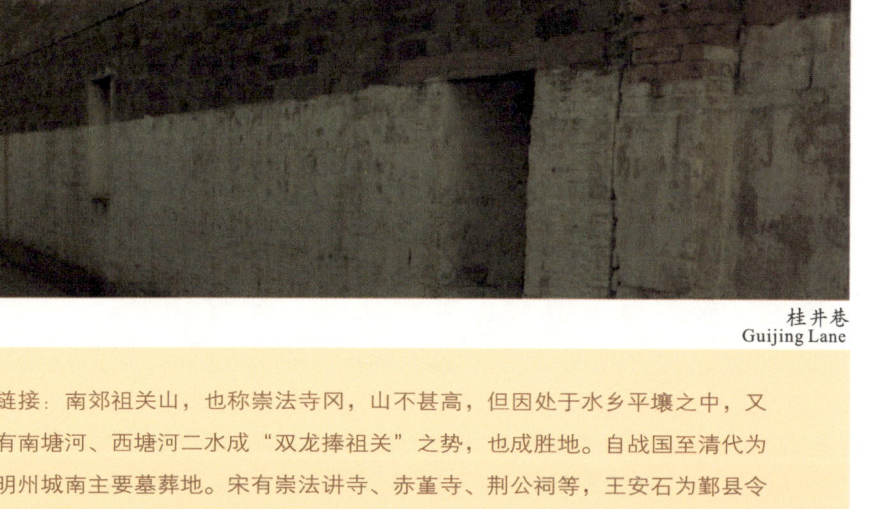

桂井巷
Guijing Lane

链接：南郊祖关山，也称崇法寺冈，山不甚高，但因处于水乡平壤之中，又有南塘河、西塘河二水成"双龙捧祖关"之势，也成胜地。自战国至清代为明州城南主要墓葬地。宋有崇法讲寺、赤堇寺、荆公祠等，王安石为鄞县令时曾葬女于此，南宋葬有魏王妃。现存史迹有祖关山墓葬群、董孝子庙（董母墓附）、全祖望墓等等。

书香犹念巷深处

○ 张琳琳

又是丹桂飘香的季节，一个晨光熹微的清晨，坐落于月湖景区的镇明中心小学一如往常逸溢着清朗的读书声，宛若追梦一般，阵阵书香在学校操场的上空回荡，飘过葱郁的矮树林，穿越青蔓葳蕤的县学社区围墙，若隐若现地游弋在一条名曰"念书巷"的小巷子，直至细音缕缕声渐息。

念—书—巷，舌尖抵着上颚轻弹出三个音符，不禁令人疑窦丛生，这个巷子难道与风雅书香有缘？趁着晨色，探寻漫步于浓荫遮蔽的县学社区云石小区，这才发现念书巷仅是一条长不足百米，被绿化带环绕的僻静小径，巷子深处隐约可见二三老者正在凉亭读报聊天，氤氲着祥和、恬淡、宁静的气氛。驻足打探，一位老者欣然聊起了其中的典故："知道南宋大儒王应麟吗？就是《三字经》的作者！据祖辈相传，这里是王应麟的故居，以前一直被人尊称为'王尚书第巷'或'王府前'，后人为了纪念王尚书，直至新中国成立前才改名为念书巷……"

这掩蔽在闹市区高深宅楼的窄巷，原来是闻名天下的《三字经》作者王应麟的故居！《宁波市志》记载："距今700多年前的南宋时期，教育家、大学者王应麟即诞生于此。1927年，鄞县（今宁波市）成立以冯孟颛先生为首的街巷整理委员会，将王应麟故居右首的小巷命名为'念书巷'，以纪念这位先贤。"

王应麟（1223~1296），字伯厚，号深宁，宋元之际宁波人。应麟自幼聪明好学，少时通晓《六经》，18岁中进士，任秘书监、吏部侍郎等职，以博学多才名震朝野，是一位忠肝义胆的直臣。后因国事日非，奸臣当道，他愤而辞归故里。宋亡之后，王应麟隐居家中，埋首著书立说。他精通经史子集、天文地理，熟悉掌

故制度,长于考证。其著述丰厚,后人赞之为宋朝一代中"罕有伦比者",他的著述主要有《困学纪闻》《玉海》《汉艺文志考证》《通监地理考》等30多部,另有《深宁集》600余卷,其中《四明七观》被后人认为是宁波人认识乡土历史的一把钥匙。他在撰写鸿篇巨制的同时,还创作了一本早时儿童修身立德的启蒙读物《三字经》。

沿着历史长河溯源而上,700多年前的月湖东岸正值草长莺飞、杨柳依依,但见晴朗的天空下,青砖黛瓦的高大宅第赫然入目,一位饱读诗书经典、官至礼部尚书的大儒告老还乡后,悄然隐居于此。"采菊东篱下,悠然见南山",老人时而拾阶漫步月湖,远眺翠鸟归巢、俯瞰流水澄清;时而应邀到城北的宝庆寺等处讲学,或慷慨陈词,或循循善诱;时而在家里抚案弄墨、读书著述。王应麟尤其钟爱家乡的一草一木,推开窗户,皓月长空、修竹婆娑,聆听月湖畔流水淙淙,怎不令人心旌摇曳、魂牵梦萦?可惜山河已破,报国之心无以施展,王应麟便将毕生精力用于著书立说和教育儿孙。王应麟有个小儿子叫王世昌,孙儿叫王厚孙。为教导孙子或辅导邻家小孩,王尚书起先只是编了几段顺口溜,用的就是宁波人惯用的三字韵句"人之初,性本善,性相近,习相远……"在马头墙斑驳的流光碎影里,头梳朝天髻、身着马袍短褂的小淘气们,一个个摇头晃脑,念念有词,逸出唇齿果然是抑扬顿挫、朗朗上口。见到小孩多读几遍就会背诵了,教学效果不错,王应麟顿时精神矍铄,一边兴致勃勃地言传身教,一边随时补充增加,"始春秋,终战国,五霸强,七雄出……"由于三字句引用了大量史事,文风朴实无华,道理深入浅出,用宁波方言

读起来更是别有一番韵味,深得老叟幼童的喜爱。于是,三字句从"王尚书第巷"(念书巷旧址)流传开来,连周围邻居、乡村私塾都来向他索要,直至《三字经》被付梓刻印。

正所谓无心插柳柳成荫。历史也经常喜欢同人们开玩笑,当初王应麟呕心沥血写就的弘富著述并未得到广泛传播,反倒是这本未收入正集的供儿孙发蒙的小册子《三字经》,却家喻户晓,经久流芳。据记载,《三字经》至明代已传遍全国;《三字经》在早期就传入日本,明初有了日语版的《三字经》,清初又传到俄罗斯和欧洲,后来传到北美。至现代,有德、法、英、俄、日等多种译本。明清之际的大思想家黄宗羲记述了当时蒙童诵读《三字经》的盛况:"聚童子数千人,授三字经、千字文以度日。"尤其令宁波人引以为豪的是,《三字经》在20世纪80年代还被联合国教科文组织定为世界性启蒙教材,这恐怕是王应麟始料不及的吧。

据《鄞县志》记载,宋室南迁后,月湖文化鼎盛,在史浩倡导下,形成了陆学研读中心,是鄞县文化教育的摇篮。鄞县人靠读书致富贵,所以都特别重视教育,一时"满朝紫衣贵,尽是四明人"。王应麟就是在这样的环境成长起来的,正因为感于先贤的恩泽,念书巷俨然成了一方书香飘逸之地。第一医院退休老职工、现年82岁的吴老伯颇有感触

地说:"如今的念书巷,与20世纪四五十年代的旧址略有不同。宁波刚解放那年,我就到第一医院参加工作了。记得当时第一医院的正大门位于县学街,大门的侧畔有座孔庙,而念书巷的北面巷口正好对着第一医院的正大门。从巷口从往里探望,可以看到一个江南水乡寻常所见的拱形门洞,门洞上'鄮山书院'四个大字赫然入目,以前是富家子弟读书习文的学堂旧址(新中国成立后,鄮山书院改建易名为镇明中心小学)。念书巷通往鄮山书院的路面是由青石板铺成的,路面狭窄,仅两三米宽。鄮山书院的门洞两侧分别搁了一把长石椅,大概是供来往行人休憩之用。最具意韵的是,离书院一步之遥有一方用石头堆砌起来的'砚墨池',而其正前方则高高耸立着一支石笔,石笔约一两米高,笔尖朝上。"于是,朗朗的晴空下,砚墨池、笔、孔庙、学堂遥相呼应,成为烙印在老人记忆深处最为隽永的经典一幕。

轻风如拂,时光流转,念书巷静谧地聆听着城市的足音,却无以复原旧时风貌。王应麟爱好藏书,宅第内有藏书楼,名"汲古堂",书楼旁建有"白鹤庙"(位于念书巷与陶家巷之间,西侧俗称"廿四间"),小巷也曾被称为"白鹤巷"。20世纪90年代初的大规模旧城改造时,白鹤巷、白鹤庙连同老屋都拆迁了,仅留下念书巷这个地名。然而追忆尘封岁月,有关一些城市的印迹仍清晰地定格于人们的心灵深处。一位老市民这样描述:记得从念书巷出去,一条转入白鹤巷,出去就是县学街,每逢下班时分,人流霎时拥挤起来,街旁的饭店、点心店不时飘来阵阵撩人的香气,黄澄澄的豆芽油灯、喷喷香的臭豆腐……各种小贩的吆喝声回旋在狭窄的老街上,久久不衰;另一条转入后面的鄮山巷,出

念书巷王应麟故里碑

去就是镇明中心小学,清晨、黄昏,一阵阵清脆悦耳的读书声,至今仍萦绕耳畔……

值得庆幸的是,虽然念书巷未能完好保留古遗迹,但王应麟留予后人的书香,无疑成了这座城市代代传承的文化珍藏。2005年5月一个春光明媚的日子,海曙文保志愿者自筹资金在王应麟故居为《三字经》作者立碑。揭碑仪式上,念书巷的小朋友还手持由海曙区历史文化遗产保护者协会和县学社区共同赠送的《三字经》读本,在纪念碑前朗诵起了王应麟的《三字经》,用这种独特的纪念方式,向先贤致以尊崇之情。

于是在这条叫"念书巷"的小巷里,在两幢住宅楼之间的绿化带上,矗立了一块浅褐色的纪念石碑,上面刻着"宋硕儒王应麟故里碑"。碑上寥寥数语,简单地概括了王公的生平事迹……

哲人已逝,书香犹萦!石碑静默地伫立着,仿佛告诉往来的市民,这里曾经的繁盛与风华,已唤起人们对悠远文脉的追忆。

链接:念书巷,原地名二十四间。民国拓路,以原地名不雅,又因该地原有南宋大儒礼部尚书王应麟府第,故取谐音改名为念书巷。王应麟,字伯厚,为《三字经》作者,官至礼部尚书兼给事中,其府第西原有白鹤庙,为王应麟所建,祀文昌之神。

盛氏花厅璀璨时

o 张志平

一

郁家巷的历史，至少可以上溯至南宋时期。当时，因为这里位于宁波的南城，非常容易聚集人气，而且还是理想的建设用地，所以当时的政府机构司门厅便设立于此。这个机构，主要是掌管户籍、赋税、仓库、受纳诸事，因此这条小巷又被称之为"司巷"。据说司门厅于南宋嘉定十三年(1220)毁于火灾，绍定元年(1228)重建，这些都存在于有明确记载的史料之中，由此可以判断它的漫长历史。

明清时，郁家巷内有座郁家庙，是当时大户郁氏家族的宗祠。于是，郁家巷才开始热闹起来。《鄞县通志》里有这么一段记载："郁家巷，旧名郁家弄，以巷内旧多郁姓，故名。"俗话说，一方水土养一方人，明清以后，随着城市的发展，郁家巷周边地块逐渐变为中心城区，此地也摇身一变，成为名门大家居住的地方。如有"近代宁波第一买办"称号的杨坊、麻将发明人陈鱼门（居住地在离郁家巷百来米远的冷静街）、甬籍旅沪商人李坎虞、民国时期的邮电局局长陈炳桓以及清代学政盛炳纬，都曾经居住在此。现在，这里还保留有如"盛氏花厅"、杨坊故居等一些有代表性的传统民居，是宁波城市历史的宝贵遗产。

随着岁月的变迁，真正了解郁家巷历史的人已经越来越少了，能对杨坊故居、灵应庙等道出一些掌故来的人更是凤毛麟角。但是，历史毕竟是历史，它见证着城市的盛衰兴败、新陈代谢以及绵延拓展。

郁家巷

> 今天，这条位于镇明路南端、总长仅140米的古街，历经历史的风雨沧桑后，正面临大规模的旧城改造。它逢遇了一个盛世，也抓住了一个机遇。如今的郁家巷，虽然有些破旧，但依然风貌如昔，依然生机勃勃，隐藏在闹市中心。它的核心，古朴而凝重；它的品质，文静而灵动。

二

郁家巷历史上除了最为显赫的司门厅，大概就是雍容华贵的"盛氏花厅"了。它原来是一座藏书楼，第一任主人是清同治、光绪年间的诸生林廷鳌。史书上记载，这位林先生爱读书、工音律，时常在自家居宅旁的这座楼阁内举行聚会，邀约甬上志同道合的友人，或泼墨挥毫、或抚琴鼓瑟，可谓名士雅集。楼阁内除了藏有图书，还置琴瑟，供佛像；楼阁前则堆垒假山，开掘水池，环植松竹蕉梧，其布局颇似隔月湖相望的天一阁和天一池。

如今，当现代化浪潮席卷我们周围一切的时候，这条古老小巷的深处居然还保存着这样一座古老精致的园林，不能不让人喟叹。虽然眼前占地达600平方米的庭园已一派陈旧颓败，但依稀透露出几分昔日的锦绣荣华，让人觉得宛如回到了古典的情境之中，视线所到之处，似乎总有赏心悦目的美好感觉和层出不穷的惊艳发现。

尽管它的规模不能与天一阁相提并论，但它的两层重檐和飞檐翼角，要是居高远望，犹如一艘巨舟停泊在那里，故又被文人墨客称之为"停舻"。它的这位主人，酷爱山水、松竹、蕉梧，他以山性近静、水性近灵、竹性近虚、松性近坚、梧桐性近孤、芭蕉性近卷舒等山水佳木的高洁品格自勉，陶冶自身情操，故又命名自己的书楼曰"近性楼"，并请人为之作《近性楼记》……

俗话说，三十年河东，三十年河西。后来，"近性楼"又遇到了另一位主人，归到了浙江学政盛炳纬（1856~1931）门下，也就从此改了弦，易了辙。话说当年，盛氏辞官荣归故里之后，

郁家巷雪霁

觉得这小小庭院，处处亭台楼榭，四季花草树木，透射出清静幽雅之气息，正是读书人心驰神往之境，就将整座楼房辟为书房，潜心读书治学，这也就是后世俗称的"盛氏花厅"的由来了。

现在，人们从郁家巷1号墙门，可以进入当年的"盛氏花厅"，这座百年古宅的明堂、过厅、两厢，以及居室的一应附属建筑物，都还完整地保留着。只不过昔日的达官贵人早已不在，昔日的奴婢丫鬟也已经人去楼空，唯有荒草、衰叶在我眼前沉默地晃动着，

似乎在言说历史流逝的残酷之美。

"盛氏花厅"是适合品茶的,在茶香袅娜之际,观赏院落中的假山水池,但见翠竹摇曳、绿树婆娑、阳光斑驳,仿佛有一种堂奥纵深、景多变幻的情趣,令人忘却了身处闹市之中的烦恼。

"盛氏花厅"的过厅中央还有个水井,井圈石周围是硕大的荷花石板。把这块荷花石板掀开来,下面就是一口井,这也算是这座古老的楼房所蕴含的秘密吧。我也经多方打听,但仍不知道

盛氏花厅

此井的年代,但从井口往下看去,却可以清澈见底,不用说,井水肯定是冬暖夏凉的,它让整幢老屋里的居民终年受益,世代得福。

漫步在"盛氏花厅",追踪历史的遗迹,随处可见木结构的栋梁、楼道、门楣、窗棂,以及石结构的阶沿、柱础、卯榫,做工之精细令人叹为观止,各种花鸟虫鱼雕刻得栩栩如生。那些令人眼花缭乱的景致,对文人和历史学家们是一种诱惑,对普通百姓更是具有一层亲切与熟悉的情怀。我们的童年,不也就是生活和穿梭在这样的老墙门之间?

值得一提的是,这位曾经担任过相当于现代"省教育厅长"官位的盛炳纬,回到宁波故乡后,热心公益事业,扶持地方办学兴教，在清末民初，着实为培养众多具有维新思想的工商业人才作出了贡献。

近代"宁波第一买办"杨坊的故居也坐落在郁家巷内。杨坊家以前曾是书香门第，家道中落后，他不得不放弃读书去经商，后以贩卖鸦片致富。据说当年太平军进军上海，杨坊又勾结美国人华尔组织洋枪队，配合清军共同镇压太平军。为了笼络华尔，他还把女儿嫁给华尔为妻……民间有句老话，"多行不义必自毙"，1862年8月，华尔被太平军击毙，杨坊也在1865年病死，只剩下宁波城内这座古老的建筑，还似乎在为他发迹之后奢靡的生活委婉地叹息……

据考证，历史上还有许多名门大家，也曾居住于郁家巷历史区块，其中最为著名的当属麻将改良人陈鱼门。他的故居因为位于毗邻郁家巷的冷静街，而且不久的将来也将被迁往此处，注定会给郁家巷新增一道浓郁的人文气息。

有人讲，说到爱迪生会联想到电灯泡，那么说到陈鱼门，我们自然也会联想起麻将。《博史》中曾有如下记述：五口通商后，船舶多聚集在宁波港口，各省商贾云集在此，学会打麻将者越来越多，麻将通过他们延及津沪商埠并波及全国。这是陈鱼门发明的麻将"走出宁波，走向世界"的重要时代背景。

陈鱼门，鄞县人，道光二十九年（1849）拔贡，曾任内阁中书，加三品衔。太平天国期间，陈鱼门主持善后局，与英国驻宁波领事夏福礼交往甚密，常以打麻将为娱。据称，同治三年，陈鱼门将纸牌改为竹牌，由此形成当时流行的一百三十六张一副的麻将牌。由此可见，麻将是自古就有的，陈鱼门只不过是作了创造性的改进。此后，陈鱼门又一度在上海经商，更以打麻将为交际手段，遂将麻将传给外国人……历史学家称：陈鱼门整合、改造后的麻将是对前代博戏的继承和发展，打法也由繁到简，一经问世，便风靡大江南北。

今日的天一阁内，有一幽静所在，即麻将博物馆。在那里，我们可以看到不同时期形形色色的麻将牌，也可以看到陈鱼门这位聪明绝顶的麻将"发明者"的雕塑形象：扎着辫子、穿着长衫，气定神闲地坐在平和堂里，正准备与两个老外切磋牌技，只是他们的神情好像还有那么一丝焦虑，因为"三缺一"呢。

是啊，我们可以这么设想一下，在"盛氏花厅"周边的街头里弄，在古老的郁家小巷，几百年来，每当闲暇，只要你侧耳倾

听，总能听到噼里啪啦的麻将滚动的声音以及落子的节奏。这是我们这座古老城市的尘世之音，而正是百姓的这种娱乐游戏，伴随着城市的兴盛而渐渐浓郁起来。

三

随着镇明路的拆违整治，一座古庙在一片杂乱的建筑中被"挖"了出来。这座古庙有个不俗的名字，叫作灵应庙。从名字上看得出，是一个为百姓祈福、庇佑一方平安的神仙庙，尽管庙身裸露而又残破不全，但整座庙宇结构庞大，骨架粗壮，黑瓦木梁间仍透露出当年不凡的雄姿。它还有一个俗称，叫作大庙。

灵应庙是宁波古代所建的一座神庙，它祭祀的神是鲍盖，所以俗称鲍郎庙。相传鲍盖是汉代末年鄞县东钱湖人，生前只是县衙里的一名小吏，死后传说能显神灵，因而被乡里百姓尊称为神，立祠供奉。梁武帝时期，此庙被改称为"永泰王庙"。

灵应庙

二十五 盛氏花厅璀璨时

191

南宋崇宁二年（1103），为了避讳，将"永泰"二字改为"灵应"，从此灵应庙之名一直沿用至今。

种种传说，都印证着南宋宝庆《四明志》的记载："灵应庙，即鲍郎祠也，旧云永泰王庙，在州南二里半，祀晋惠济广灵王鲍盖"。自宋以来，鲍盖在地方官员的奏请下，多次被朝廷敕封，使灵应庙在宁波乃至浙东地区闻名遐迩，庙宇规模也不断扩大，终年香火不断，历代地方志书中都或详或略地予以记载。但是，灵应庙在近代却几经兴废，现仅存一座孤独的正殿。据考古专家介绍，该殿系1919年重建，正殿屋顶造型为歇山顶，双重屋檐，显得气宇轩昂。宁波众多的庙宇，一般均为硬山顶，而唯有灵应庙与孔庙大成殿同为歇山顶。据说，其屋身比孔庙大成殿还高，可见灵应庙当年在宁波寺庙中的地位非同一般。

走在镇明路上，或漫步在月湖南岸，老远就能看见这座庇佑着宁波这方福地的大庙，巍然屹立，仿佛历史的触角一般，伸向了现代。据考证，它的历史仅仅比天封塔晚了三年……今天的灵应庙，仍在闹市中心折射出昔日雄伟壮丽的风姿，给人以一种宗教般的庄重、神奇之感。

总之，郁家巷历史街区是非常有灵性的。在文保专家的心目中，它是宁波现存最古老、最纯正的老街巷之一。庙、祠、巷、墙门、院落等古建筑中常见的标志性建筑物都能在这里找到。如今，这里已经得到了大规模保护，并将得到更好的开发和利用。2009年，郁家巷历史街区（据介绍，建成后将被命名为"月湖盛

园"）将以新的面貌呈现在世人面前，这里行将成为一个集现代化餐饮、零售、休闲娱乐、办公、文化展示于一体的历史文化街区。

另据"月湖盛园"的开发商介绍，月湖盛园位于宁波老城中心，呈倒三角形。东临解放南路，西、南接镇明路，北靠已建成的县学小区，紧邻月湖历史文化街区，总占地约3.9公顷。郁家巷区块在城市紫线规划八大历史街区中率先进行保护性建设，是"中提升"战略十大功能区块中"都市文化旅游商贸区"的组成区块之一，也是月湖西区历史文化街区改造的试点区块。

是的，就在我们的眼前，郁家巷正在完成着新时代的蜕变，即将崛起成为宁波城区最具有古韵的一处繁华所在，即将被锤炼成又一块时代的地标。如今，沿着古老的郁家巷历史街区，沿着美丽、多情的月湖，应运而生的这座"月湖盛园"，必将像一朵结晶着历史与文化双重之美的奇葩，不断推陈出新，不断绽放出它的璀璨之光！

> 链接：郁家巷，原名司巷，因宋代在此地设有司户厅而得名。后因巷内有郁家庙而改名为郁家巷。明时郁家庙改名为毓嘉庙。民国时，定名郁家巷。该地历史上为日月两湖的连接地，河网密布，故有带河巷等地名。现为历史文化街区，有灵应庙、近性楼（盛氏花厅）、杨宅等史迹。

月湖鸟瞰
Overlook of the Moon Lake

一川烟水自弯环

○ 史敏

　　今日的月湖似难以再见浩渺的烟波，但古代有。

　　在今人的眼里，它仅是个弹丸之地，但它却与一个庞大的家族尤其是一个名叫史守之的古人有关，因为这里曾崛起过一座名闻浙东的藏书楼。

　　这是个四面环水，与菊花洲仅一桥之隔的小屿，如今已是个有着山石亭阁和花竹掩映粉墙的小小园林。它在公元1998年前，称儿童公园；民国时期，称茂盛花园；再上溯至八百年前的南宋，则称"碧沚"……

　　月湖的"十洲三岛"在北宋元祐八年（1093）已基本形成。至绍圣年间（1094－1097），在浚治堙塞、培整湖堤、环植松柳的基础上，对由湖泥堆积而成的十洲进行了命名。当然，其名均体现着当时岛上的特色和诗意。

　　这"十洲三岛"，东起今之镇明路，西至长春路，南起望湖桥，北至中山西路，占城内四分之一范围。其东三洲为菊花洲、芳草洲、竹屿；西三洲为芙蓉洲、雪汀和烟屿；中部三岛为柳汀、花屿（今之月岛）和松岛（今之竹洲），以及外围佚名的岛屿。而"碧沚"就是夹在菊花洲和芳草洲之间的一个烟波缥缈的小岛，其上林木掩映，垂杨袅袅，颇为僻静。

　　800多年前的一个早晨，有个中年男人出现在碧沚前，他站在小屿南端，将手搭在已刻有抬头纹的额上，皱起眉头，朝柳汀、竹洲方向看去。

　　这时，有一排声浪嘈杂地向他涌来——是渔夫叫卖鱼鲜的吆喝声，是家眷在亭台间的嬉闹追逐，是卷帘掩映后的笙歌檀板，

二十六 一川烟水自弯环

月湖远眺（季志毅 摄）
Looking at the Moon Lake in Distance (by Zhiyi Ji)

是文人雅客们落地有声的咬文嚼字……

蓦地,他觉得好烦。并非他不喜欢这些来自尘俗的声音,但此刻他只想远远地躲开它们。因为读书惟静,藏书之处更须如此。不然,他没有必要辞官还乡为自己觅一个安身隐逸之所。

尽管其叔叔的相府锦衣玉食红袖添香,但他还是毅然选择了清净的碧沚。从此,这个人就留在这个小屿,直到天年以终。

此人就是史守之,南宋宰相史浩之长孙。他生于东钱湖(今鄞州),自幼天资过人,立志自学。少年时就与著名文士杨简、袁燮等交游,拜著名学者陆九渊、楼钥为师。中进士后曾主管绍兴府千秋鸿禧观,后官至朝奉大夫。为人耿介清正,秉性恬淡好古,不与时谐,鄙视宝贵荣华和功名利禄,但嗜书如命,是史氏家族中的一个"另类"。由于不满朝廷腐败黑暗,就在其叔父史弥远当上丞相之后,借故避嫌而弃官回明州隐居。

于是,他带着在竹洲写就的《升闻录》等书稿来到这冷僻之岛,开始了他漫长的读书、著述和收藏之旅。

三年后,当史守之的另一部长达二十四卷的《世学》行将截稿时,他耗尽心机经营多年、多方搜集的典籍图册已逾七千,但那书楼的巍峨仍只浮现在他的梦里。眼前所存之书鼠啮虫蠹,他忧心如焚,茶饭不思。他极想把自己的藏书移至其祖父的宝奎精舍,但又心有不甘。因为他不想依靠祖父的地位和经济实力来建造这个书楼。

人间的至爱亲情常在无声处显现超凡。这时作为三朝元老的史浩告老还乡已有十年,已是个82岁的老翁了。他暗暗惊叹于其孙的抱负,但眼见湖上北风呼啸而自己的长孙依然栖居在"败室"与书为伴,极为心疼,便在湖东菊花洲兴建越王府(越王为史浩封号,但此时尚未追封)的同时,帮孙子建起了这个藏书楼,并将原藏寿乐府内宝奎精舍的两朝御书(孝宗和光宗的墨宝)连同万卷典籍均移此珍藏。

这一年是公元1193年。

飞甍叠拱,重檐戗角,楼建得高大而宏伟,看上去宛如一个巨大的亭子,但这时书楼尚未正式命名,暂名"碧沚亭"。直到宋宁宗御书"碧沚"两字以赐,才称为"碧沚书楼"。

书楼初成,史守之欣喜若狂。他看见枝上的画眉、盆中的兰花甚至是回廊边的一棵古柏,他都会跟它们说话,因为终于实践了自己年轻时就有的梦想——这里的一切正好暗含了他心灵深处

昔日湖心寺
The Old Scenery of the Pavilion in the Middle of the Lake

最本质的秉性。当觉得那段仍在俗世中颠簸流浪的心,终于找到了一片可作归宿的世外桃源,他双眼倏地盈满泪水……

的确,碧沚是读书人的人间仙景。史守之的老师楼钥曾有赞美碧沚的二绝句,其中之一云:相家小有四明山,更葺桃源渺莽间。四面楼台相映发,一川烟水自弯环。可见,大学者兼藏书家的楼钥对这样一个宜于藏书、读书的好地方亦十分艳羡。

但久而久之,在整理藏籍、潜心撰写《潜虚解》的同时,史守之总觉得,碧沚——这天籁般美妙的乐章里还缺少一个华彩段。到底是哪一个华彩段呢?他说不上来。

一个秋月溶溶之夜,他环岛独踽。微风吹拂树林,它把枝条之间静如明镜的月光碎成无数摇曳不定的小片——就在这一瞬,一个困扰他多时的疑惑终于迎刃而解——要让藏书像月光一样让别人分享,因为藏书的终极目的是读书、用书,关在书楼里岂非暴殄琳琅美玉!

他决定邀请杨简、袁燮、沈焕前来碧沚讲学,并向所有淡泊

明志的读书人开放自己的藏书楼。就在这当儿,皇帝请他再次出山做官的第一道诏书到了。

但对史守之来说,这道诏书没有半点吸引力。因为他觉得宋朝已是个颓败的帝国,已从根子上腐朽,再有奇才,也独木难支将倾的危楼。再有一个原因是,他的叔父史弥远虽掌朝廷重权,但为人诡诈,其人品与为岳飞冤案昭雪平反的他的祖父史浩相差甚远,其《升闻录》就是针对其叔的规谏之作。洁身自好的史守之自然不愿与之同流合污。

先是大学士楼钥来了,因为他的家在松岛,距碧沚最近;接着是沈焕、杨简、袁燮亦受邀而来。在史浩出面主持下,碧沚讲舍成立了,这三人均受邀担任主讲。史浩过世后,史守之继续邀请杨简担任主讲,芳草萋萋的绿岛充满生机,春风几度,从此成了学者和读书人的圣地。

杨简,号慈湖,是慈溪(今宁波江北慈城)人,曾任温州知府、工部员外郎、国史院编修等职,故人称"慈城先生",但最终

"愤而辞官",一生清贫但著述颇丰。他和袁燮、沈焕、舒璘等人创建了以传播陆九渊心学为宗旨的四明学派,而他本人就是这一学派的领军人物。四明学派重视心的作用,也就是重视人的道德观念和道德行为。他在《论〈论语〉》一书中提出"心之精神是谓圣",认为圣贤并非超人,他们也是普通的人,他们之所以成为圣贤,是因为他们发扬光大了心的精神。人们只要将本性具有的良知发扬光大,不为利欲所蒙蔽,那么人人都可以成为圣贤。其理论内核与陆九渊一贯倡导的"心乃人之大本"的哲学思想一脉相承。

杨简在碧沚讲学的时间最长,因此碧沚讲舍又称杨文元公书院(文元是杨卒后的谥号)。培养的学生除史氏世家的史弥忠、史弥坚、史弥巩、史弥林和史守之 5 人外,又有黄震、钱时、陈埙等56人。这都是些学识渊博、人格高尚的人。

讲学是碧沚书楼全盛时的一个闪光点,因为浙东学术史上重要的派别之———四明学派在这里延续并光耀千秋。

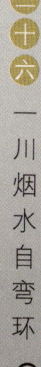

二十六 一川烟水自弯环

梦幻柳汀
Fantastic Liuting

  对史守之来说,他不仅要继续他的收藏和著述,更要支撑这样一个书院的庞大开支,生财无道的他除了变卖自己名下的东钱湖田产外,还搭上了夫人的御赐金钗,自己已勤俭到常吃豆腐、黄豆芽了。这期间又发生了这样一件事:他最心爱的小妾投缳自缢。

  爱妾名叫秋影,素与原配黄氏有隙。那天,黄氏发现自己妆奁里的那支御赐金钗不见了,就怀疑秋影所窃,因为秋影曾是她的内房丫鬟。此事从侍女之口传到秋影的耳中,秋影觉得自己是清白的,就找黄氏表白,不想那泼辣的原配夫人不但一口咬定金钗是秋影所偷,还当着众人的面打了她的耳光,大骂她"会偷人就会偷物"。本来这事只要史守之说明原委,一场小风波就会平息,但他却为了购买那本宋人小楷《史记》去临安筹措资金,三日才归。事发当夜,孤苦无告的秋影竟含屈上吊……

  听到爱妾之死的消息,史守之当场昏厥。悲恸欲绝的他几乎想将书楼付之一炬。然而,他最终还是强忍着悲痛,在料理了秋影的后事后,依然将宋人小楷《史记》收于囊中。

  这个藏书楼究竟深藏着史守之的几多辛酸和泪血,只有碧沚知道,只有环绕着绿岛的烟波知道。

  藏书家不仅须超越意气、超越嗜好、超越才情,更须拥有超越时间的意志力。这种意志力在很长时间内的表现常常让人感到过于冷漠、严峻,甚至不近人情——这是余秋雨先生在《风雨天一阁》中褒扬范钦的。尽管作为范钦前人的史守之做得还不够地道,但为了心目中的书楼,他还是做了非凡的努力。

  他,用尚未变卖尽的150亩田租充当藏书楼的保养费用和讲舍的经费支出;他,用父亲史弥大后来分给他的一份颇为殷实的遗产,继续购进《资治通鉴考异》《九家集注杜诗》《三礼图》《士礼居藏书题跋记》等珍贵刻本;他,在宋理宗继位再次下诏请他入朝做官时仍"屡诏不赴"……当意志与坚持成为一种高度时,史守之终于获得了成功——公元1227年,也就是他坚辞做官的第四年,碧沚楼的书竟已达两万余卷(其中近万卷为祖父史浩所赠)。

  碧沚书楼从此与其南的松岛楼钥的东楼比肩,在遥遥相望中,成为南宋明州的两大书楼,世称"南楼北史",但楼钥还是感到了羞赧,常为碧沚的藏书多过东楼而怏怏不快。

  尽管,后来碧沚书楼连同钟鸣鼎食的庞大史氏家族一起随历

史的烟云而消散,但它不仅像一星座闪烁过应有的光辉,而且掀开了浙东藏书文化的第一页,开了历史先河。

碧沚书楼的藏书在元代已有散出,明清时则悉数散入吴中民间藏书家之手和辗转流入清宫。明正德年间(1506~1521),其地已为当时著名的藏书家丰坊所有,称"丰考功坊",是丰坊贮数万典籍的"万卷楼"的一个分部。丰氏晚年穷困潦倒后,藏书又遭贼窃火毁,便将所剩书籍售予范钦。

如今,人们一说起宁波古代的藏书家,自然会大谈范钦,海内外的学者也纷纷把目光投向天一阁。范钦和天一阁固然为宁波这座历史文化名城增添了耀眼的光芒,但同时也遮掩了宁波历代藏书家和藏书楼曾经有过的辉煌。历史常常垂青于成功者已成为定律,但我们是否应将目光聚焦在天一阁和范钦的同时,再回首凭吊一下碧沚书楼和史守之这样的藏书家呢?我们是否该缅怀这段历史呢?

一次,我路经月湖东岸,想再次走进碧沚去体会那位古代藏书家的心境,忽然瞥见有几只白鹭在湖波上嬉戏,它们洁白又美丽的羽翅使我想起了另一种鸟——蓑羽鹤。据说这种通体洁白的鸟是所有鸟类中唯一能飞越过珠峰的鸟。蓦地,我感到心里有种强烈的震撼,而先前的疑惑也迎刃而解。这白鹭虽无法逾越万仞银亮的世界屋脊,但正是它的平凡低回映衬出蓑羽鸟不凡的高度,浙东的藏书家、藏书楼不也正是这样吗,像或明或暗的星星一样一起辉耀过天空!

我久久地看着白鹭飞掠回旋在湖面上。当回望那个曾崛起过宁波最早藏书楼的凌波小岛,想起史守之和那个无辜的秋影,我的眼睛湿润了……

链接:宝奎巷,原名宝奎庙弄、宝奎庙巷,因有宝奎庙而得名。该地南宋时为越王史浩的寿乐府,府内有藏御书的宝奎精舍,后又在这里建造了祀土地神的宝奎庙。该地又是北宋的高丽使馆,郡酒务的所在地。现为月湖历史文化景区中保存较为完整的传统街巷、古建筑群,并有高丽使馆遗址、宝奎庙、水则亭等史迹。

城隍庙夜景

穿越古今风情街

俞国玉

一

县学街，是甬城最古色古香的一条街。

有人说县学街是明州府一本活的史书，这样的评价并不为过。短短一条老街，东起开明街，西至镇明路，全长540余米，宽约11米，以城隍庙为穿越古今的灵魂轴心，县学街就像穿越古今的时光通道，沿着这条千年历史的老街悄然行走，细细体会，细细琢磨，仿佛明州府从古代到如今的社会缩影和世事变迁都一一从眼前掠过。

据《鄞县通志》载，"县学街，旧名县学前、郡庙前、石柱桥跟"，后来就以县学学宫所在地定名，称为县学街，相沿至今。县学街东段多食肆店铺，西段多居民住宅，有城隍庙、民乐剧场、第一医院等。县学街之所以得名的"县学"，是因为这里曾是鄞县学府，儒学教官的衙署。北宋政治家、文学家王安石于1047年来到宁波，就任鄞县令的第一项政务决策，就是创办一所县学。他以鄞县孔庙为学宫，鄞县始有县学。

县学街创设的县学，源远流长，是明州府月湖文化的一部分。月湖文化始于唐代，盛于两宋，延续普及于明清，转型于近代，衰于民国后期，再兴于当代。月湖是浙东学术中心，历来为文人墨客憩息荟萃之地。其"一校（镇明中心小学）、两街（县学街、念书巷）"蕴含着深厚的文化底蕴。其中的

县学街

一街——县学街，早在宋代，王安石就在月湖的竹洲设馆办学，形成了享誉华夏的"四明学派"，曾孕育出王应麟、陆瑜、范钦、万斯同、全祖望、徐时栋等一大批学者志士。

鄞县孔庙屡建屡毁，历尽沧桑。新中国成立后，县学孔庙遗址全部划归宁波市第一医院所有，至上世纪60年代，气势巍峨的大成殿作为医院职工食堂，尚保存完好。1979年，医院大规模改建，孔庙遗痕消逝远去。如今只能从第一医院后门的黑瓦高檐中，依稀看到一丝古风。

县学街，以"学"为名，以"庙"为魂，展现的历史长卷如《清明上河图》般的民俗风情和几个朝代的社会交替更迭。

如今走入与镇明路相接的县学街，"学"的氛围和几缕书香早已飘远在历史的天空里。青史垂名的王安石为明州府开创的文化遗产，也留在了青砖上悠远的回声中。

二十七 穿越古今风情街

207

二

宗庙是国家与权术的象征。所以，一座庙与一座城往往同生同长。宁波城隍庙正是这种文化的一个代表。

宁波城隍庙始建于后梁贞明二年(916)，郡守沈承业在子城的西南建立城隍庙。此时距明州在三江口建城仅仅过去95年，城隍庙几乎是与明州城同时诞生的。明州子城的范围不大，却是州治的中心。在如此显要的方寸之地，让城隍神独占一席，可见城隍庙在当时受重视的程度。

古时百姓把自然现象、天灾人祸都纳入"神谶"中，干旱要祭祀河神，下雨要请龙王，发财要拜财神，死后要见阎王，丰收要谢神。而宁波城隍庙的城隍菩萨"一神多职"，上天入地，天

宁波府城隍庙

朝地府,威及阴阳,深受宁波百姓的崇敬。其香火鼎盛,盛极一时,歌功颂德的匾额和旌旗遍布,更有碑记赞颂"神灵丕著,祷即应,感即通,岁或两日愆期,民必戚于神,而神休于民者多矣"(明《宁波府城隍神庙之碑记》),或称赞"宁郡城隍尊神,聪明正直,夙著灵异"(清《宁波府城隍庙碑记》)。

除了一年三次规定的祭祀与出巡,平时还有求雨、祈晴、除灾等"特巡"。宁波城隍庙还定有岁末年初的祭祀。凡祭神时,城隍庙便夜以继日的设醮诵经,此时庙内红烛高照、钟鼎齐鸣,戏台上日夜鼓乐喧天,庙内庙外人山人海,热闹非凡。宁波城内万民空巷,郊区的农家打扮一新,结伴纷纷而至。老百姓们假借神的名义乘机放松快乐了一把,把"神节"变成"民节"。其实"神"是哪一尊神并不重要,重要的是百姓心目中有个"神",此"神"在,百姓希望在,百姓借神的名义立下宏愿,寄托哀思,放飞梦想。一方的城隍庙,装载的是百姓对美好生活的畅想。

新时代开始,新思潮不再相信"神"的说法,新的时代人们更需要新的功能,城隍庙在历史的洪流中一度倒塌了,众神狂欢的场面不再。一个时代翻过去了,另外一个时代开始了。

1927年春,宁波成立市政府,开始推行新政,拆城墙、修马路、建公园、造菜场,又掀起了破除迷信打倒菩萨的风潮,而矛头直指宁波府城隍庙。一个兵荒马乱的时代开始了,大殿上的城隍菩萨、后殿的城隍娘娘和庙内的所有神像伴随着新时代的来临一一倒塌了。

最终,城隍神塑像一去不返,只留下了"神"的文化,其民俗文化留在了断壁残垣和明州子孙们口舌相传的历史血脉中。现在的城隍庙遗迹,是宁波市内一座著名的历史文化古建筑,也是国内现存规模最大、保存最完好的府城隍庙之一。城隍庙的建筑堪称清代官式制作工艺与浙东地方建筑工艺相结合的典范。它在整体上表现了官式制作的规模与大气,又处处显示地方工艺的生动与精致,在当时即被誉为浙东一绝,即使在今天看来,仍不愧为建筑中的杰作。

三

城隍庙穿越古今,能保存下来,源于古代和现代社会都需要的一个纽带:商业。百姓欢聚在此,早已并非仅仅是为了祭神了,历史上的城隍庙不仅是神的殿堂,也是一座商贾云集、百业杂陈的民俗大舞台,是普通民众最大的社交场所。你若不走进香烛高烧的大殿,那么,城隍庙看起来更像一座繁华的大市场。有专家认为,中国早期商业的产生和发展缘于庙会的兴起和盛行。据此观点看来,城隍庙应该就是宁波历史上最早最大的商业市场。

明初,城隍庙已是商贾云集,其优越和阔绰的空间,加上庙前的车水马龙,毋庸置疑是最理想的商业中心。当年的城隍庙,庙内庙外,廊前檐下,坐商行贩摩肩接踵,设座摆摊琳琅满目。商贩辐辏,百业杂陈,几乎不堪容纳。城隍庙的经营,除了小吃,还有杂货小件,繁杂奇巧而别有风情,这种经营特色最终形成商业的一大门类:小百货。城隍庙这种百业汇聚、商贾云集的繁华景象,自明初至近代历久未衰,直至新中国成立前后,它仍是宁波城中最大的商旅去处,其特色经营——小百货也随着历史被继承下来。

除了小百货,书画古玩曾是城隍庙经营的一大亮点。据传清末国画大师任伯年年轻时,即以其字"小楼"为号,在城隍庙卖过画。杭州西泠印社创始人之一的叶铭兰,其子叶驷门从杭州移居宁波,也曾在城隍庙卖过书画及古玩。还有著名的收藏家熊协源等人,也与城隍庙有过一段商缘。书画文玩的经营为城隍庙添加了更多的文化韵味。

繁华的城隍庙商业,也造就了很多民间传奇和传闻。这些传闻在坊间口舌相传,神乎其神,如民间曾有人自韩国、日本来城隍庙寻找先人发家的遗迹。宁波月湖边有高丽使馆。宁波和高丽关系密切,且中日交往自唐至宋,宁波一直是最重要的通道之一,尤其是南宋移都临安以后,宁波更成了日本前往中国的必经门户,所以此类野闻轶事常常使人将信将疑。而宁波作为海上贸易往来的重要港口,以城隍庙当时的商业地位来说,商业贸易吸引国际友人带来异国情调的小玩意,或从海上带来奇珍异玩,这些并非只存在于想象当中。如此看来,城隍庙的商脉就不仅仅是连通古今,还纵横海内外了。

1984年,城隍庙劫后再生,脱胎换骨,迎来了现代商业模式。

是年元旦开业的城隍庙商场是当时省内最大的综合性商场。它不仅拥有大小百货、五金交电、副食棉布、文化工艺等等所有传统百货业的经营门类，还拥有黄金饰品、小吃、酒楼、照相馆、游艺场等丰富多彩的经营内容。城隍庙从此成为一个有着古代外衣和现代内壳的商业新生力量。

"破四旧"之后，城隍庙推翻了它供奉的神，随着时代大潮摇身一变变成了"商业大亨"。从神庙到商场，一次次机缘，成就了现今的商业地位。比如早在1956年，"宁波市名点名菜展销会"在城隍庙举行，城隍庙内，菩萨面前，到处是大炉小灶，南北佳肴，推陈出新，名点名菜，满街飘香。据史料记载，现场推出的名点名菜包含京、津、沪、徽、杭及宁波的本帮菜共有327种之多。洋洋大观，成为宁波餐饮史上最大的盛会和难忘的纪念。之后，城隍庙开始了它举办商业盛会和文化展示的辉煌之旅。1995年，建筑面积近2万平方米的新商场建成开业。这是一座与老建筑风格和谐统一而又恢宏壮观的新楼，古今合璧，商文共荣，被誉为"古城象征，开放窗口"，成为宁波商业发展历史上的一大标志与纪念。于此，城隍庙在其漫长的600余年历史中，完成了古今历史和文化的双重交接。

民乐剧场(何业琦 作)

四

　　盛况空前的城隍庙是民间最大的社交场所。达官巨贾、贩夫走卒、平头百姓在此摩肩接踵。戏台上锣鼓喧天，台下黄发垂髫，人人享受着节日的喜庆。"民以食为天"，自古以来人多的地方一定不会缺少各色小吃，如今我们通过时光穿梭机大胆猜测，古时各类精致小吃，四季时鲜沿街罗列，纵然如《清明上河图》，恐怕也不能绘其十分之一。

　　虽然民最重"食"，但关于城隍庙美食的史料记载却没有，仅凭记忆追溯，在20世纪的二三十年代开始，这里的美食就已非常兴盛。当时虽然尚无小吃与美食这一说，但城隍庙的确是明州府无人不知的美食城。对于家境普通的市民，去城隍庙品尝小吃，带着日常生活里一项节日般的欢乐，一向严厉的父母褒奖考试优异的儿女，会说："走，带你去城隍庙吃牛肉粉丝！"家中就是一番欢腾雀跃。城隍庙作为市中心的象征，也是周边农民进城必去之地。没吃过城隍庙的小吃，怎么能说进了一趟城了呢？

　　其实，那时小吃的品种并不多，但是架势够吸引人。一进城隍庙的大门，两旁的门厅里，窄窄的白条桌、条凳一一摆开，座无虚席。桌子后大锅小锅香味扑鼻，热气腾腾。锅碗瓢盆清脆的撞击声、乡音吆喝声、问价声，人声鼎沸，好不热闹。代表性的小吃，如牛肉面、汤团之类，除了汤浓肉香外，有特征的摊主也会造成"一方名摊"的现象，比如独眼龙牛肉面，老黄牛家的刀功，还有巧手媳妇的馄饨，现要现包，一眨眼就是一碗云团般浮起的馄饨等等。小镬子里，一只小镬盖漂在汤水上，紧紧压着浮起的馄饨，小镬盖一转两转，一碗清汤红馅白皮绿葱的馄饨就放在你的面前了。城隍庙小吃，讲究的是现做现卖，客人要吃得热乎、新鲜，那才叫有滋有味。人间烟火大概说的就是这么回事吧。城隍庙小吃还很便宜，如一分钱一块的"玫瑰豆腐"，五分钱一碗的油豆腐细粉。老实巴交的农民兄弟进城，也会花个五分钱吃碗油豆腐，照样又热又香又鲜。传统的城隍庙小吃还有大汤面结、酒酿圆子、豇豆沙淡馓及各类糕点、炒栗子、炒白果、沙炒豆。

　　当年的小吃虽然简单，却是记忆深处难得的美味，也是简单生活中最美最实惠的点缀。一碗鲜美的小吃，似乎让简单的生活也丰富饱满起来了。

改革开放后,城隍庙小吃引进了备受欢迎的海派小吃,如肠血汤、双档(面结油面筋)、鲜肉大包、素菜大包、馄饨王和南翔小笼等等。精致的海派小吃丰富了宁波小吃,让民众有了更多选择。逐渐地,广式点心又被引进,如眉毛酥、枣泥酥、老婆饼、萝卜丝饼等等,使得宁波城隍庙小吃从此百花齐放,从单一的传统地方风味中破茧而出,与时代接轨,成为传统小吃的一个发扬光大之地。

漫步县学街,各种琳琅满目的新款服饰、各种喷香诱人的风味美食以及打扮时尚的俊男靓女,早已融入了现代宁波的万种风情之中。你到了这条街上,与其说是来购物、观景、品味、回忆,倒不如说你是在完成一段穿越古今的旅程。这段旅程,包罗万象,凝聚了古老宁波最繁华、最时尚的元素,仿佛一本宁波的百科全书,向你我讲述着历史之美。

链接:县学街,原地名县学前、郡庙前、石柱桥跟。鄞县在唐时作为明州附郭,建孔庙于开明街。北宋王安石为鄞县令,设县学于孔庙,南宋建炎年间(1127-1130)毁于兵。嘉定十三年(1220),丞相史弥远重建于宝云寺西,即今第一医院址。民国时将县学前大街命名为县学街。其附近有古宝云寺址、郡庙、云石等史迹。

千年尘封莲桥街

○ 汪阿潮

　　说起莲桥街，在我的记忆中，并不十分显赫和繁华。20世纪50年代，我跟随母亲沿南大路跨过采莲桥来到了莲桥街，这是我第一次去莲桥街。1977年因我的连襟搬到了毛衙街，故去莲桥街的次数就多起来了。那时，莲桥街只有两三家卖烟酒和做服装的小店铺。巧的是1982年单位分给我一间房子，是莲桥街4号，由此我对莲桥街也更为熟悉了。莲桥街4号是一栋前后两进、南北明堂、东西厢房的老宅院，后门则是五台寺巷16号。我听老一辈的人说，一二百年前这里是宁波城南的极佳居处，很多名门望族、官宦人家都曾居住在这一带，且西边日湖风景秀丽，南侧佛国寺庙众多，于是引起了我对莲桥街周边区域历史变革的兴趣。2003年我调到海曙区政协，又分管政协文史工作，有机会翻阅了一些有关宁波的历史书籍，故对莲桥街的历史也略知一二，且对"日湖"的变迁有所了解。

　　莲桥街东起狮子街，西通南大路，全长327余米，宽2—9米不等。据《鄞县通志》记载："莲桥街，旧名采莲桥下。"光绪《鄞县志》又称"三角地横街之一"。旧时莲桥街北面有毛衙街（巷）、郭衙巷、五台寺巷，南面有莲香巷、白龙巷、延庆巷。

　　采莲桥横跨日湖河，北面曾是烟波浩渺的日湖，南面则是南大河，直通城南的甬水门至城外的护城河，一条过水月桥通金刚河。金刚河短而宽，看似湖泊，其北侧就是延庆寺和吕祖殿。紧靠莲桥街的南侧也有一条河往东通狮子河，过狮子桥进入狮子街。

　　日湖旧时又称南湖、细湖、竞渡湖。据《鄞县志》记载："宁绍平原湖泊群按出现年代先后，大致可分成三带：山麓地带（形成于原始社会末期—春秋时代）；中部地带（春秋—汉代）；沿

海地带（汉代—唐代）。平原中部的搓湖、雁湖、日湖、月湖的湖盆形成于第1、2带之间（即春秋—汉代），至唐代它山堰建成后，南塘河水注入日、月两湖，保证了淡水来源。"可见宁波古日湖的形成已有2000年左右的历史了。唐、宋、元、明、清的千余年历史，曾是日湖最辉煌的年代。有诗为证：

> 细湖竹枝词
>
> 明·张立中
>
> 芙蓉洲内棹歌声，芙蓉洲外暮云平。
> 采莲女儿荡桨去，沙白水清空月明。
> 杨柳堤连芳草堤，月湖东接日湖西。
> 城边岂是避秦地，万树桃花源里迷。
>
> 日湖
>
> 元·吴志淳
>
> 玉几东来浮野色，锦溪西下接湖光。
> 道人燕坐心如水，六月荷花镜里香。
> 琼波风定水纹收，向日楼台日下浮。
> 自是南湖龙象地，何须东海觅瀛洲。

日湖旧影（《宁波旧影》）
Old Pictures of the Sun Lake (from *Old Pictures of Ningbo*)

日月湖

明·管樌

南湖日作湖，西湖湖作月。

愿湖日日晴，看月长无阙。

唐时罗城建成后，城内建设日盛，日湖边逐渐建起街坊、民居、寺庙，湖域面积也逐渐缩小。至清光绪年间《鄞县志》载：“测得纵120丈，横20丈，周围250丈许。”其水面面积约近6000平方米。1933年，湖面日湮，20世纪50年代后期又对南大路拓宽改造，才使日湖连同南大河一起彻底消失，成为宁波人的历史记忆。

据史书记载，自宋、元、明、清以来，一些官宦人家和文人墨客，纷纷迁居于日湖边的莲桥街附近，最有名的有袁桷故居。《鲒埼亭集》云：文清家自越公以来即居日湖，位于郡东南三里袁学士桥，五台寺基即其地也。余相国第，为大学士余有丁所居，建于明万历年间，位于东门内泗港桥，今延庆寺的西侧，大门上旧有“天朝师相”直额，清雍正年间毁于大火。余公嘉靖壬戌年（1562）中进士，曾任苏州通判，翰林编修，吏部左侍郎，礼部尚书兼大学士。胡翰林寓居，在余相国第后进东畔，其曾祖帝佐始居于此。翰林名鉴，字再谷，清嘉庆庚辰（1820）进士，任翰林院编修。方氏第四府，元顺帝至正十八年（1358），方国珍领节钺来镇四明，二十六年九月，为浙江省左丞相。《元史》载其弟国珉，为行省枢密，建第四府于五台寺东南以居之。南湖黄氏世家，唐明州刺史黄晟后裔一脉，明初迁入城中，称五台寺黄氏，世代为官，至清康熙年间，历经近200年。胡梅涧故居，寓公名三省，字身之，号梅涧，宋宝祐丙辰年（1256）进士，居南湖袁学士桥，宋之后，梅涧独注《通鉴》。杨尚书第，杨公名守祉，字维立，学者又称碧川先生，居于采莲桥东，官居吏部尚书，明孝宗对碧川先生喜入新第曾殇御笔，笔云：

新居门瞰日湖边，一脉南来自碧川。

爽垲更新各相宅，清寒依旧广文毡。

无何文字五千卷，有此辛勤三十年。

歌咏落成贻后世，能师吾俭是为贤。

陈师马第，在学士桥原系袁氏府基，后归陈氏建师马第，陈公时临以编修怡庭为师，得证人书院之教，清康熙年间，曾任兵部职方至事;陈少师第,在开元寺西,《宝庆志图》有云:陈阁学门楼并屋基在采莲桥东岸。

南湖水道状似莲花,在四面环河的莲心岛上,更有千年古刹延庆寺、观宗寺、开元寺、白龙王庙和吕祖殿,是南宋全国的佛教中心之一,吕祖殿也是宁波唯一的道观。

延庆寺,位于宁波历史上的日湖之上,是佛教天台宗的三大祖庭之一,也是著名的四明古刹。该寺始建于五代后周太祖广顺三年(953),当时称报恩院。宋至道中(约995-997),僧知礼传天台止观法,真宗遣使加礼。宋大中祥符三年(1010)改今名,赐"南海福地"额,为天下讲宗五山之第二。宋天圣三年(1025)知礼法师造放生池,枢密直学士刘筠为记并铭,集贤院修撰曾会立石。以后历朝各代多有兴废。现存主体建筑坐北朝南,有天王殿、大殿及后殿,占地五千余平方米。延庆寺不仅是一座有影响的宗教建筑,而且是名人流寓和学者讲学之所。明末的"南湖诗社"曾在寺内集合,吟诗论文。清康熙初,著名思想家、史学家、清代浙东学派的创始人黄宗羲曾在寺后殿设"证人讲会",一度成为甬上学术重地。"文革"前,除厢房、庭院被有关部门占用外,寺院仍比较完整,黄色高大的围墙依然守卫着这座千年古刹。1966年"文革"开始后,一些造反派以"破四旧"之名,破坏了许多珍贵文物,尤以1967年春的一场"武斗"为甚,更带来了一场劫难。

观宗寺原为延庆寺的十六观堂,位于延庆寺北侧,建于北宋哲宗元丰年间(1078-1085),也有900多年的历史了。其占地面积虽是延庆寺的三分之一,但在中国佛教发展史上的影响丝毫不亚于延庆寺。1912年56岁的谛闲法师任观宗寺住持,受任后依据四明法师遗志,"三观为宗,说法为用",遂改称为观宗讲寺。于是募建殿堂,严订规约,使观宗寺声名大振,蔚为名刹。谛闲法师也被誉为中兴观宗寺之始祖。1913年创设弘法研究社,成为天台宗司教之所。1918年开办僧伽学社。1919年成立观宗学社,谛闲法师等人亲为主讲,由此培养了许多高级僧,使得观宗寺被后人誉为"佛教界的黄埔军校"。1928年弘法研究社与观宗学社合并为"弘法研究学社",此时观宗寺的高级僧才已不断向外弘法,有的远涉重洋赴美国、东南亚,现任香港佛教联

观宗寺
Guanzong Temple

合会会长觉光法师就曾在观宗寺学法十余年。1947年，又创办"四明佛学院"。2002年经宁波市民族宗教局同意，观宗寺重新对外开放。

在延庆寺山门的西侧，还有我市唯一的一座道观吕祖殿。清康熙五十年（1711），有道人于余相国祠前隙地结茅修行，立吕祖坛，募余氏余地构瓦屋三间，崇奉日盛。嘉庆年间(1796—1820)，以社中干友为首事，广募数千金，大兴土木，除余氏祠堂门庭不动外，其余地尽售于道家建造。吕祖殿渐成规模，盛况空前。据《四明谈助》记载，吕祖殿"画栋雕墙，金朱闪烁，俨若琳宫"。殿前即为金刚河，往西过水月桥通南大路。吕祖殿20世纪80年代被毁。

开元寺，在城东南采莲桥东，建于唐开元二十八年（740），以纪年名为开元寺，是宁波市最早的寺院之一。此外五台寺和白龙王庙史书上均有所记载。

莲桥街历史文化街区，目前已进入全面的拆迁改造阶段，所幸的是政府对历史文化遗产越来越重视，延庆寺、观宗寺和部分

日湖遗址碑
The Stele for Relics of the Sun Lake

明清时期的名宅得以保存下来，其中个别建筑虽有异地重建的可能，但毕竟留下了历史的一系文脉。

2006年6月10日，海曙区文保界人士在原采莲桥的位置立了一块"日湖遗址碑"。立这块碑原因有二：一是日湖周边有着深厚的历史文化底蕴，值得追忆和怀念，也有利于史学界人士今后对宁波历史文化的进一步研究；二是2002年，市城建部门在江北湾头原姚江古道围堰建一公园，暂用名"日湖公园"，且一直沿用至今，《宁波日报》《浙江工人日报》等曾就此发表文章，此乃后话。

……非徒善创，亦且善因。时至今日，"日湖"命名的争议难消，但对挖掘莲桥街历史文化和日湖文化内涵的工作却远没有结束，还需要做不懈的努力。也许随着莲桥街历史文化街区的拆迁改造，人们又会发现具有重大历史题材的文物，这也是我们所期待的。

链接：莲桥街，原地名为采莲桥下、莫家弄、横河头。民国拓街，以其西有采莲桥为名莲桥街。该地历史上为日湖所在地，延庆寺为日湖之中莲心岛上的著名古刹，日湖渐废后，成为袁氏、黄氏、杨氏、李氏等家族的居地。现为毛衙街—莲桥街历史文化街区，主要史迹有观宗寺、延庆寺等。

随沙散落的街道

○ 叶向群

一座城市若有生命，它不知该经历多少回的浴火重生。今天的风景建立在昨日的废墟上，明日的车轮又将碾碎今日的种种。如此循环递进，层层累积，方彰显文明的进度和历史的厚度。

街巷与河道一样，是城市的血脉。从某种意义上来说，城市建筑、街坊里巷的发展，就是一座城市的嬗变史。今天，且将目光投向"大沙泥街"——这条宁波最为古老的街道，看它如何由沙而来，又随沙散去。

塔

天封塔地处奉化江西岸，今宁波市海曙区大沙泥街西端与解放南路交会处。作为古代明州港江海通航的水运航标的天封塔，史书中早有"遏江涛，奠海门；为郡之内镇者，天封也"之说。

2008年岁末的一个下午，我又一次走近了它。

一块匾额对它作了如下简介：天封塔为"唐武后天册万岁及万岁登封（695—696）纪元时建，故此得名"。塔明暗十三层，高51.5米，宁波市文物保护单位。

它犹如庙宇里一支朱赭色的香烛，高高地擎起于喧闹市井之间；又似一株经历了无数次风雨浸洗，依然抖擞出苍劲骨骼的千年龙柏——天封塔以冷寂面对着尘世的繁华。

沿木楼梯缓步攀升。塔中央，竖着一根直径约50厘米粗的圆柱，从地面直指塔尖。木楼梯绕圆柱盘旋而设，拾级登临，空间渐显逼仄。狭窄的楼梯，仅容一人通过。塔呈六角，窗开六面，但自三层以上都加设了护栏，让人无法走到外面享受凭栏临风的

天封塔
Tianfeng Pagoda

快感。天封塔的窗户隔层而设，那没窗的就成为暗层。记起儿时顺口溜：天封塔，十八格；一层亮，一层暗……不解的是：这塔明明只有十三层，何来的十八格？据传，此塔原先还有地宫数层，于是才有了宁波人的这句谚语。

木楼梯在我脚下吱呀作响，风从四面八方灌注进来。登临绝顶，环观四周，豁然开朗。

明张瓒有诗云：天封宝塔镇四明，乘暇登临倦未休。举目仰瞻银河近，荡胸平见白云浮。远穷海宇三千界，高出风尘十二楼。忽听下方钟磬响，回看星斗挂檐头。

但是今天站在天封塔顶放眼望去，一片高楼林立。天封塔鹤立鸡群的风光不再。

二十九 随沙散落的街道

史载：

南宋建炎年间（1127-1130），天封塔毁于兵火。

绍兴十四年（1144），天封塔重建。

天封塔自宋、元、明、清历代均有修葺；而清嘉庆三年（1798）的一场火灾致使天封塔被焚毁，直到1935年才重修。

1957年，天封塔又一次维修。当时，人们在其塔顶发现了五代时吴越国王钱弘俶造青铜舍利塔一座，落款为"乙卯（955）岁记"。

1982年检查塔基时，发现底层中心有座"地宫"，石函有南宋绍兴十四年（1144）题记，出土了银殿、银塔等珍贵文物，银质地宫殿刻有绍兴十四年题记。出土铜钱，最晚为绍兴元宝年号钱，与《四明谈助》所载"宋建炎间毁于兵火，绍兴年间僧德华重建"相合。

1984年，天封塔进行落架大修，按宋代古塔原貌修复。1989年11月4日，耗资160万元的天封塔竣工。塔高51.5米（连塔顶饰物），七重外檐，檐牙高啄。各层檐上回廊相绕，栏杆围护，25年前的那次"落架大修"，换言之就是将天封塔拆倒重建。据说当时"发现了宋、元朱墨书印模纪年砖数百块及经卷等"。

……

抬起头久久打量着眼前这座赭色塔身、半新不旧的古塔，一边是市井的喧嚣，一边是深邃的寂寥。我忍不住问：如果从公元 695年算起，天封塔，你已经"活"了1300多年。而又有谁知道，你曾经死过数回？

命运多舛，几度"涅槃"。天封塔，你还是原来的你吗？

宅

中国的建筑，绝大多数都是速建速朽。这其中关乎建筑的材质、火灾兵燹，似乎还跟我们的建筑理念有关。国外的很多经典建筑往往一造就是数百年不朽，这在我们这里就成了匪夷所思的事了。

据悉，在大沙泥街路口，原有一座都神殿（今大沙泥街小学

校址）。正殿内供奉青黄赤白黑五个瘟神（即都元帅）泥塑像，另有一个中军塑在边殿。过去，年年农历四月半迎都神出巡，绕全城一周，这个出巡叫作"四月半会"。

每年行会时，有三丈高的五彩大旗，有九联灯、十八联灯、廿四联灯，有首尾坐着艄公艄娘的纱船，有扮装各出戏文的抬阁，有细吹精打的鼓乐亭，有扎着红绿彩带骑着马匹的报马，最后是镶嵌珠宝琉璃的廿四节舞龙。行会期间，本地外埠民众纷至沓来，街衢桥头人头攒动……

这样的情景，想想就叫人陶醉。

俱往矣！曾经耸立在大沙泥街的各色建筑，如今还有多少垂名于史书、残存于人们的记忆中？

笔者有幸，曾经见证了"大沙泥街54号"的湮没。

"大沙泥街54号"本是一幢古宅的门牌号。2002年岁末的一天，本市一位名叫王虞根的老者，来到笔者谋职的报社，希望为他家老宅写篇报道，辗转找到了我。

天封塔东行百余步，当时有一临街古建筑，粉墙黛瓦，马头墙高耸；宽宽的围墙中央是正门，门楣上书一行小字：大沙泥街54号。这座古色古香的民宅在周围现代建筑背景下显得孤单而独立，招徕过往行人好奇的目光。

王虞根先生当年68岁。他告诉我说，这幢古建筑曾是甬上赫赫有名的"媒头纸"老板的古宅，距今已近200年历史。而他，正是那个家族的第15代传人。

我一听，立马来了兴致。

跨入老宅墙门，是一个宽敞的明堂，隔明堂是一排坐北朝南七间两弄连同东西两个明轩的传统"走马楼"式两层楼房；明堂两侧各有一道镶嵌砖雕的花墙；东西是对称的高耸的马头墙；堂前走廊上有一对胖胖的廊柱；屋顶、墙上的砖饰、瓦当、门窗、户枢的造型、文饰，无不体现"福禄寿禧""吉祥余庆"的内涵。墙头、壁檐还能依稀看出当年工匠绘制的"姜太公""三国演义"等历史故事的工笔原作。

据王先生介绍，创建这座民宅的是他们家族的第七代传人，姓名已不详。这位先祖原住在鄞县梅墟。清代乾隆、嘉庆年间，鄞东梅墟一带农村，普遍手工生产一种用稻草作原料制作的草纸（手纸）。这位先祖在多年制作手纸的工艺基础上，参照外地产品经验，制作出一种易于吹气生火的"媒头纸"。

"媒头纸",现在的年轻人已很少知道。它的功能相当于现在的火柴,是早年一种用稻草作原料制作的纸张,用于接火、引火、养火。其特点是薄匀、松软、耐煅少烟、易于吹气生火。使用时,将纸张裁成纸条搓卷成纸捻,点燃后,用于引火、养火。在没有火柴或火柴还属奢侈品的年代,民家多用它来点灯、坐火做菜煮饭,或是吸"水烟"等。

王先生的先祖在乡间办起"媒头纸"作坊后,于清代乾嘉年间带产品进入宁波城厢销售。当时,一般老百姓多以燧石"击石取火",点燃用"媒头纸"搓卷成的纸捻接火、引火、养火,要点灯、坐火做菜煮饭时,往"媒头纸"一吹,火就点燃了。至于吸"水烟""旱烟"的,更是人手一捻,"火不离手"。这样,"媒头纸"便成了人们生活必需品之一,需求量极大。这位王氏先祖经数年辛劳操持、诚信经营,店铺由小到大,终于在宁波城厢江厦繁华地段开设了颇具规模的"王公泰纸行",一时成为宁波尽人皆知的纸业界翘楚。

发迹后,这位王氏先祖与他的后人谋划在城内立基定居,买地砌屋。他最终看中了当时西近天封塔、月湖,东临城郭,北靠药行街这块交通便利、闹中取静的福地。清嘉庆年间(1795—1820),他在大沙泥街收购了三亩左右地基,请能工巧匠建起一座总建筑面积2200多平方米的传统"走马楼"式的两层楼房。由于"王公泰纸行"的知名度,这座宅院旁东的一条小弄也被当地居民称为"王公泰弄",至今一些老宁波人还这样叫着。

鼎盛时期,王家与当时的名门望族广为交往、联姻,诸如西河沿章家(状元章鋆)、濠河头凌家(礼部主事凌忠镇)、城西

范家（书法家范邦干）等，都是亲家和好友。后来，王氏家族的继承者们，有作为的过早谢世了，其余只会坐享祖先遗泽，经营的纸业、遗留的田产陆续倒闭、变卖，唯独留下这一座世代居住的宅院。

王虞根先生找到笔者时，大沙泥街正在拆迁改造。年前他家宅院的外进已被拆除。王先生无限留恋地说，再过两个月，剩余的旧宅也将被拆除。到时，祖上曾经有过的辉煌，就全靠回忆了。那就请记者帮忙为他家的古宅留点文字吧。

报道刊出几个月后，推土机就开进了"大沙泥街54号"。尘土飞扬间，古宅连同显赫一时的"媒头纸"，归于历史的沉寂。

今天，在"大沙泥街54号"地块上，取而代之的已是一幢商务综合大楼。霓虹闪闪，人影绰绰，市井喧喧。

沙

老一辈的宁波人，说起大沙泥街，总是津津乐道于街名的由来。普遍的说法是：唐朝建造天封塔时，堆沙泥于两旁，故名。古时造塔，工程艰巨，采用泥沙层层堆积，输送砖石直到塔顶。塔成，再将泥沙撤除，散铺于附近空地。大沙泥街以及比邻的小沙泥街，名称就是这么来的。

这一说法并无史书可稽，因此只是一种合理猜想。但毋庸置

旧时小沙泥街(《宁波旧影》)
Xiaoshani Street (from *Old Pictures of Ningbo*)

疑的是,依托天封塔的大沙泥街,称得上宁波最古老的街道。追溯历史,天封塔比宁波老城区也就是最早的明州城的建立,还要早120多年!

公元738年,是值得宁波人铭记的一个年份。是年,明州建立。公元821年(唐长庆元年),明州移州治到三江口,筑子城(内城、州衙)。今天的鼓楼是当时子城的南城门旧址,这是移治后的最早建筑。在明州未立前,宁波有两大地标性建筑,一个是天封塔,另一个是704年建于城东南隅的开元寺(已废)。

在很长一段时间里,天封塔一直是三江口的标志。唐以来,明州港崛起并成为中国著名的三大对外贸易港口之一,外国使节、留学生与商贾由明州港入口岸,经浙东运河与京杭大运河直达京都。地处奉化江西岸的天封塔,发挥着航标的重要作用。作为镇郡宝塔,天封塔战争时还被用作烽火塔。平日里,塔顶高悬明灯,照示水陆船只、行人。

"烽火台"的功用，一直为天封塔埋藏着隐患。在电灯尚未发明的年代，人们的照明工具除了柴火就是油灯。史书中明确记载了天封塔的一次大劫难。清嘉庆三年（1798）农历十二月初三，天封塔正在维修。由于塔内堆积大量用于烧火的木材，一个点塔灯的和尚不慎留下火种，结果把天封塔的塔檐、栏杆、楼梯等全部焚毁，只剩下光秃秃的砖塔躯壳。被毁后，天封塔直到1935年才得以重修。

罗马不是一天建成的，宁波城亦然。

823年，约在今江厦桥处架筑奉化江的东津浮桥，沟通了与江东的交通。862年至905年，城内相继兴建白檀寺（鄮山小学旧址）、国宁寺（后改称天宁寺）、乾符寺（今市人民政府址）等佛寺。其间，最重要的是于898年筑罗城（外城），标志明州城市的形成。当时东西向的主干道，从东渡门经乾符寺前、鼓楼、国宁寺到望京门（西门）逐步连成一线，相当于今中山东路、中山西路的大体雏形。另一条与东津浮桥连接，时称车轿大街（即今药行街一段）。再几条道路如相传建造天封塔后留下大量沙泥铺筑的大沙泥街、小沙泥街。南北向的道路，自鼓楼经紫薇街、镇明岭至南门，相当于今镇明路雏形。

1925年，宁波城有过一次道路建设，开始拆城（至1933年，城墙全部拆除），并以城石和购自沈家门朱家尖的条石翻修东大街。1927年，首铺公园路为沥青路面。1929年，填天封塔东河，拓宽大沙泥街。大沙泥街（灵桥路至开明街）和小沙泥街（狮子街至小沙泥街），分别铺上沥青和水泥路面，长度各为651米、423米。

……

今天，漫步大沙泥街，除了那座天封宝塔，往日的街景影踪难觅。沙，散落一地，早已随风飘逝，留下的是这条路的厚重历史。

> 链接：大沙泥街原有地名天封桥下、大沙泥街。民国十八年（1929）填河拓路定名为大沙泥街、小沙泥街，因唐建天封塔堆沙泥于两旁而得名。两街并行，均系东西向。该街西有始建于唐重建于宋、20世纪80年代又重修的天封塔，南近莲桥街历史文化街区。

南郊路
Nanjiao Road

梦里水乡最柔美

○ 李若中

一

提起南塘河,记忆深处便会勾勒出一幅酷似《清明上河图》的画卷。房屋临河而筑,桥梁跨河而卧,百姓枕水而居,沿街店铺鳞次栉比,石板路上人流如织,四明清泉缓缓淌过……

然而,这早已不是宋时的汴梁,而是宁波现代繁华都市里大道通幽、举步繁华之地——南门。

宁波南门是古明州府诸座城门之一,也是通往台州、福州等地的交通门户。唐太和年间(827—835),县令王元暐在此治河筑路,修成驿道,由此而过的南北商贾川流不息,形成南郊路的繁华景象。

与长春路相交的南郊路,东面是鄞奉路,西面是南塘河,水与路并望,路与河缠绵,历史上是重要的水陆交通枢纽。现如今,这一带还保留着许多旧城的痕迹。那曾经穿梭于南塘河上的船队,那曾经行走在夹道中的车马,以及河埠头清脆的捣衣声,早已蕴含在那一石一桥一水一瓦之中,刻在了老宁波人的记忆深处。曾经的人文影像和日常民居,已经渐渐淹没在喧嚣繁华的都市中,但南塘河历史资源中的河、街、市、名门望族四大核心要素,却是永不泯灭的光环。

全长1560余米的南郊路,两旁大都为传统建筑,有雕花的漏窗,有高翘的马头墙,有淳朴的老街民风。而最显眼的还是那座横跨河面的石拱桥——甬水桥,它是南郊路关于街水历史的地理中央坐标。

这座长20多米的单孔石板桥,在那些两层民居以及静谧水流

甬水桥
Yongshui Bridge

间,显示着一种江南才俊的气魄。在拱的两侧及上沿,有似乎被冲刷过的黑与白,甚至在靠近水面的部分,夹杂着青苔绿,它们低调随意地融合在一起,凝聚成历史的年轮。每每来到这里,思绪总被推到遥远的往昔。

据载,甬水桥初建于北宋元符三年(1100)。明天顺二年(1458),确定"甬水桥里"的"南塾墟"逢三逢八为市集,称之为"长春门外南廓市",俗称"三市",是当时城内最繁华的集市,并一直延续至今。甬水桥曾叫"夏家桥",在民国时期的地图上标名为"下驾桥",疑是"夏家桥"的宁波方言谐音所致。

当你走上桥一睹南塘风水之时,无论在哪一边,都会看见一对雕刻精致、栩栩如生的龙头正翘首望着前方,似乎寄托着造桥者的美好愿望:以龙震慑一切灾害,保护桥与行人平安。除此之外,你若细心观察,还会发现在两对翘首龙头的下方有两副对联,南面的一副是"瑞气来它山,横亘南塘凝胜地;嘉名著甬水,高

三十 梦里水乡最柔美

飞东　作通津"；北面的一副为"介长春通津，闲波心辉映；为丹山赤水，胜地脉灵钟"。据民间传说，宋高宗赵构避金兵逃难到明州的时候，曾在此停过銮驾。千余年来，甬水桥一直是古明州通向浙南和浙西的咽喉要道。据1980年的统计资料显示，经甬水桥下通过的年客运6000人次，货运60万吨，每天至少有40个航船班从甬水桥下通过。所以当你走上这座桥时，不仅有种历史的厚重感，更有一种诗意般的盎然趣味。

而此时你若随着一叶小舟摇荡，吟唱着"清林连北岸，甬水漫南塘"或者"南塘路上百花娇，满面春风处处娆"等赞颂南塘景色的诗句时，不知不觉中，眼前顿会出现另一座石拱桥——启文桥，那将又是另一种意境。

如果把甬水桥视为这街这水的中央坐标，那么启文桥就是一个末尾坐标。

这是一座经长年风雨侵袭，加上客流繁忙，导致桥身老化甚至不堪重负的古桥。我们现在看到的启文桥，是清代道光二十年（1840）重建的。而根据成书于1226年的《宝庆四明志》记载，启文桥是在宋元符三年（1100）建成的，与甬水桥同年，原名沈店桥。明末《敬止录》载为"启文桥"。

现在的启文桥长25米，拱跨水7米，高5米，桥下设纤道长约30米，宽达1米，两边各设21级台阶，桥身中央有桥心石，在桥的两侧共有四块抱鼓石、四只狮子、四头白象和八根莲花柱。如此一座历经沧桑而又精雕细琢的石拱桥，在现代都市闪烁的霓虹之间，静卧在南塘河之上，它的这种沉寂，又怎能不让人联想起此处昔日的市井繁华？

让我们重返历史，随着河流溯游而上，在缓缓的水流与简朴的民居之间，我们会发现南郊路的起始坐标——向阳桥。从流经鄞江的樟溪，以及小溪、栎社、石碶、段塘之后，四明清流首先从这里穿孔而过汇入南塘河。它的石拱更像是一座大石门，瞻仰着远山，荡涤着近水，使南塘河水流如镜，使河畔的南郊路充满了水灵的气韵。

南郊路、南塘河鸟瞰
Overlook of Nanjiao Road & Nantang Creek

链接：南郊路，原地名长春桥下、三市街、柳亭巷口、杨家桥、航船埠头、鹅场跟。由多条巷弄相连而成。民国时以其地处南门郊处而得名为南郊路。西滨南塘河，现为南郊路——南塘河历史街区。有袁牧之故居、惠庆医院、澄怀学堂、关圣殿、甬水桥、向阳桥、启文桥等史迹。

二

凭栏古桥之后，踏岸而上便是南郊路。

这条街上多为两层民房，有居住的也有开店铺的。总之当你走到这条青石板路上的时候，你能感觉到一股陈旧的生活的气息。门口的竹椅子上搁着布条之类的针线篓，老人在路边用扇子朝着煤饼炉不紧不慢地摇着。在一堵灰白的墙上开着一扇布满油渍的窗户，里面有一张布满皱纹的老人的脸。残瓦覆盖之下的屋檐上，挂着一串串已经被风干了的酱肉，而在狭小的院子里有人正拨弄着日常的鸡毛蒜皮。除此之外，时常有邮递员骑着车穿过，然后留下那些孩子嬉笑打闹的声音。

这是南郊生活的一角，在宁波的南门，人们在安谧地生活着的同时，也经历着"南门三市"的市井喧嚣。

正所谓一方水土养一方人，在这些涓涓清流与沧桑古路之间，也出现过许多值得歌颂的人和事，他们早已成为南郊路的一种文化，融入了南郊的历史之中。

从红起社区转入南郊路，会有庙宇、街亭和宗祠映入眼帘。你还会发现"城望长春步步入胜，亭过永善坐坐何妨"的诗句，这也是对南郊路曾经繁华的写照。

在南郊路杨家桥1号，有一个老墙门，三合院布局。这是座散发着古典情调的晚清宅第，流连其中，会让人陷入一种对历史的怀念。抬头一看，门楣上有"故牧家园"四个大字。原来这里是袁家族人聚居的院落，也是著名电影艺术家袁牧之先生的故居。院落与房屋简朴而明亮，我们虽然已经看不到那些融文学、绘画、书法、雕刻于一炉的精美木雕梁柱，但还是能感受到一种历史沉淀之后的艺术气息。2003年，此宅已被列为市级文物保护单位。

说到宁波的袁氏家族，其祖居地分别位于四个地方，即柳庄街、新芝路附近西门袁氏、慈溪竹江袁氏、奉化袁岙村袁氏、宁海石门大佳何里袁村石门袁氏，宁波南门的袁氏算是一个大家族。在这条古朴的街道和河流间孕育出了许多的才人俊杰。一代电影大师袁牧之，在20世纪30年代创作了中国多部经典电影。这位集编剧、导演、演员于一身的多才多艺的艺术大师，就是在这条南

袁牧之故居
Former Residence of Yuan Muzhi

郊路上度过了自己的童年。

沿着青石板路往前走，便可看见崇志小学的门楼。这里是南宋时期"明州淳熙四先生"之一的袁燮办学处，现在已经成为历史文物，供后人参观瞻仰。年幼的袁牧之曾在这里读书习字，虽然现在这里已经听不到琅琅的读书声了，但还可以想象到一个孩童在这里认真听讲的样子，和依稀看到一个背着书包穿梭在这条小巷间的小小身影。当时，年幼的袁牧之或许不会想到600多年前，正是他的一位先祖，创办了这所学校。

袁燮是袁氏家族中一位卓有成就的政治家和教育家，字和叔，南宋时期鄞县县城南门人，孝宗淳熙八年（1181）进士，与舒璘、沈焕、杨简并称为"明州淳熙四先生"，是当时浙东四明学派的代表人物之一，被学者们称为絜斋先生。他为官公正清廉，以致之后罢官回老家宁波时，有300余人为其饯行。

除此之外，在这些散落于南郊路各处的袁氏建筑之间，还能列出一串串长长的耳熟能详的名字。譬如主张"万物与我心契"的南宋政治家、教育家——袁燮的次子袁甫。他任兵部侍郎时曾对宋理宗说："危亡之祸，近在旦夕，君臣同心，共赴国难。"他也为后人留下了《孝说》《孟子解》《后省封驳》《信安志》《江东荒政录》《防拓录》《乐事录》等诸多文集。之后，还有袁桷等名家名留史册。

尽管它的过去是那么辉煌，但我们眼前的南郊路，仍旧显得那么神奇、平稳与安详。

"三市"是南郊路上有名的旧货市场。在20世纪，这里还在贩卖一些毛竹、木材甚至小狗小猪等家畜。以前，宁波人吓唬爱捣蛋的小孩总会说上一句"小心把你送到三市去卖掉"，然后小孩子就很听话了。可见南门三市的交易买卖、商贸往来真是妇孺皆知。现在，这里虽然不会有许多的农货物出现，但是旧货市场仍旧存在。虽然它已失去了往日的繁华，但是这个旧货市场就好比是整条南郊路的记忆线索，时隔多年，人们还是能想起以前南门车水马龙、人来人往的场面。

南郊路总是透出一股梦里水乡的味道，作为曾经"西水关"的西塘河已风貌尽失，而南塘河畔的南郊路也在现代城市建设的影响下，渐渐地改变了原有的容貌，但无论如何，她那淳朴水灵的韵味在那些晚清宅第间，在青石板老墙门间，循着南塘河静静的四明水流亘古不变。

岁月沉浮,数不清的繁华和光彩,藏于中山路两旁鳞次栉比的店铺中。
As time passes by, the countless flourishing and prosperity of Zhongshan Road lies in the shops on both sides of it.

商战风云中山路

○ 晓晓

一座久久天桥把中山路分成了东西两半。站在天桥上向东西两边望去，长长的路几乎没有尽头。若是交通高峰期，车水马龙，人流如织，城市的繁华尽收眼底。

一

唐穆宗长庆元年（821），明州治所从小溪迁至三江口，筑成大街（今中山路）。自唐代起，中山路便是以贯桥头（今解放南、北路口）为界，分东大街和西大街，即今日的中山东路和中山西路。

民国年间，东西大街分别修建泥结碎石路面。民国35年（1946），为了纪念孙中山先生，改西大街为中山西路，东大街为中山东路。

"文革"期间，中山东、西路合并，统称东方红大街。1981年恢复原名。1994年，西郊路纳入中山西路，中山西路则向西延伸至机场路。中山东路亦向东延伸，改大河路为中山路；1995年，延伸至中兴路。至今，中山东路已延伸至世纪大道。

沿解放路口西行，一路走来，历史的遗迹随处可见。

永丰库遗址，位于中山西路靠近鼓楼的一侧，仅一墙之隔。它是我国首次发现的古代地方城市大型仓库遗址。遗址布局清晰，

东大街（《宁波旧影》）
Dongda Road (from *Old Pictures of Ningbo*)

总建筑面积达9600平方米，遗址以两处单体建筑基址为核心，并有与之相关的砖砌甬道、庭院、排水明沟、水井、河道等众多遗迹，非常独特。永丰库遗址出土了宋元时期江南和中原地区著名窑系的陶瓷产品等各类文物800余件，充分反映了古代宁波在对外交通贸易中的重要地位，是迄今为止宁波最重要的城市考古发掘，为宋元考古提供了重要实例。曾被国家文物局评为"2002年度中国十大考古新发现"之一。

继续往西，位于中山西路南侧一处修葺一新的明代古建筑，便是范宅。它建于明万历至天启年间，古称"西湖范氏"和"察院前范家"。范宅的主人范亿系范仲淹第十七代后嗣，是当时甬城名医。范宅为大木规范模式，以南北方向为纵轴线，坐北朝南，由前后3幢厅堂同左面和右面配房组成一座规模较大的"日"字形木构建筑群。现有建筑面积约2100平方米。范宅为宁波现存规模最大保存最完好的明代住宅建筑。据现有资料分析，这一单座

永丰库遗址
The Relic of Yongfeng Warehouse

体量可称浙江第一，是座名不虚传的深院大宅。范宅历经风霜后，整体结构与部分装饰保存尚好，但内部已有破损，现已修建。

因古而古，今天的范宅已经成为古玩交易市场，店铺二三十家，自又多了份古韵长在的感觉。遇到周末，还有人沿着老宅摆开一溜摊档，古物云集，交易非常兴旺。

徐宅位于中山西路155号，沿街筑有高高的围墙，那扇精致镂空的欧式铁门，平素大多是紧闭着的，使得这幢老洋房平添了几分神秘。徐宅建成于1940年，占地800平方米，建筑面积900多平方米，是宁波近代名建筑之一。宅院为砖木结构，三层楼房加阁楼，堪称东西方文化的碰撞与交融的杰作。事实上，这幢房子几经易主。最早的主人徐先生是20世纪30年代上海的房地产商，老家在鄞州章水镇细岭村，人称"快发财"。

1941年，宁波沦陷。徐宅被日寇征用，成了日寇控制整个浙东的情报中心。抗日战争胜利后，国民党政府接管了徐宅，设立

了"国民党军委局"。在新中国成立后,宅院成为中共宁波市委组织部办公用房。

改革开放后,宁波市政府将其归还给徐先生的后人。由于不在宁波,徐家后人将此房继续给政府使用。2001年,经协商,徐家后人将房子转让给了老乡、台湾商人,台商接手后将此宅正名为"徐宅"。如今,徐宅已被挂牌出让,等待下任主人。

中山西路北侧上原有的天宁寺始建于唐大中五年(851),原名国宁寺。宋崇宁年间(1102—1106)改名为崇宁万寿寺,政和元年(1111)改名为大宁万寿寺,建炎年间,毁于战火,不久重建。元武宗至大二年(1309)为倭寇所毁,后又重建。明洪武十五年(1382)改为天宁禅寺。民国初年,改称天宁寺。寺前原建有东西两塔,东塔已于清光绪年间(1875—1808)崩塌。1995年,配合中山路改造,发掘出塔基。现存的天宁寺塔为天宁寺的西塔,是南方现存屈指可数、基本保持原貌的唐代砖塔。因塔砖上有正书"咸通四年(863)造此砖纪"之铭文,1995年在西塔维修时,又发现了许多咸通年间的塔砖,故有"咸通塔"之称。由于该塔比较矮小,又形似乌龟,所以俗称"乌龟塔"。

天宁寺塔是我国现存唐代佛寺前双塔制的孤例,它的立面呈抛物线状,平面呈正方形,每边长约3.20米,共五层,逐层收缩。每层用砖叠檐,塔檐翘出,有别于北方常见的唐塔。塔内部呈筒形,底层四面均开设壶门,以上每层四壁均设有龛。塔高约12米,壁厚约0.76米,占地面积为10.42平方米。

中山路上的天宁塔(季志毅 摄)
Tian'ning Temple Pagoda on Zhongshan Road

昔日中山路上老字号寿全斋药店
Traditional *Shou Quan Zhai* Pharmacy on Former Zhongshan Road

二

　　中山东路，历来是宁波最繁华的一条街，特别是一些宁波的老字号，原来大部分汇集在中山东路上。"一言堂"、"老慎记"百货店、"老三进"鞋帽店、"源康"布店、"协和"钟表店（现宁波钟表眼镜商店），四明药房，"东福园"、"梅龙镇"饭店，"容光"理发店，"天胜"照相馆……说起这些老店，很多老宁波人都会觉得亲切。但现在，由于种种原因，不少曾经响当当的牌子，已经销声匿迹，只留一丝回忆在老宁波的心头。

　　"宁钟"，创始于1908年的协和钟表店和始创于1928年的桑记眼镜行，新中国成立后实现公私合营，在中山东路上开出了400多平方米的店面，成立了宁波钟表眼镜商店。据该店的一位老员工回忆，当时店里经营包括钟表、眼镜在内的500多种商品，能为顾客定制特殊要求的眼镜，还设有维修部，是当年宁波最大的钟表眼镜专业商店。1993年，宁波钟表眼镜商店股份制改革。目前，公司在宁波市区拥有3家连锁商店。

　　1950年，在东门口，一家新开的百货商店让当时的宁波人眼前一亮，它就是宁波二百的前身———中国百货公司浙江省分公司宁波市支公司第二百货商店。1958年，商店被正式命名为宁波市第二百货商店。1969年，宁波二百搬进了新楼，拥有了两层营业面积，经营范围也从日用百货发展到缝纫机、手表、自行车等大件商品，并开始经营自主加工的服装。如今，二百在经历了改革改制、拆迁重建后，以崭新的面貌立足于天一商圈。

　　"拍照到天胜！"多少年来，在老宁波人的眼中，去天胜照相馆拍照意味着一种传统、一段80多年的宁波影像传奇。1924年，宁波人裘珊创建了天胜照相馆，除了拍照冲洗等，还经营美、德等国的照相材料。20世纪40年代，由于日军侵占和美蒋飞机轰炸，该店曾两度停业；20世纪50年代复业迁至中山东路。"文革"期间，改名为东方红照相馆。2001年，经过体制改革的天胜照相馆迁至中山西路75号。

　　老三进鞋帽店创设于19世纪末。创业之初，前店后场，只产销绣花缎面的布鞋，以后品种逐渐增多，生产销售布鞋、皮鞋、胶鞋、童鞋等各式鞋子，包括缠足妇女穿的"三寸金莲"。因其选料考究、做工精细、价格公道，因此生意兴隆、名闻甬城。怪

不得当时宁波人有一句话："买鞋要到老三进。"

1958年，老三进鞋店与宁波另一家老字号同福昌帽扇店合并，定名为老三进鞋帽店。1996年，"老三进"从中山东路迁到开明街，经营规模进一步扩大。后因城市改造等原因，"老三进"这家获"中华老字号"称号的百年名店，从市民的眼中消失了。

源康开设的年代，大约在第一次世界大战前十年，也就是清光绪晚季，到现在已有约100年的历史了。原址在东门日新街口。源康的创始人叫屠景山，原籍鄞西西乐屠家。源康起初的经营重点，以黑白蓝粗布为主，销售面向农村。之后花色越来越齐全。抗日战争期间，宁波沦陷后，源康老板屠申恺避居上海，源康改名"丰大"，营业大不如前。抗日战争胜利后，恢复源康招牌。宁波解放不久，屠申恺在上海去世。1953年，源康在国有经济扶植下，恢复了青春。1966年以后，源康曾更名为人民布店。1978年恢复源康原招牌。如今，它搬迁至狮子街。

老慎记百货店曾开设在中山东路口，三开间店面。

20世纪30年代，老慎记在百货行业中，只能算是一家介于大中型之间的商店。1945年秋，抗日战争胜利，老慎记召回了以前遣散的职工，收回了租给联新呢绒店的店房，恢复了原来的营业场地，重整旗鼓，扩大经营。老慎记由于地段上的优势，在零沽和小批发煤油业务中居有利地位，因而获利较厚。宁波解放后，老慎记无论职工人数还是资金规模，在百货行业中都是比较大的。1956年企业公私合营。1959年，全市商业结构改组为地区性综合商店，老慎记被撤销。

70年代中山路（余德富 摄）
Zhongshan Road in 1970s (by Defu Yu)

三

　　江厦街上的新江桥已经有144年的历史了。它是宁波历史上跨越姚江、连接老城区与江北岸的第一座桥梁。

　　自古以来，姚江两岸全靠渡船往来。直至清同治元年(1862)，英国人在这里建起了一座浮桥。在此之前，整个宁波只有一座跨江大桥——灵桥（当时还是浮桥，又称"东津浮桥"）。为区别于灵桥，新建的浮桥就叫"新江桥"，而灵桥顺理成章地被称为"老江桥"。1899年，沿江道路拓宽，浮桥木船减至16艘。1927年，以弧形铁板加固各段桥板衔接处。1953年，将新江桥的木质浮桥改建为8孔钢梁混凝土结构浮桥，载重能力提高，可单向通行汽车，安全状况大大改善。

　　1970年9月，建了三孔钢筋混凝土双曲拱桥，也就是现在的新江桥，当时命名为"反帝桥"（"文革"结束后恢复原名）。老的浮桥"退而不休"，发挥"余热"。1972年，移到现在的解放桥位置，架起了解放北路与大庆南路的通道。由于此处姚江的江面比三江口原桥址处宽阔，浮桥的长度不够，局部还接了一段固定混凝土桥。1981年，浮桥又移到现江厦桥位置，成为连接市区最繁华的中山东路与江东大河路（现中山东路延伸段）的纽带，直至1990年新的江厦桥落成。

　　中兴樱花公园南靠中山东路东段，东接中兴路，北邻中塘河，总面积3.3公顷。

　　公园由主广场活动区、中日友好园、浅滩垂钓区、樱花观赏区4部分组成。共有晨曦沐风、枕河踏浪等8个景点。主广场活动

区为直径50米的下沉式圆形广场，配以旱地喷泉。为纪念宁波市与日本长冈京市缔结友好城市而建的中日友好园，由方丈、瀛洲、蓬莱3个岛组成。浅滩垂钓区约占公园面积的五分之一，供垂钓之用的沿河鹅卵石斜坡长300米，河岸桃红柳绿，在水中相映成趣。樱花观赏区种植500多棵樱花，形成特色景观。

宁波市新华书店创建于1949年7月15日。现已发展成为全市最大的图书、音像发行单位，是全国省会、计划单列城市新华书店联合体的成员企业和宁波市文明单位。年图书销售5000多万元，目前常年备货品种8万种以上，门类齐全。

宁波人将中山路称为"浙江商业第一街"。这个说法，寄托着宁波人满满的自豪感。岁月沉浮，数不清的故事，藏在了鳞次栉比的店铺里，城市迷人的光彩，在这盛世繁华中闪现。

> 链接：中山东路、中山西路，形成于唐代。中山东路原地名为鼓楼前大街，俗称东门街；民国十四年（1925）改建，名东大路。中山西街，原地名鼓楼前大街、都宪桥西横街；民国二十五年（1936）改建，名西大路。1946年，为纪念孙中山，两路合一，统称为中山路。后又以解放路为界分东、西两路，为宁波城区最重要的主干道，最繁华的商业街，名特商店林立。现存史迹有唐天宁寺塔、天宁寺遗址、范宅、鼓楼、元永丰库遗址及近代建筑群等等。

三江口夜景
The Night Scenery of Sanjiangkou

铅华洗尽江厦街

○ 郑世晟

江厦街是宁波城区颇为奇特的一条街。说其奇特，理由有三：其一，它是唯一连接奉化江、余姚江和甬江的一条街；其二，它是是承载了宁波对外贸易最厚重历史的一条街；其三，它是宁波人曾最引以为豪的一条街——"走遍天下，不如宁波江厦"。其实，在今人看来，江厦街只不过是繁华都市中毫不起眼的一条短街。

江厦之名，源自宋时三江口建有江下寺，因"下"与"厦"谐音，故称江厦，泛指现东门口一带。江厦街得名较晚。民国十八年（1929），市政府将原半边街、双街、钱行街、糖行街4条小街拆直拓宽成一条街。正式定名为江厦街。旧时江厦街之所以有名，实是占尽甬城地利，街处三江口，车马舟楫皆利。唐大历元年（771），县移治三江口；长庆元年（821）明州刺史韩察在三江口筑明州城，始建宁波城区。此后历宋、元、明、清诸朝，商贸日趋发达，江厦街区曾建有古造船厂，设有市舶司和来远亭，宋代已成浙东货物主要集散地和对外贸易港口，江边码头桅樯如林，江岸街上店铺鳞次栉比，来自日本、高丽（朝鲜）、阇婆（今属印度尼西亚）、真里富（柬埔寨）、占城（今属越南）、暹罗（泰国）、大食（阿拉伯）等国家和地区的船舶商贾云集于此。

当时，钱行街有钱庄67家，其中有40家可以现兑。1987年，笔者有幸听一位朋友讲，他年轻时就在钱庄工作，相当于今天的"白领"。他说："那时候钱庄老板和其他商号老板关系非常好，也很讲诚信。有一天晚上，老板让我送一箱现银给某商号老板，我计了辆黄包车，银子送到后连个收据都没有就回来了，要是放在今天不可思议。"正因为宁波人讲信用，宁波港无论是从江厦北

30年代江厦街（《宁波旧影》）
Jiangxia Street in 1930s (from *Old Pictures of Ningbo*)

移至外滩还是外迁到北仑，宁波人的生意一直兴隆。2007年，宁波有位很有名的银行家（宁波人），曾撰文论证"生意兴隆通四海，财源茂盛达三江"这副楹联就是为宁波港、为江厦街写的。

俗语说得好：潮起总有潮落。江厦街的变迁就是佐证。1949年5月25日，宁波城解放。溃退到舟山的国民党军队派战机对宁波市区进行轰炸。从1949年9月13日上午10时30分起至年底，轰炸不断，致使城区遭受严重破坏，特别是9月20日的那次轰炸最为惨烈，江厦街一日尽毁，往日繁荣铅华尽洗。新中国成立后，国家

20世纪30年代江厦码头（《宁波市志》）
Jiangxia Wharf in 1930s (from *Records of Ningbo*)

重点建设项目向内地三线转移，宁波作为海防前线，城市建设一度停滞。纵然这样，江厦街在一段时期内仍然是宁波人津津乐道的地方。在宁波生活的年纪稍长的人都晓得宁波第一食品商店，她就坐落在三江口畔、江厦街上，它始建于1972年2月1日，后经1987年、1994年两次全面装潢整修，花岗石地面，华丽的天棚配置豪华的灯饰，金碧辉煌。商店以零售为主，兼营批发，一楼营业场地面积达1000平方米，有17个专业柜台，19大类商品，1500多个品种，是宁波副食品行业著名商店，也是浙江省当时最大的食品专业商店。在那个物资匮乏，购物凭票的年代，能在"一副"购物感觉真是太好了。毕竟当第一食品商店如火如荼的时候，沿江一边还多为简易商舍和棚屋。

　　1987年5月市政府决定兴建江厦公园。同年12月动工，翌年6月竣工，全长635米，占地2.62公顷。园门以古船风帆三副作门标造型，白色大理石构建，赵朴初题写园名，两边风帆各刻中、英文《三江口简介》。江厦公园建成后，一度成为市民娱乐休闲的好去处。我记得1994年五一节，公园内人山人海，热闹非凡，只是后来市区园林建设飞速发展，江厦公园又恢复了平静，只有公园内沿奉化江一字排开的38株粗壮的樟树和江厦桥到新江桥之间清一色的18株同样壮硕的樟树深深地扎根在这一片曾经繁华而富庶的土地里，默默地注视着南来北往、东去西来的人们，繁茂的枝叶记忆着宁波的过去、现在和将来。

东门口
Dongmenkou

链接：江厦街，原地名有糖行街、双街、钱行街、半边街等。因有古江下寺，俗称江厦（江下）。民国十八年（1929）改建为柏油马路，定名江厦街。自唐以来为明州城的经济繁荣之地。为唐宋以来直至鸦片战争前，对外交通、贸易的海运码头所在地。

涅槃新生药行街

○ 毛雷君

药行街东起江厦街、灵桥路口，西至解放南路，中与开明街十字相交，全长1028米，是城区主要街道之一。

药行街是一条历史悠久的街道，早在唐长庆元年(821)宁波建城时，药行街就是交通要道。据永乐《宁波府志》记载，药行街当时称砌街，东自车桥，西至新排桥。乾隆《鄞县志》称其为三法卿坊街。西抵开明桥南侧，东至灵桥门。民国17年(1928)改建灵桥门至万泰弄一段为沥青路。1929年改名为药行街。

盛极一时药业传奇

顾名思义，药行街因药行林立而得名。据《鄞县通志》记载，清咸丰、同治至民国间，宁波的中药材行业盛极一时，药行街上有聚兴、懋昌、源长、慎德堂等药行53家，药业从业人员达500余人，为全国中药转运聚散中心。北京著名药业铺子同仁堂，业主乐姓，亦是甬人。

到了光绪二十年(1894)，上海中药业兴起，药材集散中心自甬移沪。但浙地所产重要药材，如浙贝、白术、麦冬等，仍以药行街为贸易枢纽。到了抗日战争前夕，药行街尚有药行、药店31家，其中著名的有懋昌、万瑞、荣昌、德昌、宝盛等。

七七事变以后，一批老字号药店相继停业，清一斋则失火遭焚，从此，药行街药业由鼎盛转向衰落，代之而起的是众多的木材行、家具店和杂货铺。

那个时候，每年冬天，只要带上5毛钱，就可以到药行街上的

20世纪20年代药行街（《宁波旧影》）
Yaohang Street in 1920s (from *Old Pictures of Ningbo*)

木器店里做一个陀螺。看着一段木块在飞速旋转的车床上越来越有型，直到最后压入一个钢珠，觉得这条街道真是神奇。在没有电子游戏和山地车的岁月里，一个陀螺和一根穿了绳子的筷子，给了这个城市里的少年太多太多的美妙回忆。

不曾遗失的美好

最初的药行街，西边到开明街戛然而止，是丁字相交的。街面窄窄幽幽的，夏日里两边的法国梧桐并肩携手为路人撑起一片绿荫，两辆小货车交会也可能引发短暂的"肠梗阻"。街道两旁的建筑以两层木楼为主。

旧时中医诊所广告
Old Advertisement for Traditional Chinese Clinic

　　如今,鳞次栉比的高楼、闪烁的霓虹灯、穿梭其间的汽车……这些现代都市的产物遍布了整条药行街,老药行街狭窄坑洼的街面、两层楼的木屋早已不见踪迹。

　　走过数十年风雨,药行街上的药铺、木材行、家具店和杂货铺随着历史相继作古。后来,药行街上建起了第一百货商店、大同南货店、大有南货店、市交电五金商店、工人文化宫,以及市展览馆。到近年,大大小小的店铺、亚细亚广场、中国银行宁波分行、中国人民保险公司等高楼大厦更如雨后春笋窜出地面,耸立在街旁。

　　如今的药行街,北连着集休闲、购物、娱乐、饮食于一体的天一广场,引领着时尚,而另一边则是钢筋水泥的高楼。如果说过去的药行街是一个古朴的老人,那么现在的它就是一个衣着光鲜、气度雍容的贵妇。

　　药行街不长,但从头走到尾,还是需要一些脚力。这里充溢着浓郁的生活气息,真是一个漫游的好地方。关于这条路,每个宁波人都能讲得出个一二三:灵桥日用品市场,在这个热气腾腾、闹哄哄的自由市场里,除了旺盛景象外,同时伴生着一股市井风气。不过,大多宁波的准新郎准新娘们都知道,去灵桥市场的地下一楼,你要的婚庆用品,应有尽有;20世纪80年代,工人文化宫里常上演电影或文艺节目,小伙伴们时常买不着或买不起票,

就在检票口尾随大人往里混,那忐忑不安、诚惶诚恐的心情难以言表。

药行街虽已经一扫往昔的古老逼仄,但悠闲地徜徉其间,还是能发现不少隐藏的时光痕迹。"圣母升天堂"就是一例。几经风霜,悬挂在60米高空钟楼上的大钟,是教堂唯一保留下来的原物。听,它的声音仿佛在诉说逝去岁月里发生的一切……只在这时,才让你觉得,历史其实还未走远。

历史遗存

宁波市群艺馆(展览馆),成立于1979年3月;1994年11月与宁波市展览馆合并,是宁波市文化艺术活动策划中心、群众文化理论、民间艺术研究中心、大众艺术培训中心、舞美中心。曾获全国文化工作先进集体、省文化系统先进集体、市级文明单位等荣誉称号。2005年被文化部评为一级馆。

宁波市工人文化宫,毗邻甬江,位于江厦街与药行街交汇处。工人文化宫建于20世纪50年代,1991年在原址进行新建,1995年年底建成,大楼建筑面积13000平方米。新宫设有图书馆、阅览室、老年职工活动室、健身房、影视厅、歌舞厅、餐厅、棋牌室、乒乓球室和保龄球馆等,是浙江省目前规模较大、设施和功能较全的市职工文化娱乐中心。

药行街天主教堂，是法兰西传教士郭中传于1702年抵达宁波后，在城内现药行街建筑的一座圣堂。1723年，清朝皇帝出上谕禁教，外国传教士先后被驱逐出境，宁波天主教也未能例外。药行街天主教堂因无人照管，就被市民充作民房或开设店铺。1845年，法籍传教士顾方济来宁波视察教务，并开始设计重建药行街天主教堂。经各方募捐和多年建设，1855年5月已能在大堂内行祭，可惜在1855年7月6日凌晨3时倒塌，所幸当时堂内无人。1865年8月重建此教堂，于1866年底落成，定名为"圣母升天堂"。同时建神父住宅楼。

1918年，教友们以4500元的捐金，在药行街天主堂内，竖起了一座高122尺的钟楼，顶上冠以3米长的铁十字架，与江北岸外滩天主教堂的钟楼遥遥相对。

1953年，教会被停止活动，教堂成了市越剧团的舞美工场，于1978年建市越剧团大楼时，钟楼倒塌。直至1991年落实宗教政策，教堂得以归还教会，但因年久失修，梁柱已腐烂，在1994年进行修复时倒塌。

1997年4月正式开工重建，在2000年6月竣工交付使用。新建的教堂、神父楼及地下车库总共建筑面积为9800平方米。

伴我青春一路

31岁的市民余先生回顾药行街：小时候的我一直觉得，工人文化宫是一座很雄伟的建筑，高高地耸立在灵桥边，里面充满了各种新鲜的事物。但是对于学生时期的我来说，最具吸引力的还是里面的电影。在我读小学时期，好像每星期学校都会组织去看一场电影。我们排着长长的队伍，穿过厚厚的门帘，依次坐在木质的椅子上，享受着电影带给我们的乐趣。当时宁波影都还没有造好，而民光电影院对学生来说又有点高不可攀，所以离我们学校较近的工人文化宫就成为学校组织看电影的不二选择了。

那时候，一楼就是一个电影大厅，座位不是现在电影院配置的舒服的软沙发，有的只是那种一排排可以翻转的硬木椅子。但是只要有电影看，对我们来说就是很开心的事情了。记忆中，除了放电影，一楼的大厅还经常举办各种报告会。我现在还非常清晰地记得，在我小学六年级的时候，学校组织我们听了一场有关巴黎公社的报告，从此在我们幼小的心灵里打下了对共产主义美好的向往。

等我上初中，电影院的生意渐渐变得萧条起来，那时候录像厅开始流行。只要你花上几元钱就可以看到最新的港台片，这点对于我们这样的少年是很有吸引力的。那时候，工人文化宫也开了录像厅。于是在周六的下午，我会和同学一起去工人文化宫的后门看录像，对于港台明星的最初记忆就是来自工人文化宫后门的录像厅里。

再后来，宁波的娱乐场所多了起来，工人文化宫也顺应潮流，在顶楼开了一个迪厅。大学放假期间，我们那些在全国各地读书的高中同学会聚在工人文化宫，挥洒自己的青春岁月，现在想起来也是一段美好的日子。天一广场建成后，宁波的娱乐重心也转移了，这时候的工人文化宫似乎已经变成了一个文娱的大杂烩。一楼原来的电影厅曾经改成了保龄球馆，后来变成了台球厅，又增加了乒乓球台。几年前，我曾经去过一次，可惜今非昔比，少年时那些美好记忆中的东西已经完全不在了。我想随着记忆老去的还有那些古老的建筑，但不管怎么样，只要工人文化宫还矗立在灵桥边，它就会是我永远的青春记忆。

链接：药行街，原地名为药行街、三法卿桥下、砌街。清前宁波为各埠药材聚散地。药行多建在灵桥西一带，并建有祀炎帝神农氏的药皇殿。清同光朝曾有药行十余家。民国后为上海药业所夺，甬上药业每况愈下。民国十七年（1928）改建为柏油路时，定名为药行街。现存天主教堂等史迹。

灵桥
The Ling Arch Bridge

一桥有灵荫一路

○ 谢善实

　　灵桥路之名最早见于民国《鄞县通志》，这之前的宁波志书上都找不到灵桥路这一名称，可见灵桥路出现并不会早于民国时期。这也不奇怪，原来这儿是城墙嘛。看看民国十三年（1924）的《浙江省明细全图》就能看到，这一带只有城墙而没有道路。城墙是民国期间拆的，民国十三年（1924）拆除了灵桥门，民国十六年（1927）宁波全面拆城，至民国二十年（1931）全部拆完，这下才为灵桥路留出了空间。城墙总是环着一个地方围起来，因此必定是环形的，灵桥路是城墙拆除后建造的，它也跟着城墙的走向转了个大弯。灵桥路的北端在灵桥西堍，往南就逐渐转过去呈东西走向了，它的西端在镇明路、立交路口。

　　灵桥路之名源于灵桥。有人会说，灵桥不是20世纪30年代才造起来的吗？灵桥路却在这之前出现，灵桥路怎么会源自灵桥呢？其实，灵桥之名在唐朝就有了。

　　说起来，早先灵桥不是建在现在这个地方，而是在现在江厦桥的位置。唐长庆元年（821），明州州治从小溪（今鄞江镇）迁至三江口一带。这儿也迅速发展起来。东乡来的货物要运进城来，城中的百姓要出去探亲访友，中间却横亘着一条奉化江，没有桥怎能行？长庆三年（823）明州刺史应彪就在现在江厦桥这个地方建造了宁波历史上第一座跨江浮桥。该浮桥连舟16艘，用篾索连接成排，上铺木板，桥长55丈，宽1丈4尺（古尺）。可是这个地方临近三江口，水文情况复杂，承载浮桥的船舶难以定位，过了两年就迁到了现在灵桥的位置。话说，浮桥迁到这个地方，天空中就映现一道彩虹，因此这座桥就起名为"灵现桥"，又称"灵建桥"。毫无疑问灵桥这个名称是江厦桥争不去的。因为最初在

灵桥建造前的浮桥（《宁波旧影》）
The Float Bridge Prior to the Completion of the Ling Arch Bridge (from *Old Pictures of Ningbo*)

那个位置建桥时并没有出现彩虹。不过灵桥叫起来更简洁更响亮，因此不叫灵现桥而叫成灵桥了。至宋代，又更名为"东津浮桥"。后来，在姚江末端濒三江口处又建了一座浮桥，这座桥就称为"新江桥"，理所当然建造在先的灵桥就称为"老江桥"了。直到现在，很多老宁波人还把灵桥称作老江桥。

灵桥建成时虽有彩虹出现，但却是座浮桥，并不牢固，千余年来"灾变不断"，至民国年间已无法满足城市交通的需要，各界纷纷提议将灵桥改建为固定桥。于是在清光绪二十六年（1900）及民国十五年（1926）两次成立老江桥工程局，但都因当时战乱频仍，经费无措而中止。民国二十年（1931）8月1日，再次成立"改建宁波老江桥筹备委员会"，在沪甬两地设筹备处。两年后，建桥工程在上海招标，德国西门子等4家洋行中标承包。现在我们看到的这个抛物线形的桥型是由上海工部局英籍工程师詹姆逊及宁波新仁记营造厂经理竺泉通两位先生测量设计的，它的正式名称叫"三联钢骨独孔下承式公路桥"。万事俱备，新灵桥在民国二十三年（1934）5月1日动工兴建，两年后建成。新灵桥全长97.6米，桥面宽19.8米，人行道每边4.6米，中行车道11米，载重能力为20吨。别看现在灵桥老了，在建成时，它还是我国最大最

灵桥落成典礼（市展览馆）
The Opening Ceremony for the Ling Arch Bridge (provided by *the City Exhibition Hall*)

新型的独孔大环桥。建成后，桥东西额顶分悬"灵桥"两字，字属颜体，结体宽博，有一种大权在握的气势。这也不奇怪，写这字的是谭延闿，他当过孙中山大元帅府的内政部长，连国民政府主席、行政院长也都当过。这"灵桥"两字"文革"期间曾被拆除，现在重新嵌在东西两额，爱好书法者尽可以去欣赏。以前钢梁近桥面处，各筑有水泥塔式结构物，其壁嵌有钢质铭记，其中有时任鄞县县长陈宝麟撰文、赵时㭎篆额、沙文若书的《重修灵桥碑记》。

新造的灵桥也饱经风霜。1949年宁波刚解放不久，就遭蒋军轰炸机轮番轰炸。灵桥上布满弹坑，可是灵桥岿然不动。直到20世纪60年代仍能看到桥拱的两根钢梁上设有防弹网。灵桥桥面本是水泥的，桥面上的弹坑清晰可辨，后来上面铺了沥青，桥面上的这些弹坑才看不到了。因为桥面上的沥青是后来铺上去的，天一热，沥青软化，现在车流又多，就能看到一些沥青都被车流挤到路的两侧。

灵桥与江厦街是以灵桥西堍为界的。"走遍天下，不及宁波江厦"，江厦街曾繁华一时，相连的灵桥路却没有摊上边。不过，随着蒋军轰炸灵桥,江厦街也不能幸免,从此一蹶不振。灵桥路却在上世纪80年代辉煌起来。与灵桥相对建起了浙江省最大的五金交电商店。那个时候买自行车凭票,谁要是有一张重磅凤凰或永久自行车票到五金交电商店去提货,那是最风光的事了。路上碰到了人就会说,去五金交电买自行车,说这话的样子保准比现在买宝马车的人还神气。后来时兴录音机,大街小巷到处能看到手拎"两喇叭""四喇叭"的小伙子,这些玩意儿大都是从灵桥路的五金交电商店买来的。到了1994年,由于药行街改造拓宽,这家名噪一时的商店一下子被拆除了四分之一的面积。后来,这个票那个票越来越少了,各家大型商场纷纷开张,接着又是一家一家的超市,直至苏宁、国美、永乐等众多家电大卖场的进入,这家浙江最大的五金交电商店就风光不再了。

由于灵桥路位处宁波的交通要冲,东乡、南乡还有西乡的部分地区货物都在这儿集散,灵桥西堍就形成了市场。因其地处灵桥附近,就被称作灵桥市场。20世纪90年代,灵桥市场还是宁波最大的市场,猪狗羊,鸡鹅鸭,蟹虾鲞,鱼蛇鳖都能在这儿买到。现在灵桥市场搬到了不远的大沙泥街,那儿依然是宁波最大的水产市场。灵桥市场的核心是一幢两层楼的建筑,这幢建筑还有个很响亮的名字,叫"大世界"。宁波"大世界"虽然没有上海"大世界"那么热闹,但是也够吸引人的,楼下是菜市场,楼上是剧院,在宁波以演出京剧闻名,也演出其他曲艺。笔者只来看过一次,不是京剧而是宁波走书,那是宁波著名艺人张少策表演的,内容是反映当时的英雄人物王杰的。他那绘声绘色的表演至今记忆犹新。

看看现在的灵桥路,想想城墙的模样,总有些对不起来,难道城墙会有这么宽?别急,不要说当时,就是十几年前灵桥路也没有这么宽。民国《鄞县通志》的地图上就有一条"菜市巷",度其位置应该在现在灵桥路的中心。城墙拆了,护城河却留下了,这就是濠河。濠河旁边还有一条濠河街,濠河街与灵桥路隔着一条濠河。濠河与南塘河相连。古林、鄞江来的航船都停泊在这儿,停泊航船的地方叫航船埠头,也称河头。老宁波人都叫这个地方为濠河头。古林来的带着草席,鄞江来的带着山货,都在这儿上岸。上午九、十点钟,南塘河两岸各村各镇的船只到了,濠河头都是扛着草席、竹椅的人群。因为樟村(现在的漳水区)产贝母,贝母田里种的雪里蕻好吃,樟村的贝母田菜也就出了名。樟村的

贝母田菜就通过南塘河运到宁波。到了深秋季节，濠河头停满了装载贝母田菜的农船。宁波城中各家各户都到濠河头来买贝母田菜——濠河头是宁波居民的咸菜缸的源头。宁波人将濠河叫作咸河头，大概与此有关吧。当然这只是笔者的臆想。停泊的船只多了，丢弃的杂物也多，河水难免发黑发臭。也奇怪，当地群众传说，咸河头一带晚上没有蚊子侵扰。再走往北几步，到了江厦街，那儿蚊子就多了。

四乡八村的人要到灵桥市场买卖货物，中午回不到家里，就要在附近吃饭。这儿就有一家店虽简陋名气却不小的饭店。饭店的招牌叫"施毛记"，群众就亲切地叫它阿毛饭店，到后来许多人只知道阿毛饭店而不知道施毛记了。有段时期又改为大众饭店，但人们还是叫它阿毛饭店。改革开放前，吃饭要粮票，可是农民恰恰缺少粮票，进饭店吃不了饭，阿毛饭店就面向农民开放，农民进城来了，拎着一袋米，到饭店柜台上一称，有几两就换几两米的饭。中午将近，阿毛饭店柜台前就挤满了拎着一小袋米的农民。大众饭店真是名不虚传。

濠河东岸厂房密集，当时的榨油厂、印染厂都在这一带。那家榨油厂叫通利源，通利源就是宁波油厂的前身。早先宁波有家通久源轧花厂，它还是中国最早的轧花厂。这通利源还是通久源的近亲，两家厂都是19世纪末创立的。棉花与油料，怎么会成为近亲呢？一说大家就会明白。通久源开起来后，轧的是余姚籽棉，轧棉需要去掉棉籽，久而久之，棉籽越积越多，于是动出利用棉籽榨油的脑筋，老板就在濠河头找到一块地皮，开起了榨油厂，厂名就叫通利源。棉籽榨油后成了棉籽饼，只能白白丢弃。当时

昔日浮桥
The Float Bridge in the Past

总办就将其加工，轧成粉剂，再通过濠河、南塘河运至樟村，让其施入贝母田，还不取代价。这一招果然灵，农民纷纷打听哪儿能获得这种粉剂。通利源老板一看时机成熟，就将其叫作通利源棉仁粉，大做广告，接着便有价销售到农村。以前常说，在新中国成立前宁波工业有"三支半烟囱"，这其中的半支就是指通利源榨油厂。通利源的烟囱，明明是一支，为什么说是半支呢？因为通利源油厂长期开工不足，一年之中倒有半年烟囱不冒烟，因此只能算它是半支。虽说在濠河旁，但已经是现在灵桥路的南边了。这个地方大约就在现在的游艇码头一带。

三十四　一桥有灵荫一路

到了新世纪，灵桥又多了个邻居，竖琴似的琴桥造起来了，好像在与灵桥媲美。一旁还建起了音乐主题公园。里面除了钢琴、小提琴、笛子众多乐器造型的雕塑，还有冼星海、聂耳、贝多芬等中外音乐家的雕塑。灵桥路也成了一边是楼一边是公园的一条路，这下环境就更加优美了。现在五金交电商店已经拆除，这地块将建造现代化商务办公大楼，这座大楼东面灵桥路、西靠狮子街、北临药行街、南是君子街，大楼高120米，集高档商务办公和大型商业设施于一体，将成为宁波新的标志性建筑。到2011年建成，到时灵桥路必将更加繁华。

链接：灵桥路，原地名南城脚下、里濠河。民国十九年（1930）拆城填塞部分濠河并建马路，改名灵桥路。因路东端有灵桥和灵桥门而得名。灵桥路东侧原有著名的娱乐场所"大世界"和近代宁波最早的工厂之一"通利源榨油股份有限公司"。

三十四 一桥有灵荫一路

琴桥
The Qin Bridge

繁华沧桑话开明

○ 江晓骏　顾妮妮

开明街位于宁波市中心,是海曙区内南北走向的一条主要街道。南起解放南路三角地,北至和义路,并与中山东路、药行街相交,全长1200多米。据《鄞县通志》记载:"开明街,旧名三角地、三法卿、冲虚观、开明坊、开明桥直街。"清咸丰、光绪《鄞县志》称开明桥大街,北至乾溪头,南至三角地。因沿街有开明坊、开明桥而得名。1935年改建成沥青路面。"文革"中曾称光明街。1981年地名普查后,复名开明街。

上年纪的宁波人都知道,老宁波有三个热闹的去处。一个是灵桥门,一个是东门口,还有一个就是开明街了。这三个地方都在海曙区域内,所以在很多人的心目中,海曙区才是真正的宁波"城里厢"。在我的印象中,开明街从来没有开通过公交线路,是一条正宗的"步行街"。可就是这样一条"迷你街",名气却大得很。宁波的城里人家喻户晓自不必说,就连那些周边县市区的人们说起开明街来,也是津津乐道的。我推想,造成这个现象的原因,主要是因为开明街上有两个特色,那就是餐饮和文化。

说到开明街的餐饮,首屈一指的非"缸鸭(读"阿")狗"汤团店莫属。这家宁波

三十四 繁华沧桑话开明

开明街
Kaiming Street

缸鸭狗招牌
The Poster of Gangyagou Restaurant

缸鸭狗店面
The Storefront of Gangyagou Restaurant

妇孺皆知的甜食点心店，创始人叫江定发，小名江阿狗，原为城市贫民。从1926年开始，他在宁波老城隍庙门口设摊。到抗日战争初期，他在开明街开设了新店。由于本人不识字，故在请人写招牌商讨店名时，别出心裁地以自己的小名为谐音，在招牌上画了"水缸、鸭子、狗"的图案。奇特的招牌，饶有风趣，老少皆识。店里的汤团特别好吃，糯米粉包皮柔软光滑且不粘牙，猪油白糖芝麻馅油而不腻、甜而不腻、香而不俗，一时名声传播甚广，"缸鸭狗"汤团成了家喻户晓的名牌产品。有段顺口溜很有意思，"半夜三更馋虫勾，要吃汤团缸鸭狗，三碗落肚钿勿够，脱下布衫当押头"。可见宁波人对"缸鸭狗"汤团的喜好。但话又说回来，"缸鸭狗"虽然有名，它的汤团虽然好吃，但在六七十年代吃的人并不多，在大多数人还不富裕的年代，生性节俭的宁波人似乎更愿意在过年的时候自己做。所以在更多的情况下，人们只是在路过的时候，对它的招牌品头论足一番。

除了"缸鸭狗"汤团店,开明街还有不少吃食店。规模大一点的就要算开明街与中山东路交界处的梅龙镇酒楼。酒楼始建于1940年,1965年重建三层新楼。其中一楼专营花色点心,二楼专营炒菜酒类,三楼设雅座,供应高档菜肴。每当中午和傍晚时分,酒楼就在一楼的店门口卖大肉包子。雪白的大肉包子连着笼屉摆在那里,热气腾腾肉香四溢,给正值饥肠辘辘的路人难以抵挡的诱惑。民光电影院对面的那家面食店生意总是很兴旺。众多的电影观众是它不竭的客源。尤其是夜场电影散场以后,人们鱼贯而入,店内水汽缭绕人头攒动,一派生动景象。还有值得一提的是位于药行街与开明街交界处的一家面食店。这家店本来生意并不好,可以用门可罗雀来形容。后来由于药行街与镇明路打通,客流量增加,才使它的生意有了起色。加上上世纪80年代后,"兰州拉面"登陆宁波,入主该店,筋道的手制面条加上风味独特的牛肉面汤,(人们的手头也比以前宽松了)一时使许多宁波人趋之若鹜,小小店堂一席难求,经常需要排队等候……整条开明街大大小小约有十来家吃食店,这种集中度较高的状况在现在当然不算什么,餐饮一条街、海鲜一条街什么的多了,而且规模大档次高,但在当时,在宁波也算是比较有特色的了。

开明街的另一个特色是文化服务设施的相对集中。当时宁波只有两家专门的电影院,一家是位于东门口的人民电影院,另一家就是开明街的民光电影院。民光电影院是由宁波商人李济民于1926年筹资兴建,始称民光大戏院。1931年农历正月初一开业演戏。同年秋,与天胜照相馆店主裘珊合股,并与上海联华影片公司成立联民公司,兼映电影。1933年,起始以放映电影为主,每

原开明街
Former Kaiming Street

日放映3场。宁波沦陷后,被日军陆军报导部占据,改作军人影院。次年由上海"中华电影公司"经营。抗日争战胜利后接收,改称民光电影院。"文革"时期改名为东风电影院,1979年恢复原名。民光电影院在宁波可以说是无人不知,无人不晓。在当时很多宁波人的眼里,到民光电影院看电影是够档次的。那些年,青年男女谈恋爱初次见面作兴看电影,去买票时做父母的大都要嘱咐一声:买民光的。似乎到民光电影院看电影,恋爱的成功率会高一点。

除了电影院,开明街还有一家很有名的演出场所,那就是天然舞台。现在人们只知道天然舞台在右营巷,其实最早的天然舞台是在东门口。20世纪30年代初,天然舞台在宁波首次采用机关布景,开了宁波戏剧界之先例。1932年春季,开始演出的头本《彭公案》,招徕了大量观众,从而轰动了整个甬城。因天然舞台地处东门口闹市区,加上生意越来越好,人如潮涌,严重影响了东门口交通,这才由宁波市工务局勒令重新选址,并拆除了天然舞台。1934年初,右营巷天然舞台建成后,不论舞台规模、剧场内部设备都在宁波首屈一指。名闻大上海的越剧明星徐玉兰就是从这里"出道"的。还有宁波越剧界的名角毛佩卿等,也是天然舞台的"大腕"。我的一位邻居朱女士对天然舞台至今记忆犹新。当年,每当有好的剧目上演,她便不顾路途遥远抱着孩子去看戏,到天然舞台门口,把孩子交给那些素不相识的带着婴儿摇篮做生意的妇女照看。剧场外传来孩子隐隐的哭声,也没能阻挡她对引人入胜的剧情的向往。想起这些,朱女士仍十分感慨。由此可见,当年的天然舞台剧目的精彩程度了。那些年,文化生活比较贫乏,看电影都已经很难得,看戏更是可遇不可求。有时从剧场门口路过,听里面传出的铿锵之声,真让人有点心痒难耐,经常能看到一些小孩手把着铁栅栏门,只恨自己不能像孙悟空那样变只小虫飞进去……

如果把文化的内涵稍微扩大些,把历史古迹也算进去,那就要提到天封塔了。天封塔是宁波城的标志性建筑,始建于公元695年至696年(唐武后"天册万岁"和"万岁登封"间),故名"天封",被民众视为镇郡宝塔。战争期间它被用作烽火塔,平日塔顶高悬明灯,照示水陆船只和行人。1984年,因塔身倾斜严重加上壁裂,于1987年9月动工进行修复。天封塔在当年曾经是宁波的最高建筑,登上顶层,可以鸟瞰整个城市。登天封塔是要买门票的,票价是3分钱。钱虽不多,但去一次也是不容易的。关于天封

　塔宁波有句妇孺皆知的顺口溜：天封塔，十八格。是指每一层有18级楼梯呢还是指塔有18层？当年我曾经爬上爬下，数了又数，始终没有找到正确的答案。最近为了找些史料，我又登上了天封塔，恍有时过境迁之感。昔日的宁波第一高，早已成了高层建筑群中的小弟弟了，"鸟瞰"变成了"面壁"，我不知是该庆幸还是该叹息。

　　其实说句实在话，"缸鸭狗"也好，电影院、戏院也罢，与我个人的关系并不十分密切。它们更多的是属于这座城市的"记忆"。就我个人来说，真正让我难以忘怀的是当年开明街上的几家旧书店。那时，宁波新华书店不多，旧书店却不少，特别是在开明街。父亲是个教师，他有逛旧书店的习惯。他经常带我去。去的次数多了，他的习惯也成了我的习惯。旧书店有两大好。一是书价便宜，二是可以随意看（那时新华书店还没有实行开架售书）。我最看重的是第二点。因为我既想看书，又没有钱买书。印象最深的一次是一口气把一本方志敏写的《可爱的中国》看完，真是过瘾。很多年过去了，我还是有逛书店的习惯。经常会在新华书店里看见一些光看书不买书的学生，有青年的，也有小孩的。有站着的，也有在地板上坐着的。他们神态自如，旁若无人，完全没有我当年那种惴惴不安的样子。我想，社会是真的进步了。

　　关于开明街，还有一段不能不提的疼痛记忆。1940年秋，侵华日军曾在开明街区投放了含有大量毒菌的跳蚤、麦粒、粟米，开明街区由此爆发了震惊国人的"鼠疫"。这场灾难致使100多人死亡。1995年，为纪念抗日战争胜利50周年，有关部门在开明街的人行道上设立了"侵华日军细菌战宁波鼠疫区遗址纪念碑"，

以此来让国人铭记这一段惨痛的历史。

这些年,城市不断地建设,旧城不断地改造,开明街已经变得"面目全非"。父亲年事已高,有时我想陪他出去走走,就像当年他带我一样,但父亲总是提不起兴趣,说这几年,拆的拆,造的造,都不认识了,没有什么意思了。我很理解父亲的心情,当记忆失去了承载之物,记忆就会变得虚无与缥缈。尽管我知道老一辈有老一辈的记忆,新一代有新一代的需求,但我真心希望我们的城市能多留下一些能让人念想的东西,至少它能增加老一辈与新一代之间的传承与沟通。

链接:开明街,原地名三角地、三法卿、冲虚观、开明坊、开明桥直街。民国二十四年(1935)改建马路时将多条街巷连接,以其地有开明坊、开明桥,故名。为城区内又一条南北向主干线。现存史迹有天封塔、郡庙、鼠疫场遗址等等。

天一广场
Tianyi Square

天一广场今昔谈

○ 沈清　王英

一

有人说，每座城市都有它的灵魂所在。我们认为，城市若有灵魂，那么这灵魂便是城市的中心广场。它就好比是城市的眼睛或心脏。譬如，北京的天安门广场，莫斯科的红场，纽约的时报广场，梵蒂冈的圣彼得广场，柏林的亚历山大广场等等。有些广场以政治闻名天下，有些广场以浓郁的历史吸引八方游客，有些广场则以财富统领世界……

天一广场是今日宁波最夺人眼球的亮点。只要说起天一广场，人们就知道这是今日宁波的一个地理象征。同时，它是目前国内规模最大的"一站式"购物休闲广场，位于宁波市中心繁华商业街中山路的南侧，东起日新街，西至开明街，南临药行街，占地面积逾20万平方米。

天一广场于2002年落成，它的主体建筑，由22座具有浓郁欧陆风情的现代建筑群围合组成。中央为一座3.5万平方米的中心广场，和6000平方米的景观水域，同时设有总长200多米，最高喷高40米的亚洲第一音乐喷泉和高20米、宽60米的大屏幕水幕电影……它那通透水灵的设计理念，堪称独树一帜。

人们总将历史的嬗变说成是"沧海桑田"。从前，这里是一条条纵横交错的古街老巷；如今，这里成为宁波最具时尚的"动感地带"与"财富地标"。因为这方热土，汇聚着一大批国际品牌，烘托出蒸蒸日上的港城宁波的商业。同时，天一广场也是市民购物休闲的首选之地，一到节假日，这里人山人海，犹如过去的赶集一般，充满了浓郁的生活气息。

可以毫不夸张地说,天一广场俨然成了新时期港城宁波的一张亮丽名片,被誉为"商业航母"。每个来过宁波的游客,都会为它大气磅礴的设计所折服。这是一座日进斗金的广场,是一座以财富作为铭文的丰碑,更是宁波现代商业文明的象征。

宁波具有7000年的历史,加上璀璨的浙东文化的积淀,在四明大地上矗立起了一座又一座文化的丰碑。天一阁藏书楼便是它的代表之一。

这座名闻遐迩的藏书楼为什么叫"天一",还是有一番讲究的。古书上说,"天一生水,地六成之"。因为火是书楼的大患,所以藏书楼取名"天一",不仅如此,而且连房屋的结构也建成天一地六之势,以求以水克火。

这座号称"南国书城"的藏书楼是典型的江南园林,在中国藏书史上的文化意义是显而易见的;后来,又经余秋雨先生的大作《风雨天一阁》的渲染,差不多是国人皆知了。现如今,"天一"二字,也似乎成为宁波的一个雅称,一个别号。

当然天一广场之"天一",除了借鉴天一阁大名鼎鼎的名号外,这二字其实还是有其他几层意思的:首先,它有古书上所谓的"与天合而为一"之意。其次,"天一"还是神的名字、太岁的别名,等等。这些且不管他罢,也许同为丰碑,叫同一个名字能让外地人印象更深刻一些吧,如此而已。

其实,天一广场的英文名称应该是叫Centre Business District,简称是CBD项目。这个在市民心目中"国内一流的融休闲、商贸、旅游、餐饮、购物于一体的大型城市中心商业广场",目前已经辉煌矗立,羽翼丰满,初见成效,成为宁波市又一个对外开放的亮点。

天一广场就像一座财富的围城,被宁波三条商业街——中山路、药行街与开明街环抱,烘托出一颗熠熠夺目的明珠。它的建筑风格以2-4层低层为主,充分体现了现代商业气派、豪华这两个特点,中央广场以3.6公顷绿地广场为依托,缀以一条南北向的水晶街,优雅的环境,丰富的景观,使得广场的商业氛围渗透出浓浓的人文情趣。因此,天一广场还有"城市客厅"的美称。

二

在紧挨着中山路的天一广场 1号门主入口,种植着6棵树龄约100年的来自澳大利亚的"加拿列海枣树",树枝婀娜,形象生动,是广场的迎宾树。游客从此进入,便仿佛走进了一座巨大而奢靡的宫殿,当然也不乏江南水乡的温馨、从容之感。因为天一广场设计理念中包含着"亲水、绿色和现代"这三大主题,天一广场就好像是一座城市绿岛,让市民与游客感受到了自然之美。

这是一座3.5万平方米的休闲、演绎中心广场,宽阔、壮丽,往南可以望见哥特式教堂的高耸屋顶。

这座教堂是根据1702年法国传教士郭中传在灵桥门内建筑的药行街天主教堂扩建的。1997年动工,2000年竣工,大厅脊高31米,钟楼高66米,采用尖顶造型和彩色窗玻璃,是一座典型的哥特式建筑。这座美丽的教堂,更是增添了天一广场的欧式风情。

进入广场后跨过两座平行的小桥,这里便是亚洲最大的音乐喷泉和超大水幕电影。总投资4000万元的水景系统呈"L"形,总长200米,主喷泉长达95米,与广场的中心舞台遥相呼应,主喷泉的核心是两座桥之间的号称"擎天柱"的喷泉,中心的一

原天一广场地块
Former Tianyi Square District

三十六 天一广场今昔谈

支大口径的喷嘴射出直径达38毫米的水柱,喷高可达40米,形成一柱擎天之势。

夜晚,华灯初上,水柱随着音乐款款而舞,像一支支利剑射向苍穹,行人驻足在音乐喷泉之下,或惊叹,或冥思,别有一番意韵。

据说天一广场的音乐喷泉,有2000个喷嘴,400多台水泵,全部由电脑控制,采用了目前国际上最先进的高压气泵式激光音乐喷泉技术。喷泉在激光和音乐的配合下,能高速喷出一个个晶莹透亮的水柱、水花,能组合、变幻成令人眼花缭乱的"高岗花式""华尔兹花式""蝴蝶展翅式"等几百种喷泉花式,形成一个美不胜收的"水世界",宛如仙境一般。

露天电影是我们每个人的童年记忆。每天晚上,在天一广场的喷泉池上空,都会升起一道巨大的水墙,它组成了一个高20米、宽60米的扇形水幕,一束束色彩斑斓的激光与水幕交相辉映,形成一组组生动活泼的画面——这就是天一广场的大屏幕水幕电影。巨大的水幕电影中景观与人像清晰可感,令人啧啧称奇。小孩子们最爱看的当然是美术片《大闹天宫》,每当放映到水帘洞美猴王的那一刻,孩子们常常是欣喜雀跃。

在广场的东侧美食区和乐购超市之间,是一条长180米的水晶街,这是设计师颇具匠心的设计。这些造型别致的建筑和玲珑剔透的水晶长廊,在国内是独一无二的。步入水晶街,波光粼粼,流水潺潺,喷泉涓涓,灯光悠悠,还有街两边连接在一起的木制天桥,更透射出一份异国情调和休闲趣味,令人仿佛置身于风景怡人的塞纳河畔,充分展示出人与自然和谐统一的优美画卷。有

药皇殿
The Yaohuang Hall

时候，一家人来乐购、银泰等大型百货超市购物，走得累了，就在水晶街边的木质台阶上小坐片刻，听着广场中的美妙音乐，看着熙熙攘攘的人群，有一种"偷得浮生半日闲"的感觉。

能容纳几万人的中心广场是市民和游客观看演艺和休闲的场所，正面的中心大舞台分三个平台，共有1500平方米，两边有扇形台阶，与中心舞台呈"T"字型，四周均有台阶可上下。这个舞台是宁波最大的室外演艺台，成为市民欢乐的场所。近年来，市里的很多大型活动在此举办，这座热情蓬勃的大舞台，增强了港城宁波的魅力与活力。

诚然，天一广场的看点不仅仅在于这些时尚、新鲜的玩意儿，还有不少凝聚着岁月沧桑的古老建筑和街巷，让人流连忘返。譬如，在广场西北侧，有一座始建于清康熙四十七年（1708）的古建筑——药皇殿，殿内供奉药皇神农氏。药皇殿在宁波医药史上有着举足轻重的地位，它是近代宁波南北药材及名医坐堂，同业聚会议事的一个重要场所。现在尚存的主体建筑大殿，占地约1600

药皇殿石刻
Stone Inscription in front of Yaohuang Hall

平方米,在建造天一广场时进行了修缮,保留了殿内许多精美的木雕、石雕、砖雕等图案,还重塑了药皇神农氏的像。

在药皇殿的旁边,有一对在天一广场建造时发掘出来的宋元时代的石雕。后来有识之士为了保护这两座巨型石雕,特意在这里建造了一座仿宋风格的碑亭,加以妥善保护,也可供游客参观。

据说,当时在天一广场营造之际,在这块"风水宝地"上,还发掘出了18块具有研究价值的古银锭,上面刻有"花银""金花银"等字样,说明在古代这里就是商贾云集之地。

原咸塘街
Former Xiantang Street

三

　　被中山路、开明街与药行街环抱的天一广场商圈，原先不过是一条条纵横交错的古街，一座座炊烟袅袅的民居。如今，旧貌换新颜，天一广场有些街巷的名称仍沿用着当年这块地方拆迁前的旧名，这种充满现代化气息的广场与古老街巷名并存的视觉反差，同样会让你着迷，激发你想去解读它的内涵。棋杆巷就是这样一个的巷名。只不过现如今，它已经完全淹没在高耸的玻璃幕墙下了，寻找起来不免有些困难。但无论是至今仍存的棋杆巷，还是随着天一广场的建起而消失的咸塘街、英烈街、十字井巷、大来街等十余条老街，在我们心中，那些街道都不曾消失，它们象征了我们这座城市最初的记忆，也构成了宁波最初的脉动。如今，它们有一个共同的名字，那就是"天一"！

　　在宁波当地人的心中，天一阁是古老宁波历史文明的丰碑，而天一广场则是现代商业文明的丰碑。这两座丰碑，是宁波古今文明的象征，它们矗立在三江之畔，面向世界，也面向未来……

链接：咸塘街原地名药皇殿跟、钉打桥、海神庙跟、怡园弄，东西向；碶石街原地名廿条桥、泥桥巷、硝皮弄、同仁堂弄、万泰弄、王公泰弄，南北向。两条街十字相交。民国时期拓路因该地有咸塘汇旧迹和碶石遗迹，故名。该地有药皇殿、冲虚观遗存、市舶务遗址等史迹；英烈街原地名乌楼庙跟、英烈汶济庙跟，该二庙都分祀晋代鲍盖，民国时名为英烈街；十字井巷原地名十字井头。该地原有二眼井，井口如"日"字，称日字井，后因"日"与"十"音近而转为"十字井"。民国时名十字井巷；大来街原地点大来弄、黑风弄，家井巷（又称缸井巷、江心巷）。民国时名大来街，以该地原有南北货商号"大来"而得名。

原十字井巷
Former Shizijing Lane

棋杆巷与余清官

○ 戴骅

天一广场是宁波市内人气最旺的休闲购物商务区,它的整个布局就像一座围城,高大而成排的商店就是围墙,人们从外面看,往往是比较难以看清其真面目的,而一旦从东西南北各个方向走进去,你可能就会被广场的宏大而又精致所惊叹,就会被园林式的环境所陶醉,就会被那五光十色、琳琅满目的商品所诱惑。然而,如果你再留心观察一下这座商业城的街巷,就会发觉街巷的名称仍沿用着当年这块地方拆迁前的旧名,这种充满现代化气息的广场与古老街巷名并存的视觉反差,同样会让你着迷,激发你去解读它的内涵。棋杆巷就是一个值得解读的巷名。

棋杆巷在天一广场的北端,呈东西走向,从碶闸街入口后走不远,便可在银泰百货与国际购物中心后面看见一块写有"棋杆巷"的路牌伫立着,路牌所指即是棋杆巷。对于这条夹在高楼之间不起眼的小巷,匆匆的行人多会忽视它的存在,而专注于巷子附近高大的加拿列海枣树、喷水池、远处的广场,或者那些让人动心的五颜六色的商业广告。但是,棋杆巷确实是一条历史悠久的古巷,它的背后隐藏着一个清官的故事。

棋杆巷的历史可以追溯到南宋时期。那时,这条小巷里的居民多姓姚,可能是姚姓族人里有人做官,一时有了点名声,所以地随人姓,小巷子被人称作姚家巷。姚家巷称呼了数百年,一直到明朝万历年间(1573-1620),因巷子里出现了一个更大的人物,巷子才改了名。这个人物名叫余寅,是个读书人,尤其对秦汉之前的古籍十分有研究。在科举盛行的明代,读书不仅仅是为了增识明理,更是为了做官,所谓"学而优则仕"。余寅在明朝万历八年(1580)考上进士,第一个职位就是出任工部主事,后

原棋杆巷西口

三十七 棋杆巷与余清官

因政绩突出,又到陕西、山东等北方地区做过按察司、提学副使、布政司左参等类似于今天厅级干部的官,晚年以太常侍少卿官职退休还乡。

余寅走上仕途后,不论在什么职位上都能够做到清正廉洁,尤其是表现在工部任职期间。在明代,官员的工资普遍比较低,加之通货膨胀比较厉害,因而官员徇私谋利等腐败现象十分严重。而国家的工部相当于今天的建设部、水利部、交通部等多个部门的综合,是管理全国水利、工程和交通等重大项目的实权部门。尽管位列六部之末,可油水还是很足的,不少朝廷官员削尖着脑袋想钻进工部谋个职位,而进去的便多多少少地捞到了钱财。工部的"一把手"称作尚书,下面配有几个主事官职,分管各项具体工作。余寅被别人称作"余水部",大概是专门分管水利工程建设的。余寅任主事期间,不仅对国库钱物的使用做到精打细算,而且能够严于律己,两袖清风,用现在流行的话来讲,他是个既干事又干净的清官。因此,当时朝廷上下曾流传有"余水部,清如水"的佳话,可见他的廉洁自律行为是得到公认的。

余寅退休回宁波后,生活得非常闲静豁达,并不仗着自己是朝廷退休官员的资格经常到府衙与地方官员套近乎。他在远离宁波的东钱湖大慈寺附近建了一幢叫"大慈山房"的简陋别墅,在那里生活和读书。平时除了著文写诗外,他仍发挥自己熟悉水利的余热,为家乡的水利建设出谋划策。大概由于他心态平和又积善行德之故,竟活到73岁,这在古代也算是高寿之人了。

余寅在朝廷做官后,姚家巷并没有因余寅而改为"余家巷",后被称作"棋杆巷",是因为余寅的故居门前出现了一根高高的

原棋杆巷民宅

旗杆的缘故。明代有个习惯,谁考上了举人、进士或状元之后,他的好友或者地方官为了表彰、宣扬他,有时是讨好、奉承他,就在他住宅门口立个高高的旗杆,有的在住宅附近建造一座高大的石牌坊。余寅家门口那高高的旗杆,就是他的朋友为余寅竖立的,旗杆的底座是一对雕有龙凤图案的夹杆石,显得非常美观大方。于是,这旗杆便成为这条原本普通巷子里最惹人注目的标志性建筑。大概是人们觉得象征着官宦人家的旗杆会给巷子里的人们带来荣耀,就毫不犹豫地将姚家巷改成了棋杆巷。

"棋杆巷"按原意理应是"旗杆巷",在《民国通志》中所附的《鄞县城府图》(1936年3月绘制)上所标的地名仍是"旗杆巷",而在《民国通志》中介绍街巷时写的却是"棋杆巷",志书记载与地图标识两者不一。以后就一直沿用《民国通志》的写法,1993年编的《宁波市地名志》也是用"棋杆巷"向公众发布的。于是,我们今天在天一广场上看到的路牌就只能是"棋杆巷",而不是"旗杆巷"。如果路人知道这条巷子背后的故事和来历,可能就难免会产生些疑惑。我以为,其根源应是《民国通志》在介绍旗杆巷时出现的误笔,错将"旗"写成了"棋",以致误人至今。

自明代以来,余寅的住宅多次易主,至新中国成立后,余宅早已物是人非,成为普通住宅,旗杆也只剩下两块孤立的夹杆石,然而棋杆巷名却延续下来,可见这个巷名有着很强的生命力。可惜在"文革"前,那对漂亮的夹杆石,在陪伴这条巷子的居民经历了400多年风雨之后,终被"革命"掉了。

1999年,当兴建天一广场而即将要拆除那些积淀着深厚历史上的老屋时,我赶到现场拍摄过几条纵横交错又古朴幽深街巷的

最后面貌，那块钉在墙上、早已斑斑驳驳的"棋杆巷"路牌，我是向它默默地告别过的。没想到待天一广场建成之后，这个巷牌连同巷子一起竟以崭新的面孔呈现在我的眼前，我如同重逢一个久别的老朋友，不禁一阵惊喜。广场建设前，这里曾有过咸塘街、英烈街、十字井巷等10余条老街，后来都默默地消失了，而这条长不过200多米的棋杆巷却十分美观地保存了下来，不知是设计者为让人们记住余寅这个清官而良苦用心，还是棋杆巷有了四百年的孕育真的有了灵性。我想或许是两者兼有吧。

> 链接：棋杆巷，原名棋杆夹弄。因明太常寺少卿余寅宅第前有一对刻有龙凤图案的石旗杆夹而得名，民国时名棋杆巷。该地在明代前称姚家巷，为宋、元市舶提举司的所在地。

三十七　棋杆巷与余清官

繁华如昔和义路

○ 朱惠民

若干年前,和义路还只是一条勉强可以双向通行的小道。在高楼和大树的遮蔽下,道路显得阴阴郁郁,一个个历史遗迹也仿佛被藏在了深处。

然而,这条仅有几百米的道路,短小精悍,却不乏深邃与厚重。在这里,蕴藏了几千年的历史积淀,记录了一个又一个流连于前世的梦,萦绕回旋,如余音绕梁,挥之不去。

时间回溯到千年以前。

时值大唐盛世,明州(宁波)府终于建立。这座海滨小城在大唐的庇佑下开始逐渐成长。

原和义路
Former Heyi Road

到了宋代，姚江边上设有渔浦门码头，三江口的这个要冲成了"水能敛财"的真实写照，几朝几代都把这里当作水上贸易良港，往来的船只带来了丰富的物资，并把大宋的繁华传达到了世界的其他地方。南宋时期，明州城内共设有十道门。和义路附近便有一道，用来沟通城北的盐务运输，因此它的名字俗称为盐仓门。这里成了解决民生的要冲之一，日夜都是一派熙熙攘攘的景象。2004年发掘出来的南宋木制海船，便证实了这里曾经是重要的海上贸易港口。漫步姚江边，在阳光的照射下，江面泛起点点波光，我们仿佛能看到三江口停满了船只，不远处一艘艘满载货物的船舶正徐徐驶向岸边，岸上一群壮丁一边用袖管擦着汗水一边忙着把货物从船上搬运下来……这不就是昔日的水路良港所记录下来的盛世景象吗？

元代时期，由于位于三江口的和义路拥有着重要的战略位置，朝廷便在此地设置了瓮城。所谓瓮城，顾名思义，如"瓮中捉鳖"，四面严防死守，密不透风。和义门便是此瓮城的一道门。几年前和义门瓮城遗址发掘时，还保留了东、南、北三面完整的石砌城墙。可以设想，当时的姚江边，四面兵力充足，日夜不间断地守着这个边防要地，大概连平民百姓出入也要查问很久吧。

明代时，三江口设有桃花渡港口。今人根据《客越志》的记载推断，这里可能是郑和下东洋与七次下西洋选择的启航地之一。尽管明朝不如唐宋时期的繁华，但是水上航运业十分发达，对外交流极为频繁。郑和七下西洋的壮举，在世界不同的海域宣告了明朝国力的强盛。明代的这个轮渡码头，是宁波通向世界的一个窗口，繁忙的水运和海上贸易船只，都见证了这里的商贸之兴旺。

20世纪50年代姚江盐仓渡
Yancang Ferry besides Yao Jiang River in 1950s

明弘治年间（1488-1505），吏部侍郎屠本畯的府第便位于这个地方。屠本畯对植物有研究，写出了《野菜笺》一书，以文学小品的形式记述了宁波常见的食用野生植物。屠氏所证除了野菜之外，有不少其实属于园圃之蔬。此外，还著有《闽中海错疏》二卷、《海味索隐》一卷等。这座屠宅前为东瓯王汤公行宫，后为万指挥衙。可见，和义路在当时位于人流集中、车水马龙的城市中心，也是达官显贵、名门望族乐于居住的风水宝地。

大约在清乾隆五十年（1785），和义路的路口开起了一家经营正宗甬帮菜的小酒楼，是甬上文人雅士频频光顾之地。某日，有两位客地举人赴京赶考路经甬城，上这家酒楼小酌。跑堂送上一盘"冰糖甲鱼"。两人见菜盘中鳖头上翘，色泽晶莹透亮，入口绵糯，香、甜、酸、咸各味俱全，赞不绝口。问跑堂：此系何菜？跑堂看他们一身读书人打扮，一副赶考行头，就随机应变说：此乃"独占鳌头"也！举人听了，连呼"妙哉"，尽欢而去。其中一举人果然金榜题名，中了状元。衣锦还乡途中

特地重登此楼，提笔挥毫，写了"状元楼"三字，让店家作招牌。这便是状元楼的由来。从此，状元楼名声大振，生意兴隆，成为甬上餐饮业独占鳌头的百年老店。可喜的是状元楼几经兴衰，现已重新开张于和义大道上。

道光年间（1821-1850），这里建起了全国第一所女子高中，即甬江女中。1923年崇德、浸会两所女校合并后，新校舍就迁到了战船街，定名为私立甬江女子中学。这所开创了当时先河的女中，校舍一律是西式建筑，红瓦绿墙，格外漂亮。在枝繁叶茂的参天大树下，仿佛能看到当时的女学生们在这里学习、嬉戏的身影。即便到了今天，校舍内的砖墙已褪去了往昔的鲜亮色泽，关于校园、关于青春的美好记忆却永远留存了下来。20世纪90年代，这所校一度园改成了职高，名为甬江职业高级中学。进入新世纪以后，随着甬江职高的搬迁，原来的校舍最终作为甬江女中的历史遗存被保留下来，那些旧时的记忆也就此定格在了那个青春洋溢的岁月。

在甬江女中诞生的这一年，也就是民国十二年（1923），一度毁于兵火的钱庄业公所终于得以重修，并于1926年竣工。它便是现在的钱业会馆。钱业会馆在清同治三年就已存在，当时设于江厦一带的滨江庙。民国时期迁址重修以后，这个位于战船街10号的会馆，成了当时宁波金融业交易、聚会的场所。犹如纽约的华尔街一般，这里是当时宁波的金融中心，川流熙攘，人声鼎沸。如今，钱业会馆成了"宁波钱币博览馆"，是全国唯一保存完整的钱庄业的历史文化建筑。

曾经的繁华虽如过眼云烟，如今已不复存在，然而，遗留下来的历史印记，却成了一个城市永恒的记忆。钱业会馆、甬江女中、瓮城遗址、桃花渡、渔浦门……这一段段被保存下来的历史，并没有在时间的洪流中遗失。繁华喧闹过后，它们成了宝贵的历

甬江女中旧貌（《宁波旧影》）
Old Pictures of Yongjiang Female Secondary School (from *Old Pictures of Ningbo*)

史遗迹，依然散发着脉脉光辉，也由此形成了和义路上一道独特而耀眼的风景。

除了这些对历史的缅怀，如今的和义路将会形成另一番现代化的繁华景象。和义路的新形象——"和义大道"业已呈现，姚江畔崛起了一个顶级的商业休闲区。

和义大道包括商务和商业两大板块。西起"万豪中心"，身姿靓丽，通体翡翠，显得新颖别致，它是宁波的一个新地标。北临姚江，东到宁波影都，地上建筑面积4万多平方米，地下建筑面积7万多平方米，集聚商业零售、餐饮娱乐、休闲中心、商务会所等多重功能，并通过地道与天一广场1号门对接，倾全力打造一个具有浪漫气息的顶级休闲商区，形成宁波最具时尚的商业体验。在提供一个舒适的购物空间的同时，和义大道更将滨水空间的公共性和开敞性引入到了板块之内，开辟一处滨水的绿色景观走廊。这个古代宁波对外交通贸易的核心区，将被打造成宁波的香榭丽舍大道。一个个承载着厚重历史的遗迹，堪比"凯旋门"，为历史记录下永恒的回忆；而林立的高楼和现代化的设施，则如同"卢浮宫"的玻璃金字塔入口一般，以一种后现代的姿态，俯瞰着眼前的历史。

如今和义大道已成为地上地下空间互通、景观丰富的多层次一体化空间，人们可以足不出户吃到世界各地的美食，购买到来自全球的琳琅满目的商品，酒吧、SPA、健身、家居、私人会所等，但凡生活中所需的方方面面，这里都可以一站式拥有。再加上人性化的交通和舒适的滨江景观，在这条属于阿拉宁波人自己的"香榭丽舍大道"上，仿佛能看到一个只在电影和小说中出现

钱业会馆
The Ancient Economists & Capitalists Club

过的未来城市道路空间在这里得到实践,现代化便捷的生活触手可及。千年以前三江口所拥有的繁华胜景,在和义大道上重现。

走在和义路上,迎面感受到的是来自历史的清风和渐渐蔓延后现代的气息,仿佛一场时间旅行,过去与现在在这里交叠,未来触手可及。生动的景象如音符跳跃,交织着记忆与遐想的节拍,连缀成一篇磅礴而又新潮的华美乐章。

> 链接:和义路,原名东北城脚。民国二十二年(1933)拆除该段城墙后拓路,因路西原有和义门(也称盐仓门),故名。该地沿江在唐末建罗城前为明州唐代海运码头所在地。1973年在挖防空洞时曾出土过大量越窑、长沙窑瓷片及唐独木舟一只。现存和义门瓮城及甬江女子中学、钱业会馆等史迹。

解放路
Jiefang Road

满满自豪解放路

○ 楼小娴

一

不知不觉中,那扑面而来的暴雨渐渐变得柔和起来,道路已被洗刷得很干净,心头也随着宽敞起来。这几年,城市变化翻天覆地,而解放路仿佛也是一夜春风起,旧貌换新颜。如今,沿着起伏的钢筋水泥建筑,解放路一点一点延展开去,直到听见江水拍岸。

突然间想起余光中的《听听那冷雨》,想象"杏花春雨江南,铁马秋风塞北"的意境,一字一句都饱含着对家乡的深切感情。此刻的我,仿佛回到了20世纪80年代的解放路。那时,解放路路面很窄,勉强容纳两辆公交车并排通过,行道树又高又大,枝叶茂密,一如巨大的遮阳伞。一排排低矮的老屋在雨中静静伫立,似乎在诉说一段历史。门前的那条路原本就高低不平,下雨天走路,一不小心,便会踩出一身泥水。

而现在,走在解放路上,大雨还是一如既往地下着,很多东西却在悄悄地发生着变化。20余条公交线路往来穿梭,高耸的楼房更显现代气派。

一番兜兜转转,不难发现,解放路的热闹主要集中在解放南路、开明街、大沙泥街的黄金三角地带上:北端的城隍庙小吃,生意好到座无虚席;躲在三角地带围墙里的,正是紧锣密鼓建设中的时代广场,雏形显现,孕育着都市的繁华与生机,待它落成,宁波城市CBD又将肥上一圈。

再北一点,则是逸夫剧院,这里汇聚了来自世界各地的高雅艺术表演,男女老少,各取所需;新街商铺里的服饰琳琅满目,

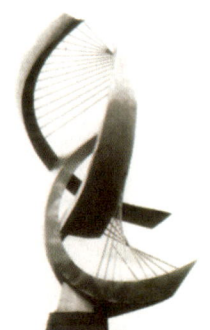

引领着时尚；而世纪广场上的酒吧，夜夜霓虹闪烁，流光溢彩；宽阔洁净的阳光广场和中山广场，更是人们休闲、锻炼的好去处。

"北大路"、"南大路"，这是很多老宁波人对这条令他们引以为傲的解放路的称谓，一个"大"字，寄托着宁波人满满的自豪感。

二

解放路，全长1345米，是沟通海曙区南北的交通要道。1986年9月，宁波市政工程公司对解放北路与和义路交叉口进行拓宽。1994年，由市政综合开发公司对该交叉口再次拓宽。1990年，市政管理部门对解放南路的中山路口至迎凤街口西侧道路进行拓宽，该拓宽工程是拆迁浮桥，建设江厦桥的前期配套工程之一。1994年8月，拓宽改造兴宁交通卡口。2001年9月，拓宽解放南路与开明街、大沙泥街交叉口的东侧道路。

2007年4月，解放南路道路及人行道改造工程开工，工程包括人行道板置换、树穴改建、窨井改造、电话亭重设移位，同时为配合天然气工程，同步实施解放北路的煤气管道埋设。

长长的解放路，留下了太多历史的遗迹，见证着它昔日的繁华。

宁波城里原有日月两湖，日湖在城南，月湖在城西。月湖近年来经过疏浚、拓建、绿化后，成为市中心规模最大、景色最美

20世纪30年代南大路（《宁波市志》）
Nanda Road in 1930s (from *Records of Ningbo*)

的园林，日湖却消失得无影无踪。

查阅宁波的地方志，原来日湖遗址位于现解放南路与莲桥街交界处，周边有延庆、观宗、天封、寿昌四座古寺，占宁波八大古寺的一半。而最大道观吕祖殿，古老的天封塔，热闹的城隍庙，文人墨客崇敬的孔庙和经常聚集吟诗唱和的场所文昌阁，都在它的周边。由此不难想象，千百年前日湖曾是车水马龙，百舸停泊，游客似鲫，香客如云的游览和朝拜圣地。

史载，当年的日湖南北长、东西窄，呈鸭蛋形。湖虽小，却是一泓碧水。而随着岁月变迁，自清代以后，淤泥堆积，日湖渐湮。1960年前后，由于旧城改造，拓路建房，将日湖周边的河浜全部填埋，从此日湖就销声匿迹。如今，沿仓基街走向解放南路，风雨沧桑的延庆寺坐落其中，在延庆寺的天王殿左侧，一块新的石碑上刻有"日湖"二字。

在解放南路与灵桥路相交的东北侧，有一片建筑群。透过零乱的商铺、居民房，隐约可以看到包裹在里面的巍峨的殿宇。许多年轻人几乎不知道此地为寺庙，而生活在宁波的中老年人都记

得这个响亮的名字——延庆寺。

延庆寺始建于五代后周太祖广顺三年(953)，原名报恩院；到了北宋大中祥符三年(1010)改名为延庆寺，至今已有上千年的历史，是著名的四明古刹之一，号称天下讲宗五山之第二。

"文革"后，延庆寺仍留有四大殿堂，由北至南分别为天王殿、吉祥殿、方丈殿、藏经楼，占地5000多平方米，多系明清所建。

如今的延庆寺虽因饱经风霜，墙体斑驳，但从那俊秀的翘角飞檐，昔日辉煌可见一斑。延庆寺不仅是宁波市区颇有影响的宗教建筑，还是名人流寓和学者讲学之所：元末书法家吴志淳曾在此以八分书法作千字文，由杨理学刻石以传；明末的"南湖诗社"曾在寺内集会，吟诗论文；清康熙初，著名思想家、史学家，清代浙东学派的创始人黄宗羲来甬讲学，曾在寺后殿设"证人讲会"，一度成为甬上人文重地。

延庆寺的围墙高约2.5米，黄色粉墙长100多米。白天，游人漫步在这条通道上，青石路面和粉黄围墙上树影婆娑，四周无声，寂静肃穆。入夜，鼓声、铃声、诵经声，不绝于耳，令人别有一番感受。

紧靠延庆寺北端的，是观宗寺。

观宗寺原为延庆寺的观堂，北宋元丰年间(1078－1084)，僧介然募缘构屋60余间，中建宝阁，环以16室。后几经兵火，又几度重修，并扩建了弥陀殿、大悲殿、水陆堂、藏经阁、禅堂及离堂、库房、客堂等。同治七年(1668)置大钟，又添佛像多尊。

从20世纪20年代起，观宗寺的高级僧才不断向外弘法，扩大

天台宗佛教在海内外的影响。在美国夏威夷的檀华寺、观音堂、中华佛教会，加州的法灵寺以及在日本、新加坡、越南、柬埔寨等国均有观宗寺法裔留下的发展足迹。1947年又创办"四明佛学院"。

"文革"期间，观宗寺僧众被逐，房屋被占，殿宇移用，惨遭浩劫。

改革开放以来，政府落实宗教政策，1979年国务院将观宗寺列为全国汉族地区重点开放丛林之一。1987年中国佛教协会赵朴初率团到寺视察，海外静修法师、香港觉光法师、台湾慧岳法师缅怀祖庭，支持祖庭的恢复重建工程，并于1993年成立了专门的"修复委员会"。迄今，已修竣天王殿、大雄宝殿和部分厢房。

三

长长的解放路，同样留存着许多现代的建筑，展示着今日的繁华。

逸夫剧院是宁波市集文艺演出、电影放映、会议活动等功能于一体的中心剧院。剧院始建于1976年，原称宁波剧院；1996年装修改造时得到香港"宁波帮"著名人士邵逸夫先生的部分捐助，后更名为宁波逸夫剧院。改造后的剧院，成为宁波市又一标志性文化建筑。

三十九 满满自豪解放路

解放路上逸夫剧院
Yifu Theatre on Jiefang Road

剧院观众厅内设有豪华软座964个，主舞台台口宽14米，高8米，舞台台面宽22米，深17米。舞台后台区，配有齐全的化妆室、服装室等，功能完善，设施先进。1997年剧院改造完成至今，先后有一大批著名的国内外艺术表演团体来剧院演出。为丰富市民的文化生活，剧院自1998年以来，每年举办一届宁波大剧院艺术节，使剧院成为宁波市民心目中的艺术殿堂。

1998年，宁波市在中山公园和市体育场基础上修建了中山广场。中山广场东沿解放北路，西临呼童街、秀水街，南濒苍水街，北接永丰路。新建的中山广场，有"下沉式音乐广场"，凡重大节庆日，这里常有文艺演出。由于地处闹市区中心，又集娱乐休闲、文化体育和纪念性建筑于一体，在全市众多的公园广场中，中山广场的游客最多，人气最旺。

世纪广场位于解放南路久久天桥东侧。如今的世纪广场，婚纱时尚摄影工作室、酒吧、饭店相继登场，俨然已经成了宁波的休闲娱乐地标。

银亿时代广场位于解放南路以西，大沙泥街以南，目前正在建造。如今，这里虽然还不在宁波CBD核心范围内，但其周边金融、休闲、行政等配套齐全，各大商圈触手可及，人流、车流、物流、商流在此交汇。银亿时代广场在建筑风格上，以创新的阶梯式建筑布局，自然承接起即将接受改造的郁家巷、毛衙巷两大古宅保护区，让项目的现代感与历史气质和谐相融。

中山广场
Zhangshan Park Square

链接：解放路，原名南大路、北大路。系鑑桥头、和义门、竹林巷、贯桥头、千岁坊、市心桥、新街弄口、广济桥、握兰庙跟、芝兰桥、新桥头、寿昌寺弄、三角地等多处街巷相接而成，为城区内南北向主干线。新中国成立后，改名为解放南路、解放北路，习惯称解放路。

春意盎然长春路

○ 唐佐助　何火种

一

翻开清朝乾隆时期的一张宁波城地图，发现我们的城市也是有一条中轴线的。细细端详这张珍贵的地图，不难发现宁波古城其实由一个梨形的轮廓组合而成，那密密麻麻的边界线画的就是古城的城墙；而在地图正中央，一条南北方向的中轴线，以海曙楼（鼓楼）、镇明岭与长春门为中心，将城市一分为二：月湖在西，日湖在东……

长春路，最先应该是得名于宁波城南部的这座古城门——长春门，长春门又俗称南门。再往历史的深处考究，也还是有其出处的，那似乎就是一则更加缥缈而且模糊的传说了。据说当时长春门附近有一座叫作长春观的道场……有没有长春观，已没有历史的记载，但长春门却伴随着宁波古城的历史，永远地留在文山史海之间了。

那时候，宁波旧城矗立着6座蔚为壮观的古城门——这些城门的规模与气势绝不亚于你在平遥古城，或者丽江古城看到的那些夺人眼球的森然城门——它们分别指的是东渡门、永丰门、望京门、长春门、灵桥门、和义门。

昔日长春门的位置，大抵是在今日南苑饭店附近。当时，从宁波的长春门出，便是通向台州、温州和福建地区的水陆并行的古驿道了。1000多年来，无数商贾、官员、平民、军士走过这条古老的驿道。他们从城南的南塘路到北渡，从奉化方桥到南渡，一直到奉化城东水道，再由宽达两米的陆道车马并进，过宁海，经梁皇驿、岔路驿至温州700里，而继续前行400里就是福州了。

长春路
Changchun Road

据历史记载，当年，从长春门启程的这条古驿道上，"凡商贩行旅以及部使、邮递、檄书络绎不绝"，是宁波通往南方的主要通道，也是宁波日渐繁荣与昌盛的历史见证。

据考证，宁波建城的时间是在唐朝，这些城门自然也是那时候开始建筑起来的。自此之后，在很长一段历史时期，宁波古城曾被一道坚固的城墙团团围住。那时出入宁波城的通道就是10道城门，长春门（原名甬水门）便是其中之一。

元代重建宁波城后设六座城门，城门与城门之间，由城墙相接，两面沿余姚江和奉化江，共同围成了一座梨形的城池。在政局动荡、战事连年的古代，修城筑墙以"绝外寇窥觎之患，保一州生聚之安"，着实是一件很有必要的大事。因为，无论是中国古代的城市，还是欧洲的一些城堡，城墙、护城河等设施都是城市防御系统的重要组成部分，被誉为"汤池金城"。

1916年8月25日，刊登《孙中山先生发展宁波之演说》的上海《民国日报》。
The Public Speech by Sun Yat-sen in Ningbo (25 August 1916, *the Republican Daily*, Shanghai)

  宁波有了高大坚固的城墙之后，不仅可以防御兵匪战乱，也可以防御洪水、台风，保护城内居民的生命和财产安全。不过，宁波的古城墙与古城门，在屹立了千年之后，到清朝末年，随着冷兵器时代的结束以及火炮、步枪等现代武器在军事斗争中的广泛使用，它们在防御上的作用已越来越小，人们逐渐意识到，依赖城墙固守城池的时代终将过去……

  1916年8月下旬，孙中山应邀来宁波视察，一路目睹宁波道路狭窄、环境脏乱的状况，提出要"整顿市政"，于是这也成为宁波拆城的政治动力。到20世纪20年代，年久失修、古朴、斑驳而又失落的宁波古城墙终于被推上了祭坛……再后来，随着宁波古城的拓展与大规模的开发建设，这些城门与城墙都日渐倾圮了，终于有一天从人们的视线里消失了蓝天下高大的身躯。

  虽然，宁波的古城墙在三江大地消失已经近90年了，但是，不管宁波古城墙在与不在，宁波人对古城墙的情结却依然是浓厚的。它们依然存在于宁波的记忆中，大多数都化作了地名与街巷，比如东渡路、永丰路、望京路、灵桥路，还有长春路等等。市民们在说话时还经常提到东门口、西门口、南门、游六门。有形的古城墙尽管早已不复存在了，而无形的古城墙还在宁波人的心中矗立着。

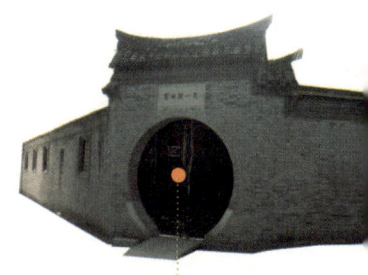

二

长春路南起镇明路口,与灵桥路相连;北至西门口,与望京路相接。全长2076米,宽32米,其中车道宽22米,沥青、混凝土路面。与柳汀街十字相交,为贯通城西南之通道,亦为进出铁路南站、汽车南站之要道。

原来,长春路沿路名有长春门、一元桥、望湖桥、八角楼、三圣殿跟、太阳殿跟、马园桥、一二八桥等处历史遗迹。《鄞县志》载:"取义于长春门。门又仍高宪敏公闶长春观之名。"民国十八年(1929)拆城。民国二十年(1931)建马路。

新中国成立后,长春路几经修建、拓宽,改砂石路为沥青路面。"文革"中曾将路分为两段:共青路以北段,与望京路合并称长征路;共青桥东南段,与灵桥路、江厦街合并称延安路。1981年地名普查复原名。

从长春路以前的城墙,到拆墙建路;从长春路由小小的黄泥路到砂石路,再到沥青路,历史的车轮一直滚滚地朝前奔跑,一刻也没有停止脚步。

渐渐的,道路越变越宽,房子越变越高,护城河也越来越齐整洁净。一株株行道树更是茂密如伞,绿叶如冠。有时候我想,虽然这条路名得名于"长春门",但我觉得这条路上四季长春,实在很符合"长春路"这个名字的。

长春路边上有著名的天一阁,因为有天一阁在,长春路又多了一分沉甸甸的历史厚重感;长春路边上还有宁波的母亲湖——月湖,因为有月湖在,长春路又添了一层婉约与妩媚的色彩。

是的,在大多数人的印象里,长春路是既静谧又热闹的。说其静谧,它是我们市区最茂盛、最美丽的绿化带之一。古木参天,樟香阵阵,一只只白鹭在路边古老的护城河边憩息,有时候展开洁白的翅膀,做一段优美的滑翔,这样的漫步时光,简直能让每一个行人都感受到生活的安静与从容。

而深处其中的闹猛,也是每个人所能真切感受到的,除了人头攒动的南站,还有望湖市场。南站是宁波的交通中心,是火车与汽车旅客的集散中心,每天都有大量的旅客从火车南站或汽车南站出来,进入我们的城市,而大部分都会从长春路上分流而出……

望湖市场是一个以批发兼零售的工业小商品市场。市场面积13000平方米,分上下两层,四个经营区,为全框架室内市场。目前,场内设交易摊位1100余个,从业人员2500多人,市场日均人流量超过1.5万人次,年成交额达10亿元。市场里,商品琳琅满目,顾客摩肩接踵。

长春路,确实是静与动的完美结合。很多外地游客,看见"长春路"的路牌,也许会情不自禁地联想到,宁波与东北城市长春之间的联系。但我相信,只要他们一踏上长春路,慢慢地走上一段,就会感受到宁波四季如春的气候,就会感受到宁波春意盎然的美丽,他们也会渐渐明白这条路名的真正含义。

是啊,你瞧宁波人的脸庞上总是透射出春天般的温暖色彩,"长春"两个字不正好也反映出了我们宁波人热情、友好的性格吗?

庆云楼(《宁波旧影》)
Qingyun Tower (from *Old Pictures of Ningbo*)

三

在宁波,大家都知道鼓楼;可作为钟楼的庆云楼,知道的人估计就屈指可数了。而这座颇有历史渊源和充满传奇故事的钟楼,就曾屹立在长春路上。具体位置是在原来的长春门以西,即现在宁波二中的操场以北。可惜的是,庆云楼早已被拆,如今只剩下毫不起眼的庆云楼遗址,立有一块遗址纪念石碑。

话还得从明崇祯十四年(1641)说起,宁波海道副吏王应华,见宁波城内只有一座鼓楼,而没有钟楼,与一般城市的格局不符,就下决心要在城内选一处与鼓楼呼应的地方,建一座钟楼。很快,

钟楼的选址工作就完成了。众所周知,鼓楼是在月湖的东北侧,钟楼便在月湖的西南角,这样钟楼与鼓楼就遥相呼应了。

在工匠们日夜不息的劳作下,一座玲珑精巧、拥有八角屋檐的三层钟楼就在城西南角的城墙之上屹立起来了。它的落成,不仅给宁波城增添了一景,而且使得宁波城从此既有了鼓楼,又有了钟楼。晨钟暮鼓,给我们的城市增添了祥和的氛围。此楼被命名为"庆云楼",因为有八角屋檐,所以市民们就俗称之"八角楼"。落成典礼那天,据说王应华还登楼,挥毫泼墨,亲自为之作了一篇《庆云楼记》,记述建楼的经过……

有时候想,在庆云楼上坐着,煮一壶烈酒,对着西边的夕阳,看着八角廊檐的影子被阳光慢慢拉长,或者看着月亮像刀光剑影般从浓云的背后射出寒光,这时候邀几个朋友,一起喝酒一起吟诗,这实在是人生的快事了。

喝到醉酣时,也许有人还会一半诙谐、一半激慨地唱上一段当时我们宁波城内流传的一首古老歌谣:"七塔寺,和尚多,八角楼下小鬼多,九曲巷弄赤佬多,日新街上花轿多……"

为什么八角楼(即庆云楼)下小鬼多呢?原来古时宁波城区很小,今天的长春路就是一道城墙,北斗河是护城河,登上城墙上的庆云楼向西望去,是一片人烟稀少的郊区。庆云楼下,长春路还未真正成形,荒郊野外,多田地,少人烟。渐渐的,也不知道从何时开始,高耸的庆云楼下的荒地(即今日长春路附近)成了一座"万人坑",旧时缺医少药,儿童死亡率高,人们都将儿童的尸体抛到庆云楼下的围墙外;后来官府觉得这样不妥,臭气熏天不说,也不吉利呀。旋即就下命令,人们将尸体抛到离庆云

楼再稍微远一点的地方,即南门外祖关山一带的荒野……其实,祖关山与庆云楼也不远,走路大概十分钟就到了……就这样,慢慢地,民间就出现了"八角楼下小鬼多"的俗语。

庆云楼的命运毕竟是多舛的。建成之后,于康熙年间(1662—1722)它曾毁于一场火灾,后由地方绅士重建。但经历了几百年风雨侵蚀的庆云楼,终究没能抵挡住1956年8月的一场台风。在那次被称为"八一风暴"的台风肆虐过后,庆云楼残损严重,面临坍塌的危险。之后,或许是因为维修的难度太大,庆云楼于1958年被拆除,只在长春路与柳汀街交叉口南侧的原址上立了块遗址纪念碑。从此,宁波古城墙在地面上的留存,除一座鼓楼之外,别无他物。这也是历史的遗憾。如今我们只能在泛黄的老照片以及关于庆云楼的古老传说中,一览当年八角钟楼的秀逸风姿了。

"前事不忘,后事之师",我想,如果我们将来能把古老宁波的六座城门以及庆云楼复原出来,供人瞻仰,那该是一件多么有意义的事。它们应该是宁波古老精神的犄角与精神所在。

> 链接:长春路,原地名兵马司桥、菱池头、太阳殿跟、八角楼、三圣殿跟。原为城墙址,民国十八年(1929)拆城,将城址及城内外路拓展为马路,以南端原系长春门址而得名,长春门原名甬水门,明改为长春门。

北斗河（李邦迪 摄）
Beidou Creek (by *Bangdi Li*)

优雅惬意望京路

○ 罗 燕

一

望京路是市中心历史最悠久的大马路之一。南起西门口,与长春路相连;北至北郊路口,与永丰路相接,濒临北斗河东岸。沥青、混凝土路面。

《鄞县通志》载:"望京路,旧名西北脚、通利门。"民国十七年(1928)拆城,民国二十二年(1933)沿城基筑马路,为环城马路之西北段。据《延祐四明志·城邑考》记载:"迎恩门、城西门,旧名朝京。庆元中,守郑兴裔更名望京。"有传望京路因清代晚期吏部右侍郎张家骧而来。当年,张家在城河上造了一座"望京桥",意为遥望京城不忘皇恩,望京路即由此得名。"文革"中,望京路曾与长春路之北段合并,称长征路。1981年,恢复原名。

望京路路边曾有效实中学、毛纺厂、光学仪器厂、前卫电机厂、电业局和工人大厦等。另有公交2、9、10路经过。望

京路,最早是宁波第一条环城马路(长春路—望京路—和义路—江厦街—灵桥路)的西北段,至今已有多次整修、拓宽。2006年的拓宽工程全长640米、宽度17米,从此,望京路路宽从原来的17米变为34米,从双向二车道变为双向四车道。

二

很多年前,当我乘坐几十个小时的火车到达宁波的第一个早晨,便随父母走进望京路,因为我要赶去参加效实中学的插班考试。考试顺利通过,我的胸前别上了令人骄傲的校徽。之后的日子里,望京路成了我两点一线生活的必经之地。那时的眼中,这个路名和我的校徽一样亮堂堂的,值得大声说出来。遗憾的是,中考失利,我没能如愿进入效实高中。害怕看到过去的同学,害

清望京门外接官亭(《宁波旧影》)
Officials Welcome Pavilion outside Wangjing Gate of Qing Dynasty (from *Old Pictures of Ningbo*)

怕他们自豪又同情的眼神，我总是绕开望京路，似乎那里成了我的滑铁卢。直到结婚后，直到父母把家搬到望京路附近，直到我骑车带着孩子往来于自家和娘家，我才有了平和的心情从望京路穿街而过，曾经刻意封闭的视觉渐渐开始左顾右盼。

原本窄窄的路宽了，平了。即使深秋，依然有着浓密的绿，微风摇曳中，枝叶扑拉拉的像个长不大的孩子。阳光从枝叶间洒下来，温和地闪烁，驱走浮躁，令心境平静如水。是我变了还是路变了？淡漠了趾高气扬和妄自菲薄，心胸才能豁然开朗，充满绿色和阳光，就像此刻的望京路。

路不长，北段常有捧着鲜花的人，他们多是去看望住在第二医院的病人，祝福健康。南段的东侧多了几个售楼处，让人有了更多的向往。或许有一天，居住在望京路上的人都会陆续搬到别处，而别处的人也会陆续搬进来。面孔变了，望京路会记得多少？

三

因为有了水，望京路显得灵动而诗意。北斗河，南起西门板桥，北至长安桥，与望京路平行。从西门板桥往北，沿河有海曙公园，流至姚江永丰，相连河道有西塘河、护城河、蔡江河、卖鱼河，河道2公里，均宽32米，深2.5米。

河面上常有浮萍，绿油油的一片。若是夏天，还能看到睡莲和荷花，甚至还有火红的美人蕉。远远望去，望京路边像是嵌了一条美丽的碧玉带，带上点缀着颜色各异的花纹。

望京路
Wangjing Road

然而，曾经的北斗河水质发黑，臭气熏天，令人掩鼻。

1998年以来，宁波市政府陆续投入资金对北斗河实施综合治理，从引入姚江水到用生态、生物技术治理的方法净化内河水质，从河堤、河道、河水的治理到沿河水体绿化、内河"第三层"绿化的推广，逐渐恢复了水体的自净能力，形成生态的、亲水的、人性化的河流景观。2001年4月20日，北斗河形象整治工程开工，同年7月5日竣工。北起永丰西路，南至中山西路，全长1285米，工程包括：新建和修补河坎，铺装人行道，安装花岗石柱头栏杆，沿岸灯光布置，拆除违章搭建，整修沿河建筑立面，统一安装空调架和塑钢窗，建设观赏性绿地和街头小品。

而北斗河水环境景观工程更是美轮美奂，南起西河桥，北至长安桥，全长630米，水域面积25200余平方米。工程于2005年5月8日开工，历时三周，共种植浮岛2860平方米，种植黄花鸢尾、千屈草、再力花、荷花、睡莲等各类水生植物69700余株。同时，通过种植黄馨、茶梅、紫鹃等垂直绿化形式，使北斗河河坎与水体绿化形成了呼应。

四

每一条路都有属于自己的鲜明记忆，有的商店林立，有的曾有热闹的市集，还有的拥有众多文物古迹。而对于望京路来说，曾经的几十年，云集着众多大型工厂，还曾是老效实中学的校址所在地，以及唯一没有迁址的单位———第二医院。

宁波发电厂，创设于1914年12月，当时有两台25千瓦发电机和蒸汽引擎。1954年改为公私合营宁波永耀电力公司，发电量7000多千瓦时。1966年9月改为宁波电力公司，下设宁波发电厂、供电所、电力营业厅。发电厂占地面积21200平方米，发电量10600千瓦时，曾有职工200人。

宁波毛纺厂，1957年原名羽毛制品厂，生产鸡毛刷，靠手工操作。1969年改变生产方向，生产氨纶毛线，1972年后改为合成纤维制造厂，于1976年改为宁波毛纺厂。1987年时，全厂面积18000平方米，职工308人，主要生产氨纶毛线，每月产值达25万元左右。

第二医院，是1843年美国传教士玛高温在原道教场所"佑圣观"始设诊所。1875年，传教士白保罗接替玛高温，并从"佑圣观"迁址到北门城墙外的姚江边(永丰路20号医院旧址)，成为大美浸礼会医院。1915年，第三任院长兰雅谷将其改名为"华美医院"。抗日战争时期，一度改为"华华医院"，1943年复名华美医院。1951年，正式定名为宁波市第二医院。

效实中学创办于1912年，原系浙江省著名私立中学。1956年改为公立，更名"宁波第五中学"。1959年和1978年两次被列为省重点中学，1980年复称"效实"，1981年被定为省首批重点中

华美医院
Huamei Baptist Hospital

学，1995年被定为省一级重点中学，2000年被批准为教育部"现代教育技术实验学校"，2005年被列入首届中国百强中学。

1996年起宁波市政府投亿元巨资易地重建效实，1999年秋季投入使用。新校舍占地126亩，建筑面积38500余平方米。

原校址被开发为银杏四季小区，其名字的由来据说是缘于老效实校内几棵古老的银杏树。

经过多年的改建，现在望京路两旁的香樟树枝叶繁茂，也算是宁波的优雅地段了。漫步于优雅的望京路上，除了获得惬意与放松，还会让人滋生浓浓的怀旧之情。

> 链接：望京路，原地名西北城脚、通利门。民国十七年(1928)拆宁波城，民国二十二年(1933)以城址筑环城路，因该段路西端原有望京门（城西门）而名望京路。

多情最是永丰路

○ 毛艳艳

永丰路东南起解放北路、解放桥南堍，与和义路相接；西北至北郊路口，与望京路相连，长1045米。新中国成立后，永丰路改砂石路为沥青、混凝土路面，1976年拓宽为路幅19米，车行道13米。

《鄞县通志》载："永丰路，旧名东北城脚。"因旧城北门，原名永丰门，通永丰库，故名。"文革"期间曾名遵义路。

永丰路闹中取静，路两旁遍植樟树，浓密枝丫好似把路上的汽车、行人怀抱其中。

一

从解放北路往西一拐，就来到了永丰路。一路的喧嚣在这条路上突然被收住了，在闹市区里越发显得清静。

永丰路上的车流量如今也不算少，可偏偏就像被过滤了噪音，也许是因为路两边繁茂的樟树，浓密的枝叶几乎使两侧的树在半空中纠缠，仿佛天然的华盖，挡住了夏日灼热的阳光，也挡住了秋季缠绵的细雨；也许是因为路边的姚江，大江东去，潮起潮落，而江滨公园里的一草一木、花石亭廊延缓了速度，凝固了时间，不由得让路人的脚步慢了下来，目光柔和了起来，因为这里的景致太柔美，不敢高声语，恐惊天上人。

老一代的宁波人都知道，曾经的江滨公园是情侣们谈情说爱的好去处，于是，永丰路也变得浪漫多情起来。

这么多年来，永丰路整体的样貌改变并不大，但很多单位却

永丰路
Yongfeng Road

搬进迁出,变化颇大。原来的宁波第十六中学、宁波袜厂、宁波电视台18频道(宁波台二套)、海曙法院都已搬迁,而宁波市华慈医院与市卫生局则于几年前搬到了永丰路上。也不知道10年后的永丰路会有怎样的变化,但唯一可以确定的是,这姚江,这江滨公园,依然会伴着永丰路,浪漫如昔。

二

走入长长的永丰路,一座现代大气的楼房展现在眼前,这便是宁波市图书馆。这里不时有市民进进出出,手上大多拿着两三本书。对于大多数爱书的人来说,这里是他们最喜欢驻足的地方。

走进阅览室,悄然无声,只是偶尔发出书页翻过的声音。突然有错觉,这里书香弥漫,足以比拟晚秋桂花的香味。

据宁波市图书馆馆长庄立臻回忆,她20世纪90年代初刚到图书馆时,图书馆大楼刚刚在永丰路边落成不久。那时,图书馆楼前有座安静的小院落,草木郁郁葱葱,有桂花树和蜡梅,每到花开的季节,小院里便溢满清香。在她的印象中,永丰路总是那么的静谧,甚至有点冷冷清清。那会儿,最热闹的时候就是每年图书馆办理借书证的日子。当时,办理借书证一年只有一次。市民们为了办证,往往前一天晚上就开始排队,到第二天开门时,几乎是人声鼎沸,排起的长龙一直延伸到永丰路上,场面异常壮观。直到2001年,永丰路整体改造,而图书馆也是整个工程中很重要的一部分,进行了扩建装修,往日的小院子也变成了开放式的广场,成为永丰路边一道靓丽的风景线。当然,如今市民们不需要排长队办证,最热闹的景象早已变成每个周末"天一讲堂"开讲时人头攒动的场景。前几周,学者周国平讲课,报告厅里挤了500多名听众。

56岁的宁波市图书馆副馆长谭龙敏在永丰路边生活了整整39年,他对这里的一草一木都非常熟悉,并有着深厚的感情。据他回忆,小时候,沿路望江的是一排漂亮的小洋楼,是以前资本家们住的地方;而后面就是破旧的平房,一墙之隔,贫富悬殊。20世纪70年代初,这片地方算是比较偏僻的;永丰路也很窄,因为是砂石路,车子一开过,沙尘弥漫。那时候,一入夜,这条路就黑漆漆的,单身的小姑娘一般都不敢往这里过。到了20世纪70年代末,才建成柏油路。印象中,对面的江滨公园里总有一对对情侣在那里谈恋爱。

后来,他家住的房子拆迁,他的工作单位——宁波市图书馆从药行街搬到了这里。建图书馆前,这块地方原来是市甬剧团和越剧团的。包玉刚先生捐资建图书馆,选址在这里。图书馆当时是由宁波市设计院设计的,有好几套方案,最后由包玉刚先生亲自选定,建造了这座呈不规则形状的图书馆大楼,成为当时浙江省规模最大的图书馆。"自从图书馆在这条路上落成,原本就浪漫美丽的永丰路更添了一分文化气息。每天从永丰路经过,总觉得它是闹市区里最怡然自得的一条路,有江、有公园,绿树成荫,文化积淀,闹中取静,成为繁华城市里能让人安之若素的一角。"

三

肇始于民国十六年（1927）的宁波市市立图书馆，后易名鄞县县立图书馆。1949年6月，由宁波市军管会文教部接管。1953年10月29日，宁波市图书馆在中山公园旧馆址重新成立，馆藏图书部分为宁波市文化馆交回来的前鄞县县立图书馆藏书。1954年1月1日正式对外开放，年末藏书18985册。1962年9月9日，迁馆于药行街桑园巷前仁慈堂旧址，馆舍1400平方米。工作人员10人，设采编室、外借处、古籍部、少年儿童阅览室、流通辅导组。

1970年2月21日，宁波市图书馆建制撤销，组成宁波市图书文物馆。1978年11月5日，图书馆恢复建制。1988年11月，迁入位于永丰路新落成的宁波市包玉刚图书馆。1989年5月1日正式开馆。新馆地处姚江南塊，面临江滨公园，交通便利，环境清幽宜人。2001年，市政府投资2000多万元再次进行扩建装修，总面积12000平方米。市图书馆现藏书80余万册，设图书外借室、报刊阅览室、图书阅览室、古籍·地方文献阅览室、艺术阅览室、少儿图书室、电子阅览室等服务窗口。

宁波包玉刚图书馆
City Library of Ningbo, sponsored by Sir *Yue-Kong Pao*

江滨公园
Riverside Park

　　永丰路沿余姚江一侧建有江滨公园，占地1.47公顷，为敞开式公园。园内主要建筑小品有牡丹亭、长廊亭等，绿化布局采用自然式配置，观赏植物与经济植物相结合，以夹竹桃、珊瑚树作为道路与公园的隔离带。1979年公园一期建设竣工开放；1991年之后多次改造，并在原绿地上不断向两侧延伸。设计手法上采用起伏型坡地草坪结合嵌镶草皮方砖形成广场，为游客提供较开阔的休憩、娱乐环境。公园与解放桥东侧的姚江南岸绿化带连成一片后，使姚江南岸的景观更为赏心悦目。

　　早上，薄薄的晨雾刚刚散去，老人们已三三两两聚在江边，踢腿弯腰，做起了运动。晚饭后，附近居民又纷纷走出小屋，漫步在江滨公园，水天一色微波荡漾，即使只是坐在椅子上遥看对岸的风景，也是再惬意不过。尤其是盛夏的夜晚，江风徐徐舞柳拂面，带来阵阵清凉。公园里有凉亭和很多石凳，被擦得干干净净。坐在长石凳上，闭上眼睛，可闻到花木的清香和江水的气息。

夜色明亮，星星在天空中时隐时现，和着昆虫的鸣唱声，令人沉醉。

今年27岁的张瑾自小就住在永丰路旁。这条闹中取静的道路，铺满了她的成长记忆。每天清早上学，她骑着自行车穿过樟树遮阴的道路，耳边只有清脆的车铃和悦耳的鸟鸣，直到解放桥畔，车马喧嚣才扑面而来。在她印象中，永丰路总是那么静谧幽雅，只有临近过年的时候，路旁几家单位发年货，人们将各种各样的年货搬上自行车乐呵呵地运回家，永丰路才多了几分喜悦的繁忙。

最热闹的是除夕夜。附近居民都喜欢到永丰路上放鞭炮烟花，人多时甚至站到了路中央，浓浓喜气弥漫了整条道路。

江滨公园对孩童时的张瑾来说无疑是个乐园。那时候人们的夜生活并不像现在这般丰富。晚饭后大家总爱去江滨公园散步，隔壁邻居碰在一起，闲话家常，各家的孩子就在一旁玩花样百出的游戏。夏天，很多居民喜欢在滨江公园下水游泳。她也央求父母买了游泳圈，且答应父母只在江岸附近活动。有一次，玩得太开心了，不知不觉竟随着江水漂到了解放桥边。在江岸跟人聊天的妈妈一转头发现她不见了，大吃一惊，拔腿急追，终于将她从江中"捞"了上来。

在张瑾的记忆中，这些年永丰路的变化并不大，虽有单位陆续搬出迁入，这条路的静谧却一如以往。江滨公园的规模逐渐扩大，人气却已今不如昔，也许如今的人们有了太多的去处。再不能去江中游泳，虽可以在游泳池中秀出漂亮的泳技，却总没有儿时那样畅快。偶尔再去江滨公园散步，坐在熟悉的石凳上，仿佛时光就此停顿。只是抬眼远望，宁波大剧院拔地而起，江对岸的灯光是一日比一日繁盛了。

链接：永丰路，原名东北城脚，民国二十二年（1933）拆城拓路时，因路北端原有永丰门（唐称郑堰门），故名。拆城时，拆下的城墙条石、城砖，部分作为建造华美医院住院大楼的材料，现存史迹有国内第一家西医医院华美医院等。

天穹揽胜青林湾（李邦迪 摄）
The Sky over Qinglingwan Residence Community (by *Bangdi Li*)

千年古迹枕江流

○ 王介堂　李文国

一

有相当长的一段时间，自己待在青林北渡边的一个院落。闲暇时，常到北渡口一带散步，有时凝视着隔江的南岸，总有一个问题不断出现："青林南渡到底在哪里？"于是，有时闲来无事，就会走过青林湾街，沿着悠云路，径直踱到江边，看着江鸟在清澈如镜的江面上自由飞翔，看着垂钓的老翁悠然自乐地坐上老半天，常常会涌现出一种不可言喻的惬意与舒适。而更多的时候，则来到整洁美丽的青林湾小区，在朋友家的窗台上，俯瞰青林绿叶蜿蜒在余姚江畔，沉思以前的青林古渡口，如今竟然崛起了一座沟通南北、雄伟气派的大桥，以前的穷乡僻壤，如今已然成为"三江文化长廊"的始端、成为城市西部重点开发的热土。

发源于浙东四明山麓的余姚江逶迤东来，左右迂回，两岸沃壤锦绣，禾稻飘香，古迹遍野，虽不过百余里流程，但其丰沛的江水却孕育了七千年灿烂的河姆渡文明，滋润了富饶的四明大地，烘托出了今日甬城的最繁华地标三江口，最终汇入甬江、汇入东海。

翻开砖头厚的《宁波府志》，会有一长串与余姚江相关的地名出现：河姆渡、城山渡（亦称句章渡）、鹳浦渡（亦称半浦渡）、大小西坝、青林渡、保丰碶、北郭堰、桃花渡等。熟悉宁波史地的人知道，这些都是余姚江两岸重要的功能设施；余姚江正因为有了它们，才衍生出许许多多的人文古迹，并最终成为宁波历史文化的母亲河。自然的江成为人文的江，成为自然与人文和谐的江。

20世纪50年代姚江桃花渡
Taohua Ferry besides Yao Jiang River in 1950s

余姚江俗称姚江,自远古以来,她就散发着浓郁的雄强之气。当激越的骨哨声吹响之时,挥舞着石器木棍的先民们就为着部族的存续而呐喊着,并点燃丛丛篝火和袅袅炊烟,用生命的图腾护佑着富庶的四明大地。

静静流淌的母亲河缓缓东去,流过了芳草萋萋的城山渡。当年先民们亲手筑起的四明第一座城——句章古城,现在再也看不到高耸的墙垣和人口密集的市廛,只保留着城山渡这个地名,依然留给人以无限的感叹和遐想。

母亲河水流过了大西坝,金戈铁马的岁月令人荡气回肠。明末抗清英雄张苍水兵败被执,押赴省城途中,舟过西坝,突然有位僧人掷诗瓦于舟中,有句云"此行莫作黄冠想,静听先生正气歌",苍水先生为之动容。史书翻到了清道光二十二年(1842)三月十五日。那天,两千余人的侵华英军自宁波乘火轮逆江而上,在大西坝登陆直犯慈溪县城,于是鸦片战争中最为惨烈的大宝山战役揭开了序幕,历史以这样的方式记载了大西坝,记录了我们这个多苦多难民族坚忍不屈的抗辱史。

四十三 千年古迹枕江流

母亲河水又流过了青林古渡。青林古渡是姚江上的一个大渡口,也是宁波通向慈溪、余姚的必经之地。摆渡是旧时的一种日常行为,如同今天的人们乘车一样。夕阳西下时,一叶扁舟挂帆而来,慈溪名士叶灿微吟"野渡青林一叶危,中流坐拥浪喧豗,舟人忽唱秋风曲,无数飞帆横截来"的诗句。在秋日黄昏的余晖中,诗人眺望着两岸如诗如画的风景,阡陌稻禾,田舍炊烟,牧童牛羊,舟渐行渐远……

如果要选一条甬城最古老悠久、最具历史内涵、最温柔美丽的"街道",那么我定会首选姚江,因为她自古风流。这条水路欸乃不息,这条水路四通八达,这条水路承载着甬城曾经的辉煌,跨越了七千年的历史长河,绽放着甬城的文明之花,一切的一切俨然成为历史深处最恬美的记忆。

二

当余姚江转过最后一道弯即将与奉化江、甬江汇合时,人们会看见江的西岸出现了一座雄阔的碶闸,它就是余姚江下游最为著名的水利设施——保丰碶。

保丰碶位于现在的永丰北路与姚江的交汇处,在民国二十五年(1936)版的鄞邑城厢地图上,这段路面清晰地标着"北郊路"字样,因其地位于宁波老城区北永丰门之外,故得名。这条民国时期命名的街巷,北起保丰碶,南至华美医院北侧,总长约500米,本为永丰门外的居民聚集点,在民国年间已发展成一定的规模,民廛连片,店铺林立。民国二十年(1931)前后,当时的宁波市政府开展"堕城垣、兴建设"运动,此地遂和老城区连成一片。当时,在国内颇有影响的宁波永耀电力公司,亦在北郊路南端建立永耀电灯厂。而保丰碶在北郊路定名以前早已存在,其历史可以追溯到南宋淳祐年间(1241-1252)。

700多年前,因鄞西地区水网纵横密布,若逢连日淫雨,水位暴涨浸没农田,乡民饱受歉收之苦,为此庆元太守陈垲经详细考察西南乡水利之后,择地兴建碶闸,以便淫潦时泄水入江。初建的碶闸规模略为简约,只开三柱两闸,但却凭这简单的设施,西乡淫涝灾患得以消除,乡民以碶闸之利得保丰年,所以将此新造之碶定名为"保丰碶"。

皇祐四年(1251)，状元出身的沿海制置大使吴潜兼管庆元府。，吴潜深究水利，关心民瘼，在对鄞西南一带水利做了深入的调查之后，调集民力，自西塘河与后塘河交汇处起，至保丰碶挖掘了一条新河，这样使西乡之水更快捷地入江，从而杜绝了水涝之患。后来，因流量增大，保丰碶两闸的泄水量难以应付，于是吴潜在开庆三年（1259），对保丰碶进行了一次较大规模的扩建，新增闸门两道，使鄞西水网通过新河入姚江的通道更为顺畅。

在漫长的数百年中，姚江沿岸的许多碶闸堰坝随着岁月流逝而逐渐废弃，而保丰碶却经历了无数次的维修，尤其是明洪武二十七年(1394)、清乾隆五十三年(1788)和道光二十九年(1849)几次彻底的整修，使保丰碶充满了活力，并彪炳乡邦史册。民国《鄞县通志》有关保丰碶的记载云："是碶当西南七乡之下游，为众流之尾闾，泄涨御卤，农田赖焉。"短短二十几个字，不难看出保丰碶的实际作用与历史地位。

保丰碶的北侧，旧有忠佑庙。据文献记载，所祀之神为东汉云台二十八将之一的昌城侯刘植。清代大学者万斯同先生的 西竹枝词有云："端公遗庙俯江流，烟火千家祀事周。汉室云鄞久

20世纪30年代的新江桥
Xinjiang Bridge in 1930s

四十三 千年古迹枕江流

寂寞,独留俎豆寄南州"。隐士袁菊村有记曰:"鄞城北出门数百步,逾保丰碶有古庙。额曰'忠佑庙'神曰'昌城侯',历世滋久,扬灵愈昭。城西北内外,连甍聚居之民,里社几万余家,岁时展事惟谨。"《四明谈助》记载:刘植在东汉初封为骠骑将军,光武中兴曾率兵来到鄞县,保境安民,受地方尊崇,殁后乡民为他建庙塑像,年年祀事不替,而且当地百姓将昌城侯灵显事迹传得神乎其神。据传刘植成神后屡次显灵,助官军击退前来犯境之敌,并且显迹于江海之上,使舟楫摆脱倾覆之厄,俨然成了地方的保护神和江海船民的救星,以至受历代统治者褒封,庙宇遍及四明,仅鄞县境内祀奉刘植的庙宇就有好几处。除忠佑庙外,还有青林北渡旁的金仙庙,布政的刘侯庙,卖鱼巷、柳庄巷、船埠头的三处协佑侯行宫等。凡历代守土官长只要有功于地方,施惠于百姓,那么千秋之后,他的事迹载于史册,口碑树在民间。忠佑庙神主刘植是个例子,前面提到的开挖新河、增扩保丰碶的沿海制置使吴潜又是一个例子。

姚江渡口(林绍灵 作)
The Old Ferry besides Yao Jiang River (by *Shaoling Lin*)

三

姚江沿岸历史遗迹之多难以胜数，保丰碑以下靠近三江口处尚有一处著名的渡口——桃花渡。桃花古渡现在的位置在新江桥西、战船街东侧门，是昔日老城区沟通江北岸的重要关口。宁波民间流传很广的黄晟斩蛟传说，就发生在此地。相传唐代末年，时任都副兵马使兼明州刺史的欻飞将军黄晟巡查到此，见一白发老妪捶胸顿足、老泪纵横，原来她家连遭灾祸，丈夫死于海难，儿子被桃花渡的恶蛟吞噬，儿媳过度悲伤而亡命，现如今乡绅公议，选中她唯一的小孙子为"金童"，定在九月初一晚上享祭"白龙王爷"。当黄晟得知所谓的白龙王原是横行桃花渡一带的一条白蛟后，怒不可遏，回衙后贴出榜文，声明三天后要亲斩恶蛟，整个明州城为之轰动。三天后，黄晟身裹犀甲，左手持盾右手握剑，来到桃花渡，痛斥恶蛟罪行，然后纵身入江，寻白蛟决斗。其时，早已得知风声的白蛟张牙舞爪，扑向黄晟，经过一场殊死搏杀，恶蛟终于敌不过神勇的欻飞将军，落败西逃，潜身蜃池。黄晟为了不贻后患，纵入池中拼足力气一剑砍下蛟头，可是黄晟也筋疲力尽，再也没能上岸。

动人的传说赋予柔美秀丽的姚江以刚烈侠武。为了纪念黄晟斩蛟，明州百姓在蜃池建立欻飞将军庙，春秋祭祀。虽然欻飞将军庙现已片瓦无存，但英雄斩蛟的故事却在宁波民间世代相传。

宁波的母亲河一路浩浩荡荡——余姚江终于在三江口与奉化江会合，然后以她百余里的流程汇入甬江、奔向大海。海上丝绸之路的起航点三江口，巨樯林立，待潮而发。一位研究地域文化

姚江边上的青林湾瞻洲
Zhanzhou of Qinglingwan Residence Community besides Yao Jiang River

的学者,曾经有过这样的感叹:姚江流域不但风光旖旎,物产丰富,而且人文特盛,至今连绵不绝。

一水萦回沃绣壤,千年古迹枕江流。正因为余姚江的存在,才有了今天美丽富饶的浙东平原,才孕育出了宁波这座朝着现代化国际港口城市跨越式发展的东海明珠,才有了宁波从内陆走向海洋、走向世界的一步步发展历程。

沿着历史的流向,细细地阅读这条美丽的江河,不难发现我们的阅读是多么的丰富!从三江口鳞次栉比的高楼大厦,到绿盈江边的青林湾,随着"宁波西部大开发"进程的加快,这个余姚江与宁波城区接轨的地方,以惊人的速度迅猛发展,昔日的荒郊野外,如今成了美好的生活港湾,成了海曙区最大的社区群,也必将成为令人瞩目的西部新兴的商贸旅游度假休闲区……

朝东望去,"云霞出海曙"。我们深信,在不久的将来,受姚江哺育而一步步成长的宁波城,必将以更崭新的姿态出现在世人面前。届时,无论是昔日的青林古渡,还是心灵栖居的青林湾;无论是新江北,还是东部新城,将会涌现出更多繁华靓丽的街衢,更多婉约动人的故事。

> 链接:姚江,又称余姚江、舜江,源于上虞区江坎头和余姚市大岚夏爱岭,西与浙东运河沟通,流经上虞、余姚入宁波市区与奉化江汇合东流出海,全长105公里,为中国大运河的最东端,也是河姆渡文化等史前文化的发祥地。上虞、余姚、句章、慈溪、明州、鄞县、镇海等古城滨江而置,为宁波的母亲河。沿江多古渡口及古水利设施,著名的有河姆渡、城山渡、鹳浦渡、青林渡、桃花渡、大西坝、保丰碶、北郭堰等。

双仕显达郎官巷

○ 孙焕青

郎官巷是一个使人浮想联翩的地名。民国《鄞县通志》有这样的记载,"郎官巷,旧名郎官第"。巷内有明永乐年间(1403—1423)诰赠奉政大夫、刑部员外郎陈旷(字彦骥)之府第和清同治元年(1862)进士、翰林院编修、山西学政、吏部右侍郎张家骧(字子腾)之府第,故名。"郎官"是封建社会的官名,为宫廷近侍。初任称郎中,满一年称为尚书郎,三年称侍郎,明清时职权渐重,为中书省、门下省、尚书省长官和尚书省各部长官的副职。官品有从二品至正二品。相当于现在的副部级。

旧时的郎官巷位于宁波古罗城西门口外直街南端,其地形基本呈方形,三面临河,一面陆地,面积约0.5平方公里,东临北斗河,北濒西塘河,西为咏归河(现为咏归路),南至苗圃路。三条河上都有一桥相通,东为马园桥通城里,北有望京桥连接中山路,西有咏归桥(俗称秃水桥)。在20世纪90年代的城建中,咏归河填后建咏归路,咏归桥也就被拆除了。

祖辈三代居住在郎官巷的王介堂先生曾亲眼见到过刑部员外郎陈旷的府第,即原郎官巷19号墙门。在"文革"前,台门上方还悬有"郎官第"的匾额。那时的郎官巷素以高宅大院的老房子而闻名于市,除陈旷的郎官第外,其中较显赫的还有张家骧府第,原郎官巷13号墙门,即宁波有名的"张家大厅"。张家大厅原来的墙门前厅内悬有"翰林"等多块匾额,其建筑有前厅、大厅、后厅,两侧过道外为厢房,从石库大墙门一直延伸到西塘河边,整幢建筑用料硕大,石雕、木雕、砖雕无不精妙。张家大厅大门前有两对旗杆夹石,比一般官宦人家多一对,据说是光绪皇帝亲赐特许的。除了陈家、张家两大郎官府第外,还有原郎官巷4号、

5号、6号的朝河墙门，9号赵家墙门，孙家祠堂，20号毛家，21号曹家墙门，张信茂酒栈房、张孟起房子等。特别是杨家房子，规模大、布局严谨，其东侧与北侧均为后花园，有河有桥，竹木茂盛，假山玲珑，可惜在1958年"大炼钢铁"时被毁，现仅存张孟起房子两幢，由军分区后勤部进驻。

其实，郎官巷的名气远没有西门板桥大。明朝永乐年间（1403—1424），西门板桥旁还是一块空地，只因出了一个诰赠奉政大夫、刑部员外郎陈旷，才在此修建深宅大院。对于这两个官阶，据辞典的解释，大夫是高级官阶的称号，一般文职官阶称大夫，随级异名，专为封赠之用。如光禄大夫之封赠，在唐代，官阶是从二品，明代升为从一品，清代则上升为正一品，成为文官最高之阶官。而员外郎，简称外郎或员外，通称副郎，是指定额以外的郎官。如果说左、右侍郎为中央副部级干部，那么员外郎就是不占编的中央副部级干部，这在明朝是很高荣誉和官阶了。到了清朝，宁波人在朝为官、政绩卓著的又有张家骧。据《清史稿·列传》记载，张家骧，字子腾，鄞县人，生于1827年，卒于1885年，世居宁波西门板桥。他年轻时十分好学，史书上称其"纯谨好学，一谢时趋"。他35岁中进士，42岁进翰林院。先在广东海南岛任知县，为官端慎。虽然远在天涯海角，条件艰苦，但他却热心为当地百姓办实事做好事，关心黎民疾苦，后来的《粤南志》就是根据这段时间的见闻写成的。因他忠于职守，为官清廉，后督山东山西学政。由于在任上政绩卓著，又加上学识渊博，升为侍讲，入南书房。

清人入关后，十分重视皇室子弟的学习，在宫中专设南书房，

曾经是郎官巷小学的宁波市中原小学
Zhongyuan Primary School (Former Lang'guan Lane Primary School)

皇帝子嗣天不亮就得到南书房读书。42岁时，张家骧当了同治皇帝的老师。在光绪元年（1875）时，他转为侍读，充日讲起居注官，后命直毓庆宫，迁侍讲学士。他与翁同龢一样，同为同治、光绪两帝的老师，虽远未翁同龢出名，但史书上称他"授帝读，朝夕纳诲，颇能尽心所职"。对此，清慈禧太后对此也有评价，亲书"砥德砺才"四字，并赐红漆金字的匾额。此匾据王介堂先生回忆，挂在张家大厅正中上方，十分抢眼，惜在"文革"时遗失。张家后人张珑仙女士也证实曾亲见此匾。

张家骧不仅是两朝帝师，还经常陪同慈禧太后观看京戏及读书，从这个角度看他也算是亲贵重臣了。当然作为帝师的他，在政治生涯中，更有浓墨重彩之处，这就是在他担任光绪九年老师期间，要他东观日本的维新，所以他也是光绪皇帝维新思想的启蒙人之一。他在任上，是参与朝廷立嗣的28位大臣之一；同时还

参与了"杨乃武与小白菜"冤案的平反。此案为清末四大奇案之一,历时三年,经过七审七次错判,牵涉到一品大员等大批官员,在朝野引起轰动,于是形成了官官相护的"两湖"派和坚持冤案平反的"江浙派"。最后,由张家骧、夏同善、翁同龢三人向慈禧力陈冤情,请求将杨乃武、小白菜一案提京受审,终于使冤案得以平反昭雪。这也是张家骧在吏部右侍郎位上朝廷惩治大小官员最多的一次。张家骧一生清廉,死后竟无银两下葬,也无一条厚实的棉被,后来光绪亲赐老师一条御被,官府发了两千两"抚恤银",才得以体面下葬。他的为人师表,他的清正廉洁,他的主持正义为后人树立了榜样。宁波人有一句老话,叫作"像不像人样,看看张家骧"。由此,我猜想,"张家大厅"不一定是张家骧时所建,可能在其父辈时已有此房了。因其父张善元官至吏部侍郎,他们家族是早已发达了的。

两朝帝师的家乡,注定是要与培养人才相联系的。张家是书香门第,对子女教育十分重视。当年,张家不分男女一律将子女送进学堂念书。郎官巷主路东段昔有一"孙氏宗祠",坐北朝南,前后两进,左右为厢房,台门前左右一对抱鼓石,雕刻精湛。台门两方刻有一副对联"诗书衍世泽,忠孝振家声"。抗日战争时期张家族人中有一位叫张庆云的,因抗日为国捐躯。抗日战争胜利后,为纪念张庆云烈士,其家属用政府所发的一笔抚恤金,在孙家祠堂内办起了"庆云小学";在新中国成立后并入郎官巷小学。据张家后人回忆,当时在郎官巷有两所小学,一所是"庆云小学",另一所是翁心梓先生在1941年办起的"中原小学"。翁心梓先生是宁波西乡鄞县石塘人。1941年,在抗日战争的漫天烽

火中,年方二十的翁心梓,风华正茂,他不甘心国土沦丧,从上海大夏大学毕业后,毅然回乡办教育以启迪民智。当时的西门口,日军设岗置炮,耀武扬威,强迫中国人鞠躬行礼。翁先生痛恨日本侵略军,不甘心桑梓受日本奴化教育,就在郎官巷选地皮,出资创办了中原小学,其宗旨是"光复中原,维护中原文化传统"。他自任校长,聘用爱国教师,并亲自担任六年级的语文教学。为了筹措办学经费,维持学校伙食,翁先生将石塘老家的粮食用船载运到学校,以供开伙,并把部分粮食变卖用作经费开支。后来,翁先生的爱国行为受到反动势力的迫害,他只得远涉重洋出外谋生。抗日战争胜利后,中原小学改名为新原小学。新中国成立后统一改成以地名命名的郎官巷小学。20世纪80年代初,翁心梓先生回国后,又出资建造了"爱国厅"。

到了1984年 5月16日,郎官巷小学又正式更名为"宁波市中原小学",一直沿用至今,以纪念翁心梓先生所做出的贡献。

时光流逝至1996年,随着旧城改造的进展,老房子拆除了,郎官巷内还办起了中原艺术幼儿园,使该区域的孩子得到了艺术的启蒙教育。郎官巷,实乃教育兴盛之巷,人才辈出之地也。

位于郎官巷内的中原艺术幼儿园
Zhongyuan Art Kindergarten in Lang'guan Lane

链接：郎官巷，原地名郎官第。因有"郎官第"而得名。明刑部员外郎陈旷（字彦骥）宅第台门上悬有"郎官第"匾额。清吏部右侍郎张家骧（字子腾）宅第"张家大厅"也在陈宅旁。明清两代该地曾居住过两位"郎官"。

四十四 双仕显达郎官巷

白云街上读"白云"

○ 盛欣夫

甲申之夏,移居甬上。落户之地,便是白云街道。令我思量,这街道是否与黄宗羲讲学之白云庄有着关联。

白云街道办公楼前,有一条横贯东西的白云街,东起"蓝天",西止"丽园",中间枕着环城西路和民丰街,全长仅850米。此路年龄不长,属新生代。始筑于20世纪末,建成于21世纪初。并非工程浩大,实是且建且停。经实地走访勘查,未出意料,白云街正是借白云庄之名以命的。建设者也想沾点文化之光吧。因路与庄,庄北路南,仅一箭之地,沾点光,情理之中。也许这也是白云庄文化的一种延伸,现代人以现代的方式诠释传统,无可非议。

溜达在白云街上,逛过"丽园馨都",即临"柳汀春晓"。品尝着"好又多"的点心,仰望着悠闲飘逸的白云,再北眺百米处,静坐于管村的白云庄。深感世事沧桑,但兴衰平常事。百味交集,又回味无穷。

白云庄,是一座文化之殿堂。始建于明万历三十九年(1611),乃万氏之祠堂、别业。明末户部主事万泰之第五子万斯选,著有《白云集》,被世人称为"白云先生"。白云庄由此得名。然白云庄之基础,要上溯至明初万氏始祖万斌。

甬上万氏,源于皖籍。以武事明室,一脉相传承。历四百年,渐厚德业。

始祖万斌(1322-1372),助朱元璋起事,诰赠明威将军。进军沙漠,大战于阿鲁浑河,血洒沙场。其子万钟(1357-1402)袭父爵,诰授武威将军。征松州,攻施州,讨吉安,抗倭宁波,授宁波卫指挥佥事,子孙世袭,并赐宅第。

万武(1386-1408)、万文(1397-1418),乃万钟二子,

白云街
Baiyun Street

先后世袭其职,兄弟皆文通经史,力能超群,为官清廉,尽忠卫国。然双双早逝,万武23岁戍边广西,战死南疆;万文22岁奋战倭寇,舟覆海疆。成就明初"三世四忠"。

是时,万家已无男人,万氏几断香火。唯万文妻吴氏,有遗腹在怀。万氏门庭的延续,落在了四位女子身上。故又有了"三节一义",四女子艰难守护万家之举。

万钟妻曹氏,携大媳陈氏、二媳吴氏、女儿义颥,励志守业。尤是义颥,矢志不嫁,佐寡母、二嫂,以冀万氏之门得以续延。《史传·列女传》《浙江通志·列女传》皆有传略。万文遗腹子万全(1418-1464),未负母望,15岁袭世职,性度宽简,事母至孝。三率海师御倭寇,以功著称,奉诏进宣威将军。其子万禧(1436-1490)、孙万椿(1470-1524),先后承祖袭,以武卫国,为民建功,皆传于史。

始祖七传至万表(1498-1556),以文章德业起,遂为甬上望族。万表既为名将,又为名儒。年十七袭世职,豁达有大志,

白云庄
Former Baiyun School

昼则骑射,夜读经史,还留心经济,以"宁静淡泊"自励。他居无华饰,衣无纨绮,食无丰味,散财赈贫。在万氏之业,其起着承前启后之功。

万达甫(1531-1603),万表之子,生有远志,执贽于一代词宗唐顺之。袭世职,督漕运于清江。后又与冯梦龙、焦闳、屠隆相过从,并结诗社,"共推公为芙蓉社长"(李邺嗣《甬上耆旧诗小传》)。

达甫对其子邦孚(1544-1628)教诲尤多:"吾家世读书,汝祖文学德谊,中外仰若景星庆云,岂以武阶诎者。汝其勉旃,即异日为人父,须以此训之,毋坠家声。"万邦孚听之切记,未负父望,为学有造。少袭世职,后授游击将军,出海援朝鲜,论功迁杭嘉湖参将,又镇守福建。邦孚在因疾回家调理期间,倾其历代之积累,择地西郊管村,左营祠院,安寝祖茔,是为白云庄之始。至此,万氏已为官9代,世袭240年。邦孚为官之余在此读

万氏故居
Former Residence of General Wan Bin

书立说。他喜读善著,著有《筮吉指南》《通书纂要》《日家指掌》及历书三种。邦孚一生,俭朴忠厚,谨守俸饩,囊无遗金,然居贫而好学,开万氏文业兴盛风气之先。

白云庄本非书院,是随着万氏以文代武,渐兼而任之。自万泰(1596—1657)始,万氏以文史替驰驱。万邦孚教子万泰:"吾见世袭之家,蔑诗书而嗜功利,一再传遂致倾覆,士大夫恒慢侮之。吾前人皆诗书出身,故能不负朝廷,代致通显,以取重当世。汝庶几守勿失,吾愿毕矣。"(高斗魁《悔庵万先生行状》)又告诫:"吾家世受国恩,义同休戚。今日之穷,分也。汝辈不读书则堕家声;读书而徒志功名,堕家声正在此也。"(《濠梁万氏宗谱内集》)万泰自此,苦读发奋。后与陆文虎、黄宗羲、黄晦木、刘瑞当、王瑞、王玄趾从绍兴刘宗周(蕺山)游,得闻证人之教。后加入复社。

　　万氏至万泰,累叠十代。时逢国变,明亡清入,故万泰"谢绝交游,课子八人(斯年、斯程、斯祯、斯昌、斯选、斯大、斯备、斯同,人称八龙),经史百家,无不究极。"(康熙《浙江通志·儒林传》)万泰与黄宗羲交,道义相砥砺,忧患相提护,气宜之笃,尤过寻常。他认为"当今学术文章,当以姚江黄氏为正宗"。令诸子师事黄宗羲,或经学,或史学,或理学,或文学。卓绝一时,均有成就。

　　这时的黄宗羲,经"世忠营"败归,眼看反清复明无望,就退而著述讲学。时应著名学者吕留良之邀,黄至崇德(今桐乡市崇福镇)讲学,两年后又去海宁。康熙六年(1667)鉴于其师刘宗周所办越城证人书院辍讲,故与学友姜希辙、张应鳌重举证人书院。"然越中类不悦学,所见不能出于训诂场屋,而甬上之闻风而兴者,一时多英伟高明之士。"(黄宗羲《董吴仲墓志铭》)全祖望《续甬上耆旧诗》也说:"故先生自言生平师友,皆在甬上,及风波稍息,重举证人之席,虽尝一集于会稽,再集于海昌,三集于石门,而总不甚当先生之意。尝曰'甬上多才,皆光明俊伟之士,是为吾薪火之寄'。而吾甬上当是时经史之学蔚起。"故黄宗羲选择此地,自然而然。

　　黄宗羲再举证人书会于甬上,时在康熙六年(1667)五月,次年创"甬上证人书院"。会讲地有几处,如广济桥高氏祠、延庆寺、黄过草堂、陈夔献家和城西白云庄,而白云庄是主要固定之场所。里中诸贤,每月群集两次,先讲述,后讨论。相互商榷与探讨,气氛甚为热烈。如此一整天,中午讲堂便饭,惟两菜,但无酒,凡学生,皆彬彬有礼。而老师,论理道德,解惑释疑。时人评黄宗羲"言论丰采,翕然可观","讲道论经,极一时师

甬上证人书院讲学场景
The Public Teaching of Ningbo Zhengren School

友之盛"。可见黄宗羲之影响。所以甬上受业者云集，多父子相传，兄弟相继。黄以"经世致用"为办学宗旨。课程有经学、史学、文学、历算等。学生有百多人，其中属弟子者66人，梨洲高足18人，万家就有3人在列（万斯大、万斯同、万言）。弟子们皆有建树。自然形成了足以影响后世的"浙东学派"，在中国思想、经学、史学学术史上写上了浓重一笔。

白云庄，逐渐地成了书院，成了书院之代名。白云庄，也随着浙东学派名扬海内。白云庄，同时也成了人们心目中的学人圣地。换言之，与甬上好学之风，有着必然之关系。

浙东学派源于"浙东学术"。浙东学术，形成于南宋时期。黄宗羲的思想形成，有着深厚之渊源。黄师事绍兴刘宗周，刘又受影响于王守仁之"阳明心学"，亦称"姚江学派"。王又受影响于陆九渊的"象山心学"即"四明学派"。陆、王以反传统之面目，冲击"绪千百年绝学之传，立亿万世一定之规"的程朱理

学。该地自宋就有新思想萌动。黄宗羲的"新民本"思想早于法国思想家卢梭提出相同理论一个世纪。由此可见浙东学人的境界之高远。万氏子孙明智,甬上学子明智,"经世致用",得以继往开来。

浙东学派,以严谨的治学精神,经过长时期不懈之努力,涌现了大批学者与学术成果。其代表人物如李邺嗣、郑寒村传黄氏文学,万斯大传黄氏经学,万斯同传黄氏史学,邵廷采传黄氏文献之学,是为黄氏第二代;第三代:全祖望传经、史、文献之学,第四代:邵晋涵、章学诚发展了史学理论,章学诚又创方志学等。然余绪不断,如定海黄式三、黄以周父子,晚清朱一新等人,直到余杭章太炎,其弟子朱希祖之史学,钱玄同之文字音韵,周作人、周树人之文史,仍有浙东学派影响之痕迹。

如说著述,能使今人惊呆,不说黄宗羲,就万斯大、万斯同、全祖望三人,足以千卷计。如说其学术价值更是了得,单说万斯大的"万氏经学五书"、万斯同的《明史稿》、全祖望的《宋元学案》等,都连动着国脉,其重量,怎能估量?如无严谨之学风,怎能如此之成就?

白云庄,历经了四百年之风雨,孕育了无数学子才俊。在国家的历史进程中,无疑起到了一定的积极作用。于现今社会之发展,仍将延伸其功效。

今日白云庄,已非万季野诗中"江城三里外,即是白云庄"的西郊管村了。昔日的村野中,已挤满了高楼大厦。白云街也侥幸地挤到了庄前,还冠得一顶儒雅而似乎继承者身份的帽子"白云"。但愿以"经世致用"之风,履行其职。白云庄,就这样安

稳地裹卷其中。然现在几经修造，又有了新的头衔，除了原有的"白云庄""甬上证人书院"，还有"明末清初黄宗羲讲学处""黄宗羲史迹陈列室""万斯同故居"以及全国文物保护单位等牌匾，成了甬上文化传承的一个基点。

白云街，畅开大道，继往开来，迎送东西来客，交流中外文化。让中西文化感受"白云"，让甬上"白云"飘扬世界。

链接：白云街，因附近有白云庄而得名。历史上白云庄一带称为管江岸、万家河。白云庄为明户部主事万泰的别业，清康熙七年（1668），著名史学家黄宗羲来甬讲学，曾以白云庄为书院，史称"甬上证人书院"，白云庄遂成为清浙东学派的学术重地和发祥地。

菊成村舍柳成庄

○ 王国宝

一

旧时，宁波人把随意闲逛称作"跶街"或"荡马路"，也有把无目的到处游荡称作"氽长江"或"游六门"。我没有这种习惯，因而也不会漫不经心地闲逛。前两年因工作需要，我在西门区域待过一段时间，得闲留意附近的几条街巷，引发一些感想，特别是在"柳庄"周边，得到了一个个意外的收获与惊喜。从名字上看，柳庄应该是一片绿意盎然的样子，可是从街头走到巷尾，却见不到一点杨柳婆娑的痕迹，这是令当今很多宁波人感到纳闷和惊诧的事情。

位于西门口附近的柳庄街，南连卖鱼桥，北接西河街，是贯穿西门外交通动脉线的腹地。其中有条濒临北斗河的小巷，叫柳庄巷。柳庄巷，旧名柳庄坊，俗名柳庄牌楼。冬日里的柳庄巷，静穆在阳光里，就像一位安详的老人。我被它吸引着，循道而趋，走进一重近似扑朔的历史境地。

原来，柳庄在历史上颇有渊源。当年，柳庄的名门望族袁珙爱柳成性，返乡后绕住宅植柳树数百株，号柳庄，著《柳庄集》，故巷以柳庄名，与隐居杭州西湖种梅养鹤的诗人林逋颇为相似。再往上追溯，柳庄的闻名，则缘于西门袁氏。

据新芝社区居委会干部介绍，袁氏故居涉及的范围较大，现在的西湾小区一带，原本只是袁氏的养马场，别称后马村，20世纪90年代初建成住宅楼。可现在，柳庄的古迹早已荡然无存，偶尔有几间破旧的民房夹杂在楼群之间，青灰的瓦砾并没有镌刻上多少历史印迹，"袅袅古堤边，青青一树烟"的景致，也早已随

柳庄巷
Liuzhuang Lane

着逝去的风物而渐渐作古。我们无法在附近的弄堂角落寻找到一处柳树围绕的庄舍,真正的柳庄早如护城河的流水一去不返,眼下所保留的柳庄只是一次历史的重新命名。可又恰恰是它,承载了历史的重重记忆,沉淀着祖辈的非凡生活,弥漫着神秘的异样气氛,不得不让人费心思量却求解无门,不知是该为它高歌还是哭泣。

化作尘土的又何止是它。就在柳庄街的旁边,有一条宁静中带着几许古旧的小巷,叫筱墙巷。此筱墙非"祸起萧墙"之墙,而是因作为防御工事的古土墙而名。东晋末年,道士孙恩率众起义,当时被江南人称作"江北虎"的大将刘牢之,与后来成为宋武帝部将的刘裕,筑土垒于三江口,同孙恩对峙,后因土垒上遍生筱竹,故后人称其遗垒为"筱墙"。相传后来所垒的土墙被江水所毁,只留此一段,今也荡然无存,但得了个地名。关于筱墙,黄南山的《三江亭赋序》早有所记,辛弃疾亦有颂刘裕"金戈铁马,气吞万里如虎"的诗句。由此来看,该地域曾经是英豪叱咤风云的关键处所,也是西袁氏祖先为何首选这块风水宝地以定居立业的主要原因。

所谓的"风水宝地",按现代科学观点来说,就是和谐的宜人环境,它主要包括风、水、地三要素。历史上三江交汇的东门口和处在城西的西门口,它们指向不同,源流则一,都是水陆要塞,而中山路就像条脐带,把这对孪生兄弟连在一起。三江口早在过去,就是宁波海上航运与内河航运的交接点,它以东门口为城市象征景观;而位处城西的西门口,也是江河交错水陆相连,万斯同《鄞西竹枝词》所谓"最是城西好风景,夕阳处处起田歌"是也。近查阅史料又发现旧时的西门外,有与南门外相对一说。南门有三市,西门有八市,三市所市多竹木畜类,有事之家率于此以购鸡鹅鸭;八市则多蔬菜行,盖皆由余姚及鄞西乡而来。昔日城之西畎亩纵横、船舶争集、夹道商铺、鳞次栉比,其繁华景象不亚于城东,想必这也是西袁氏先人相中这块物产丰饶的风水宝地又一原因。

　　据当地的老人们回忆,与柳庄街相交的卖鱼路,过去也是个繁华街市,30多年前河面还有舟来楫往的热闹,河畔也有卖鱼交易的喧哗。就在10多年前,河畔仍寄居着一些来自绍兴等地的人员,他们以在河内捕鱼和打捞蛳螺为生。每到黄昏时分,河埠头一些老头老太,搬出小板凳相对而坐,边"寨蛳螺"(摇动挑拣

柳庄古韵(盛欣夫 作)
Old Charm of Liuzhuang (by *Xinfu Sheng*)

容器内蛳螺)边"讲大道"(拉家常)。眼下鱼货集散的那份辉煌,早已随着历史长河的潮涌而被淹没了,连最后那抹光阴的碎片也荡然无存,唯有河水还默默地在河道里缓缓流淌。而我似乎成为一个后退的旅行者,依然闻到了空气中氤氲着爆炒蛳螺和清蒸河鲫鱼的香味。卖鱼路边上为数不多的几家特色小饭店,此时已是门庭若市,不知道这些顾客是不是和我一样为味蕾的回忆而来呢,还是为旧时卖鱼河里鲜美的鱼儿而来?我想更多的是冲着延续城市浓郁的生活气息和重拾乡土亲情而来。

二

当历史陈旧得无迹可寻时,我们只能在斑驳的记忆里寻找一些闪光的碎片。

《四明谈助》载:西城外,宋咸淳进士袁镛之居。袁氏代有显人。赵宋渡江,子诚自南昌扈驾,为临安知府,遂居鄞。子孙四世皆大官。

《甬上前族望表》载:城西袁氏,知临安府子诚之后也。德祐忠臣一望,菊庄二望。

《甬上后族望表》载:城西袁氏,宋殉难忠臣镛之后。太常少卿珙、礼科给事中珪,尚宝少卿忠彻,礼部主事孟悌,四望。

袁珙,字廷玉,号柳庄,菊村之子;袁珪,字廷圭,号清白生,菊村次子;袁忠彻,字静思,柳庄之子;袁孟悌,字本仁,号茸斋,清白生曾孙。

袁珪少善读书,工词翰,所著《清白集》,有敢言声;袁孟悌为人亢直,不能与世浮沉,因早引年归里,有《葺斋集》。

西袁氏的二十四世孙袁希涛和袁希洛兄弟,也是杰出人物。袁希涛是清末民初的著名教育家,袁希洛曾被推举为授印代表,向孙中山先生授过"中华民国临时大总统印",也是新中国成立后受到毛泽东主席接见的辛亥老人。而捐资1000多万元设立"上海市慈善基金会宁波西袁氏慈善教育基金"的袁勃先生,也为慈善事业作出积极贡献。2004年,袁勃先生当选为第三届上海市慈善基金会名誉理事。

由是言之,西门袁氏系支盛繁,历代闻人显要,冠盖相继,英才鹊起,成为甬上望族。

建炎三年(1129),宋高宗赵构由明州出海,袁氏先祖临安(今杭州)知府袁子诚护驾南下至鄞(今宁波),遂定居城西,称西门袁氏。而柳庄的闻名于世,源于明代袁珙。他绕舍植柳,并自号柳庄居士,雅号由此得以传开。袁珙,为袁士元之子,袁镛曾孙,好学能诗,精相术。袁珙的曾祖父袁镛,是南宋末年为抗击元兵入侵庆元府(今宁波)而壮烈殉国的爱国将领。《四明谈助》记有袁镛因失援挺身接战,自辰至酉,力不支,为所擒,在遭元军纵火燎之时,"须发且尽,词气愈厉,遂遇害",足见其无畏精神。过去在月湖曾建有一座纪念袁镛的袁公祠;月湖重建后,袁公祠消失不见。其父袁士元是元代浙东的著名诗人和学者,著《书林外集》7卷。然而袁珙并非依靠祖辈的荣耀而飞黄腾达,他一生的成就,主要体现在精湛的相术上。

明洪武年间(1368-1398),经相面高手、高僧姚广孝举荐,袁珙及其子袁忠彻都被燕王朱棣召进燕王府。据民国《鄞县通志》载：珙至宫中，谛视曰："龙行虎步，日角插天，太平天子也。年四十，须过脐，即登大宝矣。"袁珙的话不仅让朱棣大吃一惊，且更加坚定了朱棣夺取皇位的信心。后朱棣夺权成功，成为大明的第三任皇帝——永乐帝。此时朱棣深感袁珙相术精准，便封其为太常寺丞，官阶正四品，并赐给"冠服鞍马文绮宝钞及居第""所居城西，绕舍种柳，自号曰柳庄"，让袁珙荣极人臣，衣带飘飞。至居士卒，"赠太常少卿，赐祭葬"。相传朱棣还曾赐他金牌一面，使他可以遇库支钱，逢坊吃酒，深受皇帝器重。《新塘书舍诗》亦有"舍前舍后皆春水，桥北桥南卖酒家"的描写。

袁珙无心做官，却有闲情寄迹绿柳垂丝掩映迷离间，索隐钩奇洞悉奥窍潜心钻研柳庄相法。而此前的柳庄，曾有过袁士元的菊村。袁士元，号野航，晚年时曾筑别墅，老来种菊，自号菊村，故称袁士元的别墅为菊村。明嘉靖《宁波府志》载："菊村别墅，县西三里，宋忠臣袁镛之孙士元所居，士元为翰林国史院检阅，晚隐城西别墅，种菊数百本，因号菊村老人。""袁氏柳庄，袁士元子太常寺丞珙退休之里，即菊村故址也。"父子二人一个种菊，一个栽柳，实乃坊间少有。

相术乃中华民族传统百花园中的一朵奇葩，上至春秋战国，下至清末民国，历史悠久，源远流长。明清时期，各种相术流派层出不穷，袁珙的《柳庄相法》在《易》学和相术领域也占有重要地位。相学史上脍炙人口的《永乐百问》，即来自明成祖朱棣与袁氏的相学问答。袁珙有《柳庄集》收入《永乐百问》，时浙东袁珙，人称天下相法第一。

袁珙之子袁忠彻，幼承父术，从父谒燕王，任尚宝书丞，秩满进少卿，历事三朝，著有《符台外集》《凤池吟稿》等。袁家父子的学术著作《柳庄相法》，在后世相学界里流传甚广，堪与《麻衣神相》相媲美。中国传统相学发展到明代的集大

相书
Xiangshu Opera

成之作《神相全编》,亦托名"宋希夷陈抟秘传,明柳庄袁忠彻订正"。其中"希夷"为古代地名,陈抟乃著名道士、易学大师,宋太宗曾赐陈抟"希夷先生"雅号。

袁珙死后44年,即明景泰四年(1453),宁波知府陆奇为纪念袁珙,建柳庄坊。坊立石柱二,上设卢料,架横梁,梁书"柳庄"二字,梁方之上复有斗拱,饰橼木,盖青瓦,风格儒雅。此坊存续了514年,毁于1966年9月。

据附近的老年人回忆,二十几年前,柳庄一带还是小河围绕,小巷幽深,虽不见柳树,然小巷中仍有一块木牌坊,牌坊并不阔,两面的立柱紧挨着小巷的墙壁,匾额白底,写着"柳庄"两个黑色大字。可惜这样一处人文遗迹,在城市建设中消失得无影无踪了。

据说柳庄坊那残存的两条石柱,现今还被迁移保存在天一阁。仅存的石柱能否穿越时空,回到那一片亭台楼阁、菊韵柳烟的园林建筑里去呢?显然,我们只能在石柱的斑纹里,看到时光的深处,而无法看清几百年前先辈们的面容。

后人关于柳庄的文字记载不多,只有清代袁钧诗作最能体现其规格模样:

菊成村舍柳成庄,蕴藉风流接野航。
剩有孤亭碑影在,桥南桥北久荒凉。

袁钧在诗后还附言道:"太常公珙所居为柳庄,中有圣旨亭。"后来出现的新芝路,"新芝"二字,即为"圣旨"的宁波话谐音。可见到了清代的袁钧一辈,袁士元时的菊村别墅旧址,袁珙时的柳庄,以及后人建造的尚宝第、进士第、绿野阁等古建筑已日渐

颓圮，唯有圣旨亭（后改为"新芝亭"），曾经记载着一个家族的显赫地位，至今依然光彩耀人。

位于新芝路附近的新芝宾馆，始建于1985年，不知是时人的刻意安排还是历史的偶然巧合，这里是国内外政要名人来宁波的首选下榻之地，素有"宁波钓鱼台"之雅称。

透过时光的背影，我们仿佛看见一个人潮涌动的日子里，正在举行着隆重而庄严的接旨仪式。

三

据自小就居住在西袁氏故居的袁勃的外甥女陈苏吉及其他袁氏族人介绍，袁氏故居涉及今柳庄街、柳庄巷、西河街、新芝路、永丰西路和北斗河等范围。今日，这一片区域里没有翠绿屏障，没有旧径故人；那些古建筑也早已无迹可寻，人淡如菊、柳弱易折的菊村和柳庄先人如炊烟散去，唯留一块雕刻着先辈荣誉的神圣石碑静默在岁月里闪闪发光。

2005年5月5日，是一个具有历史意义的日子。该日，在西门已繁衍生息了900年的袁氏族人正在举行隆重的袁氏祭祖大典，并在西门街道的新芝路口立碑，以记历史典故，为甬上望族立碑纪念开了先河。散落在天南地北的数百名袁氏子孙聚集在先祖故土，抚今追昔，抚景长歌，言为心声，亲情融融。此前，他们还到过鄞州集士港镇山下庄袁圣君庙，祭奠以抗元英雄袁镛为代表的列代先祖，并在附近的长寿寺前河埠头，为17位因袁镛遇难而赴水

尽节的先祖举行河祭,以慰藉英灵。我应邀参加了这次西门袁氏故居遗址揭碑仪式的协作和观礼,亲眼见证了袁氏一族的历史变迁,深感历史就像一位老人,虽然已经被时间磨得物是人非,但他的脉搏、血肉和气息尚在,给人以思念、触摸及铭记的感染力。

可就在"西袁故居遗址碑"仪式即将进行时,天空突然下起雨来,如烟一般的往事偶遇水滴,如同感恩牵恨的菊花和柳丝缠绕交媾,面对此情、此景、此境,我仿佛领悟到天地间耐人寻味的玄妙,并由此想到明成化二十三年(1487)进士、南京礼部祠司主事袁孟悌的《步入柳庄故居》诗:"孤亭只有穹碑在,浩荡天恩刻几行。"短短十四字,让人感到斗换星移,岁月嬗变,形体虽死,精神犹存的无奈与尊严。

或许,旧事物注定要被新事物所代替吧,柳庄已然是那个时代的标志了。然而,我们不得不说柳庄一带是钟灵毓秀之地。当"新芝8号创意园"和"海曙科创大厦"优雅地在城西亮相时,我们看到了一个熠熠生辉的"后菊村""后柳庄"时代正在矗立和崛起。这里集结着一个时尚、前卫、个性的部落群,他们用各自的才华和创立风格突出的工作室,使得这个集创意、设计、文化为一体的创意园区,既带着明显的产业符号,又散发着浓重的艺术气息。

现如今,柳庄一带虽然没有柳树,然而在宁波城大大小小的河道两岸,我们依然可见柳树成荫的景致。这些柳树可是柳庄遗留下来的种子?也有人说,城西的海曙公园,就有一簇簇的菊花,这是园林规划者对菊村的追忆呢,还是以此杰作为消失的菊村镌刻新的印迹?

在柳庄的腹地后漕巷,我们可以看到一片植有几百米长的樟树林。这些樟树枝繁叶茂,树干粗壮,其树龄有的不乏上百年历史。这条幽静的樟树长廊,其规模虽无法与袁琪时的柳庄相类比,然而其幽深、古雅的韵味,也别有一番天地。

时光是无法交替并行的。当宁波城高耸的马头墙和低洼的旧街巷日渐消失时,我们的内心或许会闪过一丝不安或者失落。然而每个时代都有其不可磨灭的光华在世间闪耀,我们在追溯文化渊源的同时,同样记住了今日的新异和灿烂……

2005年5月西门袁氏揭碑仪式
The Stele Opening Ceremony for Yuan at the West Gate, May 2005

链接：柳庄街，原地名柳庄坊，民国时为柳庄巷。明景泰四年（1453）宁波知府陆奇为纪念明太常寺少卿袁珙而建柳庄坊。袁珙致仕还乡后，绕宅植柳数百株，并号柳庄居士。后以柳庄为地名。

江东有座七塔寺

○ 荣荣

一

宁波有一条颇有些来历的百丈街，百丈街上有一座更有来历的七塔寺。七塔寺于我是绝对不陌生的，只是平日里很少去，一来我单位旁就有居士林，二来我这人天性懒散，常常忘了或不愿受一些哪怕再简单的宗教仪式约束，再笃信，也不深读不细究不反复诵经，更认为一佛即万佛，所以，也没有跑各个寺院，把香火烧遍角角落落的习惯。当然，与朋友们一起去，那又会是另一番心情。我曾陪外地的信友专程前去参拜过不少名寺，七塔寺自然是其中之一。有一次，现任年轻的住持可祥法师还邀请我们这些文字工作者前去参观呢，我也因此对七塔寺的情况有了更多的了解，知道了七塔禅寺在历史上即为浙东佛教四大丛林（即天童寺、阿育王寺、七塔寺、观宗寺）之一，1983年被国务院批准为全国首批重点开放寺院。对寺院殿堂内结构典雅、古朴庄严的七石塔、山门牌楼、天王殿、圆通宝殿、三圣殿、法堂暨藏经楼、玉佛阁、祖堂、钟楼、鼓楼、东西厢房等主要建筑，更多了一分普通游客或香客所没有的亲切感。

去寺院与逛风景名胜自然不同。去寺院，一颗心总会是肃穆的，生怕有什么不敬。所以，总得正衣冠，确定自己肠胃里没有大鱼大肉，更要怀上满心的虔诚，才敢迈进去。这也成了我不太随便进寺院的另一个理由。

在一般的市民眼里，七塔寺更多地成了一个参照系，比如碰头、约会、问路，人们便会说，"我在七塔寺那里"或"我就在七塔寺最边上的那个塔下站着"，或告诉对方，"你可以坐车到

七塔寺,再往东走上五十米"等等。除了参照的作用,七塔寺自然还很"养眼"。每次走过路过,那些古朴的结实的好看的石塔,在车水马龙、市嚣尘蒙的街头,总会让人驻足凝望并略做一会儿出世的浮想,那总会是一些干净的想法。如果进入,十有八九的男女也是看风景的,其中的一二才会是进香拜佛的,自然,喜景者见景,喜佛者见佛,无论是进香还是看景,七塔寺都会不负所望,让各位看众信众各取所需,皆大欢喜:看景的,看到的是七塔寺古旧的韵,悠久的史;善男子善女子呢,看到的便是一个闹中取静的圣洁之地。观物就是观心,心不同,物不同,这就像摊开的一本书,心浮气躁的现代人,总会选择一些喜欢的章节而跳过更多的内容。

二

在诗人眼里,七塔寺又成了一个诗意的比喻。我的一位小诗友不止一次告诉我,他很喜欢无意识地去数数百丈路上的那七个塔,从左到右,或从右到左。那时候,他的工作单位就在七塔寺边上,有空没空,他会拿着心爱的相机,对眼里的世界进行"扫射",并在七个"够分量够级别"的塔前定格。但糊涂的他,到今天还是搞不清楚,分列寺门两侧的塔,是左四右三呢,还是左三右四。有一次,他在诗里诉说理想中的爱情,就把那七个塔一个一个地写进去了,每一个塔下都有他设计的一次浪漫的约会。我们因此可以想象他所渴望的爱情,也应该像塔那样,沉静,恒

久，怀着一种海枯石烂的情怀。

顺着他的思路想下去，我也许会去猜想，让这个寺院拥有七塔寺这样一个名称的七个塔，这一个与那一个会不会有什么不同？哪一个先在这寺院前站立起来，成为第一个守护的使者？哪一个稍轻些哪一个更重些？这些塔，既然在漫长的历史中，曾一次次被损坏又一次次被重修，那现在的七个塔还是1000多年前的七个塔吗？若不是，它们何从感受1000多年来的风雨，并因此站得历史般沉重？

这些自然只是痴想。师父说，"不能有分别心"。师父还说，"仰头大师，再俯身自我"。在俯仰之间，相信凡俗若我者，内心的尘土，该是一具可以擦拭的器皿。

三

很有些来头的七塔寺，它的历史，翻出来已太过绵长悠远，

百丈路
Baizhang Road

以至于那些大德高僧渐行渐远的脚步，重叠在一起，很难轻易区分之间的轻重高下。我只能取其寺志所载，略做梳理，用流水账式的复述，重忆七塔寺建寺1150周年里，那些漫长的辉煌或几个一闪而过的细节：

七塔禅寺初建于唐大中十二年（858），当时有江西分宁宰任景求舍宅为寺，敦请天童寺退居方丈心镜藏奂禅师居之，是为开山始祖，寺初名"东津禅院"。藏奂禅师是马祖道一嫡传法子、五泄山灵默大师的弟子，故东津禅院属于禅门洪州宗一脉。藏奂禅师深通禅宗心法，在甬城大开法筵，广设禅席，接引十方英灵衲子奋志冲关，直参本来面目。《宋高僧传》称其"凡一动止，禅者必集，环堂拥榻，堵立云会。（藏）奂学识泉涌，指鉴歧分。诘难排纵之众，攻坚索隐之士，皆立寨苦雾，坐泮坚冰；一言入神，永破沉惑"。咸通元年（860），浙东裘甫率兵起事，攻城略地，四明亦遭荼毒。一日，有一大头目率领2000多乱兵闯入寺院，欲行抢掠。寺众惊骇逃散，唯心镜禅师临危泰然，在殿中瞑目禅定，神色不变。众兵惊异慑服，作礼而退，寺院得以保全。翌年，郡守以此奏闻朝廷，盛称师德，懿宗诏改"东津禅院"为"栖心寺"。

宋大中祥符元年（1008），真宗敕改栖心寺额为"崇寿寺"。此时，寺院已成四明地区的著名道场之一，与同处市区的天台宗山家派延庆寺相并立，并为山家派提供了不少优秀人才，如广智法孙明智中立、神照法孙智连觉云、持律甚严的戒度法师等。政和八年(1118)，宋徽宗因崇迷道教，下旨将佛教寺院改为道观，崇寿寺随之改为神霄玉清万寿宫。宣和二年（1120），仍还原为

崇寿寺。乾道三年（1167），日本遣使致书四明郡庭问佛法大意，郡庭太守召集众僧研读使函，无人敢出来应命。栖心（崇寿）寺维那忻然而出，一一加以分析，指出了日书的七处错误，使日本来使惭惧而退。栖心寺维那为国争光，为佛教争光，太守尊其为"天下维那"。

明洪武十九年（1386），信国公汤和为抗御倭寇侵扰，实行坚壁清野政策，将海岛居民迁徙内地，焚毁普陀山宝陀寺（即普济寺前身）殿舍300余间，迎千手千眼观音菩萨圣像于宁波府崇寿寺内供奉，寺院住持惟摩石沃禅师舍地以建；寺东三分之一面积，复建"栖心寺"。第二年，诏改寺额为"补陀寺"，从此遂成观音菩萨道场，人称"小普陀"。七塔寺与普陀山历史渊源匪浅，即因此故。永乐四年（1406），栖心并入补陀，两寺合一。永乐二十二年（1424），住持汝庆建圆通宝殿。宣德七年（1432），永诜建毗卢阁。天顺二年（1458），文彬建藏阁、大悲弥陀殿及廊庑等。

清顺治年间（1644-1661）七塔寺重建佛殿、方丈殿、山门、钟楼等。康熙二十一年（1682）修建大悲殿，超育建云来庵塔院。因寺前建有七座石塔，故俗称"七塔寺"。寺经洪杨之役（即太平天国革命），惨遭兵火，遂成废墟。同治十年（1871），江东迎春弄周文学医生母子发心重修佛殿，早磬晚鱼，募化不倦，以人微言轻，应者寥寥，仅建山门及偏屋数间而已，母子相继抱憾而殁。光绪十六年（1890），天童寺退居方丈慈运长老应地方绅董之请，出任七塔寺住持，广集净资，大兴土木，重建天王殿、大雄宝殿、三圣殿、中兴祖堂、藏经楼、法堂、禅堂、念佛堂、

七塔寺
The Seven-Pagoda Temple

四十七 江东有座七塔寺

云水堂、大钟楼、门前七佛塔等,塑千手观音圣像,梵宇一新,衲僧云集。光绪二十一年(1895),慈运长老晋京请颁《龙藏》一套,并蒙光绪皇帝敕赐寺额为"报恩寺"。慈运长老为禅门临济正宗第39世传人,主寺期间,大弘临济禅风,传法嗣48人,皆一时之法门龙象,其中以圆瑛、道阶最为著名。七塔禅风因此广传海内外,分布在湘、滇、蜀、陕、闽、浙、苏、赣、皖、豫、台等地区,乃至南洋、日本、韩国等地,形成了具有一定规模的"七塔寺法派",七塔禅寺因此成为中国近代临济宗中兴祖庭之一。后人缅怀慈运长老之德,建"慈荫堂"以纪念之,尊其为七塔禅寺中兴之祖。

民国时期,觉圆长老担任住持时,礼请华严学大师溥常长老在寺内创办了七塔报恩佛学院。佛学院创办10年(1928—1938),培育学僧288人,多为佛门俊才,弘化十方。溥常长老住持寺院时,主持编纂了《七塔寺志》,编修了《七塔报恩寺宗谱》,编辑了《七塔报恩佛学院院刊》。圆瑛大师任住持时,在鄞县五乡同岙庚山岭辟建了塔院道场,为七塔寺年老僧众修行之所;设立普同塔,供奉七塔寺圆寂僧人灵骨。寺院历代高僧辈出,法派弟子岐昌、道亨、僧晙、智圆、常西、觉圆、圆瑛、溥常、指南、显宗等近代佛门大德曾先后担任住持,虚云、谛闲、圆瑛、道阶、溥常、谛闻等常于寺内讲经说法,大施教化,影响深远,在佛教界享有盛名。

七塔禅寺自创建以来,屡经兴废,特别是"十年动乱"之际,更遭严重破坏,七塔道场名存实亡。1980年,党的宗教政策落实,成立七塔寺修复小组,由宁波市佛协会长月西大和尚任组长。在

政府领导重视和四众弟子支持之下,月西大和尚经过10余年苦心经营,终于将寺院殿堂一一修复,使寺貌焕然一新,重现往日庄严恢宏气象,成为市区内唯一一所大型寺院。月西大和尚之功绩,诚堪与慈运长老相比肩而永垂不朽。

1993年月西大和尚圆寂后,其高足可祥法师秉承师父遗训,带领全寺僧俗四众,重修了圆通宝殿、三圣殿、钟楼等,开辟了"栖心一览"文物陈列室,重建了东厢房,新建了鼓楼,改建了山门牌楼,创办了七塔佛学文化网站,编辑出版了《七塔禅寺五百罗汉图》《月西大和尚圆寂十周年纪念集》《七塔禅寺》《七塔禅寺修复开放二十周年纪念集》《七塔寺人物志》等书籍。在寺院各项管理中,坚持以城市作为依托、以制度加强管理、以经济促进发展、以教育培养人才、以文化确立品位、以道风赢取信众、以慈善回报社会的原则理念,走出了一条与时俱进、别具特色的发展之路。

1994年8月23日,可祥法师接慈运长老法孙、圆瑛大师法子明旸大和尚所传之心法,使七塔禅寺法脉得以延续,祖庭得以重光。2003年3月25日,可祥法师荣膺七塔禅寺新一任方丈,寺院历史翻开了新的一页。

链接:唐长庆元年(821),明州州治从小溪(今鄞州区鄞江镇)迁到三江口,为便于与江东的沟通,长庆三年(823)建造了灵桥,该桥的建成,加速了江东的建设,到清末江东已形成百丈街、后塘街、锦绣街、东胜路、木行街、四眼碶等等道路网。原百丈路北侧有纪念抗清志士钱肃乐的忠介街(肃乐谥忠介),现已拓建为百丈路。附近有七塔寺、彩虹坊、钱肃乐故居等史迹。

市列珠玑百丈路

○ 楼小娴

一

　　夏日的黄昏伴着阵阵蝉鸣缓缓降临，像一抹轻雾为天边笼上了一层静谧的金色。阳光已然褪去了正午时火辣辣的金装，懒洋洋地斜照在地上，将影子拉得老长。站在灵桥东望，在建的香格里拉大酒店，通透的玻璃表层，在阳光下折射出眩目的光芒。此时的百丈路，俨然是一朵散发着清香的睡莲，缓缓绽开，虽没有中山东路那么耀眼，但是透出淡淡的怡人而悠长的意味。

　　在老宁波人的记忆里，百丈路向来是江东区古老商业街之一。路两侧，旧时曾有怡泰祥、楼茂记酱园、赵大有糕团店等百年老店。经过数十年的变迁，今天的百丈路上更是吃喝玩乐应有尽有，人声车声不绝于耳。国际会展中心大厦、彩虹大厦、嘉汇国贸中心、东城百汇大厦、利时大厦、永和·恒富大厦等高档写字楼拔地而起；中信国际大酒店、甬港饭店、开元大酒店、现代大酒店、新晶都酒店、石浦大酒店等星级宾馆和酒店也纷纷在此"圈地"。与楼宇经济相映衬，百丈路又是宁波"钱业"高度集中的地方，聚集了多家银行，人气和财气不断攀升。

　　不仅如此，作为继城隍庙、开明街之后又一新潮时尚服饰的淘宝城，一百彩虹商厦早已深入宁波市民心中。荷包宽裕、讲求实惠、善于砍价的都可以在此淘到合意新衣。所以，从早到晚这里都是人气不坠、美女如云。各类时尚饮食接踵而至，顺旺基、意卡菲、肯德基、棒约翰都在百丈路上见缝插针。难怪有人感慨，吃穿、坐唱，在这条路上没有办不到的。

　　一路向东行，星辰四季、君悦花园、好阳光国际商务公寓、

华光城、太古城、江南春晓、百丈花园等小区相继入目。外观现代气派，内部设施齐全，自然是人们择居的重要标准。

二

历史上的百丈路与中山路一样，堪称宁波城市东西向的主轴线，包括百丈路和百丈东路。百丈路西起江东南、北路口，东至彩虹南、北路口；百丈东路西起彩虹南、北路口，东至世纪大道。现在，百丈东路延伸段进一步东拓至邱隘镇盛莫路。

百丈路曾又名时雍街、百丈街、米行街、卖饭桥、卖席桥，是宁波古老商业街之一。据说，自从唐代奉化江上架起灵桥后，来往此地的人逐渐增多，慢慢地形成了街道。旧时，过浮桥直下，至米行桥长99.7丈，故名百丈街。民国二十三年（1934）填河拓建马路，东延至卖席桥，称百丈路。1965年改建为沥青路。"文革"时改名红卫东路，1981年恢复原名。

百丈路沿线的未来规划，依托三江口商业人气，重点发展商场、旗舰店、专卖店等，融合发展宾馆、餐饮、休闲娱乐，积极发展以贸易、采购、信息为主要功能的特色商务楼宇。将以三江口为起点，沿中山东路、百丈路延伸至世纪大道，是城市发展的主轴线。

传说中，在古时候，有一乌龙精在东海作梗，老龙王自知不是对手，请戚继光将军帮忙。戚将军带兵等在招宝山上。午后，只见海面喷出一团黑水，一条黑龙蹿出水面，老龙王随即蹿上，

晨曦中的百丈路
Baizhang Road in Daybreak

斗成一团。老龙王寻机朝水下一钻，戚将军抓住时机，命将士向乌龙精射箭。乌龙精被射死，老龙王左眼也中了一箭。

老龙王听说宁波江东有个专治眼睛的名医，便前去就医。医生一看，说："你不是凡人，想医好眼睛就要现出原形。"老龙王说："现出原形会吓煞你的。"医生不怕，并约定次日医治。第二天中午，又是乌云又是雷雨，人们躲在屋里不敢出来。老龙王在空中现身慢慢下来，身长百丈，而它的大身恰好伸展在一条街上，于是就把这条街叫作百丈街，后改称百丈路。

听居住在这里的居民介绍，百丈路一带，最初水利局，后来是划船小区。记得20世纪80年代，甬港饭店前是条河，而百丈东路两旁都是低矮的老屋和农田。老屋经历了时间的磨砺，已经破败不堪，却是小朋友们玩耍嬉戏的重要"基地"。在那窄窄的弄堂、低矮的老屋里，人们奔跑着、追逐着。

对于百丈路的记忆，有人说总是渗透着夏日的气味。每逢夏日雨天，雨滴如万条银丝从天上飘下来，老屋屋檐落下一排排水滴，像美丽的珠帘。女孩子总喜欢用双手去接屋檐上流下来的雨水，水从指缝中滑落，有些则顺着手臂往肩流，那种凉凉的感觉真是舒服。而仲夏时节，记忆中少不了蛙声一片……现在，只有在记忆中才能找到这些场景了，因为老屋和空地早已不见踪迹，代之以林立的高楼大厦。

在荷花庄小学读书的学生上下学，走的就是百丈路。在夏天放学回家的路上，总能看到冰棍小摊。当时最畅销的就是"灵桥牌"棒冰。汗流浃背的学生，掏出5分钱，就能如愿吃上一根。

三

七塔寺位于百丈路，是市区内规模最大保存最完好的寺院，也是宁波地区四大丛林（即天童、育王、七塔、观宗）之一。它东邻彩虹北路，西毗箕漕街，斜对面为一百彩虹商厦。1983年，被国务院确定为汉族地区佛教全国重点寺院。寺院殿堂结构典雅规模宏大，主要建筑有：七石塔、山门、天王殿、圆通宝殿、三圣殿、方丈及藏经楼、钟楼、玉佛阁等。

七塔寺建于唐大中十二年（858），距今已有1150年。最初名东津禅院，曾改称栖心寺、崇寿寺、补陀寺。七塔禅寺自创建以来，迭遭兴废，特别在"十年动乱"期间，更受严重破坏。1980年，殿堂庙宇经全面修建后，焕然一新。在大雄宝殿的墙壁上，嵌着清光绪二十年（1894）所刻的五百罗汉像，雕刻工巧，神态各异，为国内稀有的壁上雕刻罗汉像。寺内较完整地保存着历代石刻、碑碣、藏经等珍贵古迹，其中有：宋代铸造的大铜钟两口；明代古木搓一座；大清龙藏经一部，清雍正十三年（1735）刻印；在玉佛楼上，供奉着玉佛一尊，洁白无瑕，光彩照人。

怡泰祥食品商店坐落在百丈路居灵桥东首，是一家有百年历史的老店。前身是怡泰祥南货店，创建于清光绪年间（1875-1908），主要经营南北果品、糕点酥饼、细面坚烛等，驰誉沪杭。当年为前店后场，日产日销。因民间食用点心时普遍佐以清茶，故糕点又称茶食。茶食因季节变化而有不同品种，如春季吃茯苓糕、绿豆糕，夏季吃冰雪糕、薄荷糕，秋季吃月饼，冬季则吃麻酥糖、藕丝糖，端午节吃蜂糕，年节前用祭灶果等，故茶食又称四时茶

楼茂记
Loumaoji Seasoning Brewage Workshop

食。怡泰祥的糕点现做现卖，产品合时令，深受赞赏。

怡泰祥的近旁就是名刹七塔寺。由于怡泰祥糕点质量好，礼佛人家都喜欢到该店定制供品。

楼恒盛茂记酱园始创于清乾隆八年(1743)，距今已有200多年的历史，是宁波现存最早的老字号之一，原址位于灵桥东堍的百丈路口。

历史上"楼恒盛茂记酱园"经营具有江南风味的各档花色酱菜，尤以秘制的"楼茂记"香干最为有名。1956年公私合营改造后，改名为楼茂记酱品商店。1988年，由宁波江东蔬菜食品股份有限公司管理，10年后改制成立宁波市楼茂记食品有限公司，产品扩大到豆制品、酱醋、酱菜、黄酒、麻油五大系列，年销售额从100万元增加到现在的1000万元。如今，以"楼茂记""佐餐王"为品牌生产的酱油、醋、腐乳等花色调料达100多种。

赵大有糕团店是宁波的老字号，原位于百丈路26号。龙凤金团是浙东一带妇孺皆知的传统名点，也是宁波十大名点之一。旧时，宁波有许多制作金团的糕团店，但以赵大有制作的龙凤金团最为有名，称"赵大有金团"。蒋介石每次回乡必买。

目前，赵大有食品公司已形成以糯米制品为代表的软糕、酥饼、汤团馅、豆沙馅等多种系列产品。

鄞州新华书店的前身为鄞县新华书店，建立于1963年。40多年来，书店规模日益扩大，并于1999年在鄞州中心区购地十亩营造鄞州区购书大楼，面积7888平方米。1992、2000年被中宣部、新闻出版总署表彰为"全国百县农村图书发行先进单位""全国农村图书发行先进单位"。

鄞州人民医院创建于1949年，前身为鄞县县立人民医院，1956年改名为鄞县人民医院，2002年鄞县撤县设区后，鄞县人民医院改名为鄞州人民医院。鄞州区政府搬迁后,把原来的区政府大楼改造成鄞州人民医院。如今,位于百丈东路251号新址的鄞州人民医院,医疗和生活设施显著改善,是目前宁波规模较大的专业体检中心之一。近年来,医院还被确定为浙江大学医学院教学医院、杭州师范学院医学院非直属附属医院。

甬港饭店坐落在宁波市百丈东路105号。1960年,香港工商界人士王宽诚自新中国成立后第一次回乡,出资80万元,投资兴建宁波第一家涉外旅游宾馆——华侨饭店。

到了1978年10月间,王宽诚又一次回乡,又感到家乡赶不上时代的变化,更不能适应对外开放的实际需要,提议创建一座新的饭店,这就是位于百丈路的甬港饭店。甬港饭店于1979年12月动工,投资150万元,1982年4月建成开业,建筑面积4326平方米,有客房83套。《宁波市志》说,此饭店"由甬港联谊会得名"。经过改造和扩建的甬港饭店,成了甬城"老字号"的涉外饭店。

如今的百丈路,承载着商业街、时尚街、消费街、文化街等多重身份,记录下宁波从古至今的昌盛与繁华。

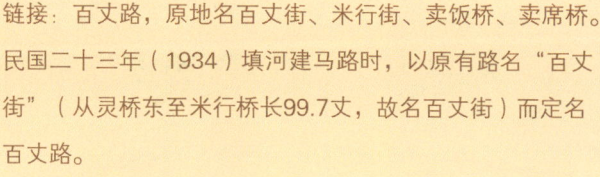

链接:百丈路,原地名百丈街、米行街、卖饭桥、卖席桥。民国二十三年(1934)填河建马路时,以原有路名"百丈街"(从灵桥东至米行桥长99.7丈,故名百丈街)而定名百丈路。

庆安会馆
Qing'an Chamber

一路寻访妈祖庙

○ 蔡双其 陈玉贤

一

妈祖文化是人类文化中一个重要的组成部分。在我国漫长的海岸线上，北起丹东、秦皇岛、天津、烟台，南到上海、宁波、福州、厦门、广州、澳门等地，都建有妈祖庙，就连江西景德镇、贵州镇远、安徽天长县等内地，也建有妈祖庙，朝鲜、日本、越南、新加坡、菲律宾等国家，也都建有妈祖庙，与大陆一水之隔的台湾，妈祖的影响更为深远，在世界各地的近5000座妈祖庙中，台湾全岛就有500多座。以妈祖信仰为核心并形成发展的妈祖庙，已经成为无数信众表达怀念与感戴的重要载体，而福建湄州妈祖祖庙，是中华妈祖文化的发祥地，也是世界妈祖信众的朝圣中心。

宁波与妈祖信仰源远流长、关系密切。早在北宋宣和五年（1123），宋徽宗为妈祖钦赐"顺济"庙额后，妈祖信仰便借助明州港而获得朝廷认可，并使其影响从该地扩大至全国乃至世界。

为了从历史到现状，更多地了解这方面的信息，宁波泉州商会前不久还专门邀请了有关人士，举行了妈祖文化信仰源流座谈会。与会人士一致认为，妈祖文化是一个有机的整体，应从广义的角度去认识、去理解、去探究，商会应为妈祖文化的弘扬和传播做出特殊贡献。为此，商会组织了精干人员，从实地走访和资料辑录入手，开展相关研究。其实，早在商会成立之际，我们就心存永念。如今，带着这些期待，我们开始了主题之旅，一路寻访妈祖庙。

我们从海曙区出发，驱车一路向北，经过车水马龙的江厦街，绕道江北，穿过肖然矗立的甬江大桥，几千年文明承载着的现代宁波商业文化，如春风般扑面而来，让人感受到时代赋予的沧桑、繁华与激情。

我们首先来到江东北路，叩拜庆安会馆。如果将江东北路喻为长龙，那么巍然矗立于其龙首位置，左右两边互相对峙的中信国际大酒店和香格里拉大酒店，就应当是龙角了。两家五星级酒店同时位列一条街道的两边，如秀丽的峰峦般耸峙，足见其锦绣繁华。

一切仿佛还在我们眼前。记得2008年5月22日，北京奥运会火炬接力宁波市区的起点仪式，就是在位于江东北路156号的庆安会馆门口进行的。5月22日上午，象征着"和平、友谊、希望"的奥运火炬接力，因悼念"5·12"汶川大地震全国哀悼日暂停三天后，再度在宁波启航。宁波站的奥运火炬传递线路，体现了宁波时尚水都、商贸名城以及江海港桥的特色，因此被浙江省命名为"东方港城之路"。

在"东方港城之路"中，不仅有世界上最长的跨海大桥——杭州湾跨海大桥，也有内地第二大港、世界第四大港——宁波港，更有着浙江省现存规模最大的天后宫，同时也是宁波港昔日海外贸易发展、繁荣的历史见证——甬东天后宫（今庆安会馆）。

天后，又称天妃、天上圣母，民间俗称妈祖，是历代船工、海员、旅客、商人、渔民，尤其是沿海百姓崇拜的海神。史料记载，妈祖原名林默，是位未婚女子，福建莆田人，宋代都巡检之女。她生而神异，能预测天气和预言人间祸福，尤其熟悉水性，

四十九　一路寻访妈祖庙

385

能拯救海难和指导航海，为海边百姓所崇拜，故"邑人祠之，水旱疠疾，舟行危急，有祷则应"。妈祖后来因救助海难而献身，人们为表达对妈祖的怀念与感戴，相继立祠祭祀，历代朝廷也对妈祖一再褒扬诰封。世界上第一座妈祖庙，即今天的福建莆田湄洲妈祖祖庙。后来，妈祖庙由莆田逐渐扩大到整个福建地区，并随着闽地商人的足迹，传播到了全国其他地方乃至世界各地，以至于妈祖信仰和妈祖庙成为沿海地区的重要信仰和标志性建筑景观。

庆安会馆历来就是妈祖信仰和宁波港口城市的标志性建筑，是昔日宁波港与海内外通商贸易和文化交流的历史见证。它地处奉化江、甬江、姚江汇合的三江口东岸，江东北路中段，南为常关弄，东为东胜路，北为荷池路，与甬江大桥相邻近，是浙江省唯一保存完整的会馆建筑群，目前已经跻身全国七大会馆之列。在这七大会馆中，唯独宁波的庆安会馆（包括安澜会馆）是我国近代海运业著名的南北号兼之的会馆。不仅如此，它又是闻名遐迩的中国八大天后宫之一。这一切同时又是"海上丝绸之路"的重要组成部分。

庆安会馆坐东朝西，规模宏大，占地面积约5000平方米。沿中轴线有宫门、仪门、前戏台、大殿、后戏台、后殿、前后厢房等建筑。建筑装饰采用砖雕、石雕和朱金木雕等宁波传统工艺，堪称宁波近代地方工艺之杰作。

庆安会馆的大殿原系供祀天后的神殿，有10多米高，明间和次间各有一对蟠龙柱，采用镂空雕刻，在整块的石料上一气呵成，柱上倒挂的苍龙栩栩如生，与此相呼应的凤、凰二柱也是采用这种雕法。

庆安会馆
Qing'an Chamber

这几根石柱还有一段故事。据说为了雕成这些石柱，时人特地邀请福建兴化的名师巧匠雕琢，且足足花了一年多的时间。但每根高四米余、重达数吨的石柱，雕成后要运回来，可不是一件容易的事。于是船工们巧动脑筋，奇出点子，未将石柱装入船舱，而是把它悬装在帆船的船舷外侧，左右各置一柱，用绳索固定，四柱分装两船。当运至浙江洋面时，忽遇飓风，海上不少帆船被狂风刮翻，船沉人溺，唯此两艘装有石柱的木船，在惊涛骇浪中因两舷挂装石柱，重力均衡，船体稳定，竟乘风破浪，得以安然无恙，平安到达甬江道头。舶商、船工认为是妈祖佑灵，于是在庆安会馆的大门前，搭起高高的戏台，演戏三天，如敬神灵，江东顿时热闹非凡……

二

也许有人会纳闷，为什么会在江东北路上建造这么一座天后宫呢？这还得从宁波和江东北路独特的地理位置说起。宁波东临大海，自古有鱼盐之利。唐宋以来，宁波以其天然的地理优势和经济优势成为"海上丝绸之路"的重要港口：

宁波"昔有古鄮县，乃取贸易之义……南通闽广，东接倭人，北距高丽，商舶往来，物货丰溢，出定海有蛟门虎蹲天设之险，实一要会也"。（《宝庆四明志》）由此可见，宁波之所以经济繁荣、贸易发达，是与各地贸易往来日趋频繁密不可分的。古往今来，众多的商贾云集明州城，各地商人依托宁波港的优越地理环境，开设商号，打造船只，经营货物，繁荣了海上贸易，同时也促进了妈祖文化的发展和传播。

正是由于宁波在海外贸易和国内漕运中重要的交通地位，宁波的天妃（妈祖）信仰在元代受到特别重视，其地位也发生了新的飞跃，元代宁波各种有关天妃庙的文献都表明这一点。《元天历二年九月壬申祭庆元天妃庙文》云："浙水东郡襟江带海，漕道远涉万里波涛，神妃降鉴丕著宏功，息偃狂飓风，凡扫妖氛，永颂明德，百世扬休。"

元代宁波人程端学《灵慈庙记》又云："若海之有护国庇民广济福惠明著天妃是已。我朝疆域极天所覆，地大人众，仰东南之粟以济京师，视汉唐宋为尤重，神谋睿算创运于海，较循古道功相万也。然以数百斛委之惊涛骇浪冥务飓风，砜柂失利，舟人骙守危在瞬息。"

不管是天妃庙的祭文还是碑文，都表明元代天妃信仰背后人们的希冀。直到鸦片战争之后，宁波天后宫的兴建发生了一次大转机。

第一次鸦片战争期间，宁波被英国侵略军占据。战后，宁波被辟为"五口通商"口岸之一，宁波的航海商贸发展迅速，加上咸丰年间（1851-1861）黄河北移之后，漕粮大部分改为海运，在这种情况下，宁波"南北号"的趸船，开始在浙江的漕粮海运过程中发挥重要作用，于是宁波三江口各地船商云集，港口贸易繁荣。

清光绪《鄞县志》云："鄞之商贾聚于甬江，嘉道以来云集辐辏，闽人最多，粤人吴人次之，旧称渔盐粮食马头及西国通商

百货咸备,钱粮市直之高下呼吸与苏杭上海相通转运。"民国的《鄞县通志》又云:"甬埠通商要以清代咸同年间最盛,是时国际因初辟商埠,交通频繁,国内则太平军起,各省梗塞,惟甬埠岿然独存,与沪渎交通不绝,故邑之废著鬻财者,舟楫所至北达燕鲁,南抵闽粤,而迤西川鄂皖赣诸省之物产亦由甬埠集散且仿元人成法重兴海运,故南北号盛极一时,其所建之天后宫及会馆辉煌煊赫为一邑建筑冠。"

晚清时期,那些在宁波靠海运发财的舶商,纷纷在三江口附近建立商业会馆和天后宫,北号船商建了庆安会馆,而南号船商则在比邻兴建了安澜会馆。妈祖信仰在宁波又一次兴盛起来。

据清董沛《甬东天后宫碑铭》记载,庆安会馆临江西向,"前殿三,后殿三,前西为宫门,又西为大门,南北为翼楼,北之北为庖厨。宫之基前广六丈,后广十丈,左延三十二丈八尺,右延二十九丈",里面供奉航海保护神妈祖,每逢农历三月二十三妈祖诞辰和九月初九妈祖升天日,一大批航商、渔民云集到这里,他们演戏敬神、祭祀妈祖,举行庄重的崇拜祭祀仪式和丰富多彩的民俗表演,热闹非凡,仿佛赶庙会一样。史载我国近代自办的

20世纪50年代宁波港
Ningbo Port in 1950s

19世纪70年代宁位于江厦街的波天后宫（《宁波旧影》）
The Heaven Goddess Palace in Jiangxia Street in 1870s (from *Old Pictures of Ningbo*)

第一艘轮船也是从庆安会馆起航，通往大海的。这不仅标志着中国木帆船向轮船的转变，而且成为创办中国近代洋务的先声。

而福建人所建的宁波天后宫，又在哪儿呢？其实，就在江东北路的对面，也占尽了宁波三江港口天然的地理和经济优势。

我们一路追寻，在文保专家和当地老人的指引下，终于在宁波三江口一带的奉化江西岸的灵桥门北，即今东渡路与江厦街交叉处，找到了她的原址所在。这是福建船主沈法询在宁波建造的第一座妈祖庙。通过信奉妈祖，把福建船商联合起来，这成为宁

波港商业船帮集会场所最早出现的雏形。《灵慈庙记》就载有"神之庙始莆，遍闽、浙。鄞有庙，自宋绍熙二年（1191）来远亭船舶长沈法询……舍宅为庙……"

《四明谈助》亦载，宁波天后宫，旧名天妃庙，又名"福建会馆"，始建于宋绍熙二年（1191）。"国朝康熙间（1662-1722），海禁既弛，闽、粤商贾辐辏，海中屡著灵异，捐资修建，为城东巨观。雍正五年（1345），敕号'天后'"。

19世纪中叶以来，大批的西方传教士、商人和旅行者来到宁波，对天后宫恢宏壮丽的建筑风采和精美绝伦的雕刻神韵惊叹不已。德国建筑师恩斯特·柏石曼在天后宫摄下了精美的照片，其中前庭、神龛的画面尤其珍贵。英国摄影家约翰·汤姆森赞誉天后宫为"中国最好的建筑之一"和"中国神殿建筑的辉煌典范"。

由于天后宫建制宏大，巍峨壮观，故连当初临近的路名也因其而名，如《鄞县通志》就载有"东渡路，旧名天后宫前、天后宫后街"云云。

宁波天后宫的建造时间，比泉州天后宫还要早一年。遗憾的是，1949年，天后宫被国民党飞机炸毁。

1982年8月至11月底，宁波文物管理部门曾经组织人员，对宁波天后宫进行大规模挖掘考古，发掘面积达1340平方米，发现了大量的文物。此次挖掘考古，同时还清理了不同时期的建筑基址。其中第一次建筑保存有主体建筑一座，体量与第二次建筑同，在基址中尚保留了元代的素覆盆式柱础石等残构件；第二次建筑仅有殿宇建筑一幢，年代最晚也在元至元五年（1345）左右，相距第一次建筑约半个多世纪；第三次建筑由前殿和大殿二部分组成，

在台基中出土了大量景德镇等民窑青瓷器,且以嘉靖、隆庆、万历、天启等各朝代器物为多,其中出土的龙泉窑青瓷盘、碗、炉均为明代常见之物,由此断定该建筑应为明代无疑;第四次建筑包括放生池、前殿、戏台、甬道、月台与大殿等,因在大殿中出土了一批清康熙时期的青花器与康熙三十四年(1695)的"重建敕赐宁波府灵慈宫记碑",证实了该建筑群乃重建于康熙年间;第五次建筑包括水池、前殿、戏台、甬道、月台与大殿等,该建筑一直沿用至宁波解放初,从清理残迹的雕龙柱、青花器与碑记证实,这座建筑扩建于清咸丰年间(1851—1861)。

这些记载,充分说明了宁波三江口一带之所以繁荣、昌盛的客观原因。

三

说起庆安会馆和江东北路,还不得不提到一个人,那就是周星驰。周星驰的祖籍便是宁波,由他导演和主演的电影《长江七号》中的绝大多数镜头,是在宁波拍摄的,而且影片中的大多数镜头都是围绕着这条江东北路展开的。

在影片中,周星驰扮演一位民工,他和儿子一起住在一座风雨飘摇、快要动迁的小楼中。这座小楼正是位于江东北路之上,是一片空地上孤零零的一幢烂尾楼。我们甚至还可以从影片中,透过这幢破屋门口的一块道路交通指示牌,看到"距庆安会馆4

公里"字样呢。如果不是迷人之地,又怎么能演绎一个城市的童话,吸引媒体足够的目光?

庆安会馆的迷人之处不仅在于它的建筑内涵与历史底蕴,而且在于它常年举办的古代船模展。各种各样、古今中外的帆船模型,看了让人流连忘返。驻足于三米左右长、一米左右宽、一米左右高的帆船模型前,人们仿佛能够听到大海上的风,沿着甬江的方向吹过来,鱼贯而入,吹进庆安会馆的大门,进入这些帆船的船舱,鼓起这些帆船的篷帆,甚至还能听到艄公的号子,与浪花拍击船舷的声响,能闻到鱼腥的味道和大海的味道……

循着味道,忽然想到古人坐在这条江东北路上,看着樯帆与桅杆在风中摇曳,看着古城的灯火辉煌,发出"阅尽沧桑不记年,入海迂回路八千;从斯共比古城好,风涛声中处处烟"的感慨。现如今,我们就站在江东滨江公园里,感受着同样的神奇:三条活力无限的江河,终年朝着大海的方向汤汤地流淌,孕育并创新着宁波乃至中国的航海史;开风气之先的"宁波帮",从对面的江北老外滩出发,足迹遍布世界各地,滨江公园内"三江送别"铜雕组,就是近代宁波帮告别故土、闯荡天下的生动再现;庆安会馆南侧的中国人民银行和紧挨着的金光百货,在不断吸纳人气的同时,还吸纳了大量的财气;就连与"上青天"(上海、青岛、天津卷烟厂)同时诞生的宁波大红鹰卷烟厂,也在江东北路旁,让这座城市充满了妙不可言的动感与节奏。

要是沿着甬江朝北走去,欣赏过三江口及其甬江大桥的美景,到了江东北路的原渔轮厂码头,进去后就会发现,里面竟开着几十家海鲜大排档。每次陪外地朋友尤其是福建来的朋友,参观完

宁波帮雕塑群
Sculptures of Ningbo Business Elites

庆安会馆，介绍了宁波的航海史，了解了福建妈祖文化与宁波妈祖文化的结晶后，我们便会驱车将他们带到渔轮厂的海鲜排档店，请他们尝尝鲜。因为这里有宁波最新鲜、最实惠的海鲜。勤劳的渔民们从岱山、沈家门、象山捕到鱼后，直接就用船只送到这里的码头，这样的海鲜才叫真正的鲜。据说，每天晚上都有数千人熙熙攘攘流连于此，一道平民化的夜生活风景于是在江东北路边上的这些夜排档里展开。走到任何一家店里，店主都会秀出独特的拿手菜，烹饪手法没有繁复花样，一切都照着简单、纯粹来，

完全保留了海鲜的"鲜味"……

在宁波卷烟厂斜对面，江东北路的西侧，不久后还将崛起一座"甬江边的城市书房"——宁波书城。建成后的宁波书城将以一个最富特色的精品书城典范，打造宁波的城市名片和文化地标。宁波书城是宁波文化大市建设和实施"中提升"战略的重点工程，是三江六岸文化长廊的重要组成部分，同时也是甬江东岸片区开发的首期项目。书城选址在江东北路原宁波太丰面粉厂厂址，隔江与宁波老外滩和宁波美术馆相望，规划中的惊驾桥建成后，将会形成老外滩历史文化街区、美术馆与书城文化产业区融为一体的城市新的文化中心。

历史没有忘记给后人留下存在过的凭据，江东北路充满着精彩的时代跳跃感，让人们的每一次回眸都更加真实。人们同样希望，宁波天后宫也能在不久的将来复兴，使曾经璀璨的宁波妈祖文化喜逢盛世又流芳。

> 链接：江东北路，原地名后塘街、木行街。甬地建造住宅喜用福建杉树。明清以来，自福建而来的杉树在现杉杉公园一带上岸交易。这里成为建杉的集散地。因设有多家木行，故名。这一带又有杨柳道头、包家道头等多处海运码头。现有庆安会馆、安澜会馆、浙海常关等史迹。

如今的外滩,少了曾经的沉重与压抑,多的是时尚和轻盈。
The Old Bund today has replaced the heaviness and depression of history with fashion and relaxation.

擦肩花样的年华

○ 卢 雷

宁波的老外滩位于江北岸甬江畔,距三江口咫尺之遥,是中国最古老的外滩,比上海的外滩还要早上20年。

唐代四大港口以泉州、广州、明州、扬州并称。进入宋代后,当时的宁波最早设立了市舶司,专门管理对外贸易。在清代实行全面闭关之时,宁波外滩是唯一保留了对外贸易的特殊港口。这种特殊的港口地位从1644年延续到1684年左右,代表了宁波的一段历史。1842年,中英《南京条约》签订,宁波被列为五口通商口岸之一。1844年的第一天,宁波老外滩正式开埠。

新中国成立后,因该地处于工业区,年久失修,建筑逐步破落,成了"低洼地"。

2002年,老外滩改建,整个工程的1/3是保护近代建筑,1/3是延续老外滩的风貌,另外1/3是给宁波注入新的生活内容。

2005年1月1日,投资6亿元的宁波老外滩重新开埠。建成的老外滩最高建筑不超过4层。整个街区分商业会馆、娱乐休闲、城市公寓、世界美食、国际酒店和城市展览馆6个区块,由区内小街自然连接,成为宁波顶级的社交平台。

十里洋场花开花落

春末,将暮未暮时分,阳光倾泻而下,此时的宁波老外滩休闲而优雅。哥特式的天主教堂前,几对新人,簇新礼服,浅笑吟吟,低声细语。

老外滩的主街——中马路、扬善路、二横街、外马路,阡陌

20世纪50年代老外滩
The Old Bund in 1950s

纵横，交织出曲折回旋的弄堂，穿梭其间，一如徜徉在上海新天地。一条街道，一湾沙滩，一座教堂，一片蓝天，春色浓郁的树林之上是欧式城堡模糊深沉的轮廓，恍惚从旧式留声机里飘出的甜美歌声，绕过那些圆拱顶的窗户，窗纸上还有凝神的人影。外滩改建时，设计师们煞费了一番苦心，他们甚至保存了石库门上的绿色青苔、枯萎之后重又新生的小草，隐约体会着深厚的历史感。

在这样窄窄的弄堂里，时间会放慢脚步。半梦半醒的气息，就附着在巴洛克的拱门上，或是倚在墙角冷清的路灯旁。

走进外马路与扬善路路口的星巴克，上二楼，选楼梯边的位置坐定，推开两扇红漆木窗望出去，不远处便是波光粼粼的甬江，江堤上支起的大阳伞，阳伞下悠闲地吸着饮料的老外，音乐随风

而飘……莫非步入了他乡异国？

一直以来，很喜欢这样对着楼梯坐，那段楼梯有个转角，往下，视线就被遮住了，设想着下一个踩着"咯吱"声走上来的人会是谁。在这样一个没有时间约束的空间，咖啡不过是托词，在咖啡的名义下，只想让思维凝固，让大脑休息，让思绪飘飞。

走出星巴克，漫步曲曲折折的江南弄堂，白墙黑瓦，拱形门窗，四合院落，天井窄梯的传统建筑，一幢紧挨着一幢。以前这些宅子混在居民区中，面容模糊灰暗；现在清理出来，真是别有风味。

贴近人民路，则是一批后现代风格的建筑：艳丽的橘色外墙、深红的百叶窗、圆弧形的拐角、华丽的灯光，充满朝气。当然，最吸引眼球的还是美术馆。它是在原轮船码头候船大楼的基础上落架重建的，厚重端庄，又在橘色外墙的衬托下，多了一份时尚与轻盈。曾经，多少宁波人从这里起航，闯荡上海，奔赴香港，走到世界的各个角落。站在这里，仿佛还能听到从远方传来的汽笛声……

一旁是城市展览馆，顶楼的水晶字标签在夕阳折射下闪闪发亮。块状的玻璃被切割再组合成不同的几何体，简约、现代，而青灰的石墙与原木层层垒叠的侧墙，让人看到了浙东古民居风貌的同时，又适当地软化了玻璃的冷硬。

入夜了，一盏，两盏，三盏……老外滩"变脸"成灯的海洋，异域风情的酒吧、餐厅、茶馆、精品店内，衣香鬓影。街道清醒了，又沉醉了……

江北天主教堂
The Catholic Church in Jiangbei

街巷纵横古迹密集

江北天主教堂位于中马路2号，东临外马路。教堂主体建于清同治十一年（1872），由法国籍主教所建，名圣母七苦堂，是当时江北岸最高的建筑物。现存的整座建筑由教堂、钟楼、偏屋组成。造型具有典型哥特式风格，同时融合了中国的传统建筑特色，内部结构采用抬梁式。

宏昌源号位于中马路43号，是20世纪30年代典型的前店后坊式的糕点加工厂，也是宁波目前少有的老店铺。正立面上塑有"龙凤金团、鸳鸯喜饼、山北茶食、麻豆酥糖、馒头水作"等字样。

江北巡捕房旧址位于中马路59号。相传1864年，宁绍道台为

原中马路
Former Zhongma Road

管理租界内治安问题，成立了巡捕房，行使江北岸商埠区的一切治安、刑事等权力，但最终巡捕房成了洋人欺压中国人的工具。当时，由陈夏常等人联名禀诉清政府，要求收回主权。清政府在民众的强大压力下，于光绪三十四年（1908）收回警权，并撤销了巡捕房，后改巡捕房为警察局。

浙海关旧址位于中马路166号。1861年，浙海关建成，俗称洋关，当时是原浙海关税务司办公场所。该建筑为外廊式建筑，外部装饰较简单，清水砖墙，红砖勾勒线脚装饰，是当时较为流行的样式。内部装饰华丽，线脚、壁炉等保存完好。

宁波邮政局旧址位于中马路172号。光绪二十二年（1896），清廷创办了大清国家邮政，全国首批御准成立的邮政局共24处，宁波名列其中。民国十六年（1927）改称宁波一等邮局，迁至此。

朱宅位于扬善路12号，为宁波商人朱旭昌在1935年所建的私宅。朱旭昌，镇海人，曾担任宁波市政府建设委员会委员，全国钱庄业同业公会联系会理事。该建筑带有明显的上海20世纪30年代里弄洋房特征，高耸的小楼，严谨的石库门，沿街挑出的露台，瓶式的立柱，窗台下精美的浮雕装饰，具有强烈的欧式风格。而内部木质结构的门窗地板和走廊，依旧带有浓厚的传统韵味。

严氏山庄位于扬善路1号，是宁波帮的领袖人物严信厚在老外滩的置业，是严氏家族聚会议事以及严氏子弟求学的场所。严信厚，祖籍江北区。他是宁波民族企业的创始人，曾创办过中国的第一家银行、第一个商会和第一批工厂。严氏山庄总面阔20余米，三层楼房，采用早期的钢筋混凝土结构，二楼有悬梁支撑的走廊，外立面采用西式巴洛克宫廷建筑风格，门窗呈规则的三角形，还

有如意纹等细腻的传统工艺，中西合璧。

英国领事馆旧址位于白沙路56号，建于1842年，典型英国殖民地式建筑，是鸦片战争后五口通商的见证，占地面积487.5平方米，建筑面积975平方米。主楼坐西朝东，面向甬江，平面略呈长方形，通面阔24米，通进深19米。正立面八根粗大混凝土方形柱贯穿两层，屋顶为洋瓦四坡顶，上有四支方形壁炉烟囱。室内西式装饰，有壁炉，拼贴木地板。

通商银行旧址坐落于外马路35号。建筑面积约2000平方米，造型简约典雅，中西合璧。中国通商银行是私营银行中最先来宁波设分行的，其总行在上海。1921年，由宁波旅沪人士叶澄衷、严信厚、朱葆三等9人发起，德国西门子公司设计。

沿二横街往西走，首先看到的是和德坊，主营旧式百货。取名"和德"，是主人取其和气生财、以德服人之意。

和德坊为二层木结构，局部三层，正层平面为江南民居传统的三合院型，后屋为大半方屋顶，砖混洋式建筑，屋顶为红色洋瓦，东西外墙有西方式的壁炉烟囱，正屋门窗木雕精美，保存较完好。

李宅位于二横街76弄6号，是清末李云书的旧宅。李云书，镇海人。1902年担任上海商业会议公所议员，1906年当选上海商务总会总理，1916年5月当选上海总商会会董。

李宅是典型的江南四合院建筑，前院有走马廊相连，斗拱形式古朴。因为主人官拜四品，在马头墙的处理上出现了三个弓字形的折，表明了身份、地位。

轮船码头成了历史

稍微年长点的人都还记得，过去从上海到宁波，常乘坐轮船，从上海的十六铺码头到宁波的轮船码头。一张船票，5元钱。铺一条席子躺在船甲板上，夜里枕着海浪，像摇篮一样，等到天亮的时候，宁波就在眼前了。

那时候的轮船码头显得很陈旧，两边没什么显著的建筑物，只有码头上的轮船孤零零地停靠着，显得有点苍凉。

旧时三江口
Former Sanjiangkou

　　20世纪90年代后期，随着高速公路四通八达和铁路提速，适应人们生活节奏的加快，宁波的轮船码头告别了历史。杭州湾跨海大桥的开通更加缩短了沪甬两地的距离，我们在赢得时间的同时，却也失去了那种慢悠悠的生活状态。

　　链接：明清以后，加快了对江北的拓展；1840年后，江北被划为"外人居住地"，江北进入了近代市政建设时期，草马路、新马路、中马路、后马路、外马路等近代马路也相继出现。随着宁波港的对外贸易，近代轮船的出现，原传统的江厦码头逐渐被江北岸外滩一带新兴的近代码头所替代。现外马路一带有天主教堂、工商银行、宁波邮政局、浙海关、英国领事馆等近代史迹。

宁波三江口
Sanjiangkou

槐树路上话酒家

○ 沈宏伟

一

槐树路东南起桃渡路,北至新马路,全长2公里。宁波的母亲河姚江就在它的南侧静静地流淌着。它是一条集文化休闲、绿地、小品建筑、广场于一体的绿化带,是一处典型的城市游憩公园。

槐树路,旧称槐花树下,因路旁有百年槐花树(原在机械工业学校内)而得名。1956年,巨槐遭台风袭击,被连根拔起,从此槐去名存。1966年11月,与桃渡路、浮石路合称工农路。1981年11月,桃渡路恢复原名,原槐树路、浮石路段为现槐树路。如今的槐树路,一头连着甬江大桥,一头连着宁波大剧院,其间又

与新江桥、解放桥、永丰桥相交,两侧桃渡公园、江北公园、槐树公园绿意绵延,成为一条串起颗颗明珠的诗意之线。

2000年冬天,槐树路沿江绿带工程完工。这个工程紧挨着姚江,昔日鱼腥味很浓,杂乱无章的建筑物全部被拆除,取而代之的是大片开放式公共绿地,舒展了城市空间,提升了城市品位。这条绿化带既是一条集窗口形象、城市休闲、生态防护功能于一体的城市滨江景观带,也是一处展示江北城区形象的滨江绿色长廊,突现了港城文化形象,承继了三江长廊艺术脉络。

夜晚的槐树路很静谧,犹如我老家的小渔村。迈步槐树路上,整个景观带,江岸垂柳婆娑,水面亭楼倒映。一盏盏美丽的景观灯,勾画出了现代城市的美好画卷。

但是美中不足的是,在路的北面,是一大片要拆迁、改建的破陋不堪的民居与厂房,整体面积一万多平方米。除了几座高耸入云的槐树公寓写字楼,一大片几乎是高低参差、年久失修的民居。望着那片黑魆魆的建筑,我不由感叹了一句:不加紧开发,实在不行啊。一方面,有碍市容观瞻;另一方面,也会给城市居民的生活带来危害。

长期以来,我做的项目除了矿业、投资,就是房地产开发了,因此,当我第一时间听到这个"风声",便敏感地感觉到,槐树路对于我来说,或许真是一种冥冥中的机缘。于是,我下定决心

宁波大剧院
Ningbo Grand Theatre

把这个项目做起来，为我们的城市增点光，添点彩。

老槐树酒家的开业，完成了我心中的梦。当我想到，我的项目成了美化槐树路、美化新江北的一个绿色的标志，我就感到欣慰。

据统计资料显示，槐树路休闲绿化带，其宽约50米，总占地面积11.4公顷(171亩)，绿化率达70%，总投资达2.5亿元。因此，目前它是宁波市区休闲空间最大、设施最齐全的沿江景观带。犹如城区的一块"绿肺"，装点并净化着城市的生存空间。

这座四季常青的绿化带，主要以几何图形进行分区，并以水为脉贯穿始终，由北至南，参观者依次可以看到叠水溪瀑、珍珠塔喷泉水、旱喷广场、雾喷广场、水帘等诸多水体景观；其中的一些建筑小品，主要以古典欧式雕塑、造景，从而与宁波老外滩悠远的历史底蕴以及现代城市发展理念相吻合。我们酒店的客人，选择我们的理由，也正是因为老槐树酒店正好坐落在这条春意盎然、空气清新的城市绿化带中间，散发着无穷的魅力。

昔日槐树路近代民居
Former Civilian Residence on Huaishu Road

老槐树商务酒店
Lao Huai Shu Business Hotel

二

出了老槐树酒店，即是槐树路。路的西北端过永丰桥下就是宁波大剧院。路的东南端，过解放桥，穿越槐树路，是正在拓宽改造的大庆南路，一眼可望见一片围墙，墙内便是大庆南路综合区了，又叫"宁动地块"。这里，即将崛起江北老城区内第一个大型的商业购物中心，这就是集聚购物、餐饮、休闲、娱乐、办公、商务住宿等种种功能于一体的城市综合体——"凯德广场"。它将开启江北全新的商业空间。试想，在不久的将来这里肯定是宁波最繁华的商业中心之一。

不仅如此，槐树路还是一条四通八达的街道。从槐树路的不同地段，分别可通往义庄巷、王家边、西草马路、蔡家边、杨家巷、卢家巷、槐树巷、沃家巷、鸿茂巷、宝记巷等地，由此可见其作为交通要道的重要性。

而且，主要连接和沟通着慈溪、余姚、舟山方向的宁波汽车北站，就坐落在槐树路附近；甬江大桥更像是它的一座守护神。每天太阳上升之时，太阳的金辉笼罩在槐树路上，公园内晨练的男女老少，为槐树路增添了一分阳刚和朝气。夜晚的槐树路，则又显得妩媚动人，尤其是月上柳梢之际，情侣们三三两两，坐在面江的长椅上，窃窃私语，不愧是一条浪漫之街。

从整体的建筑布局来考量，槐树路确实是非常注重现代与历史的结合的。槐树路沿线，有相当一批古老的建筑。是当时教会及工商界名人的一些房产，其建筑风格主要体现了晚清至民国时期中西文化整合碰撞中所产生的独特风貌，极具观赏价值。

19世纪中叶，宁波江北岸成为我国对外"五口通商"的一个所在地；宁波最早的港口、火车站、邮局、海关等，均在江北区。昔日繁华，痕迹可觅。槐树路沿江绿地中，集中保存下来了四幢老洋房，正无声诉说着前世浮华。这批建筑都是建造于20世纪初，分别为徐宅、杨宅、孙宅和一幢基督教会用房。

如今，这些曾经在历史上辉煌过的老宅子，再次从沉寂中走入了喧嚣，如基督教会用房修缮一新，成了以经营新派粤菜见长的潮涌轩餐馆；徐宅变身为美宴摩登餐厅，每日客流云集；保持着大户人家从容之气的孙宅，则开出了一家新天地餐馆，让更多的风雅人士体会其间的妙处。因此，槐树路不仅有我们的"老槐树"，更云集了宁波最时尚的一批餐馆，成为宁波市民的美食乐园。

我相信，今日的槐树路，必与明日的槐树路有着天壤之别。变化无处不在，无时不有。唯有那些槐树，年年绽放清香，素白花瓣落出满地繁华。

老槐树大院
Lao Huai Shu Restaurant

链接：槐树路，原地名义和渡、槐花树下、浮石亭、卢家道头等，民国时名槐树路。现有徐宅、杨宅、孙宅、基督教会用房等槐树路临江近代建筑群。

宁波地舆图

Ancient Map of Ningbo

后 记

　　由海曙区政协策划、出版的《甬城街巷》一书，历时一年有余。这本书是我们推出的第五辑文史资料，也是我们向新中国成立六十周年的献礼之作。从酝酿构思到现在，无数个黑夜与白昼，我们的编写者让自己的心跳和脚步贴近并留给了这座城市的每一条大街小巷。

　　书的开篇，从一个较广的视角，清晰描绘了甬城街巷的基本脉络；其他各篇，均从不同角度，既反映了甬城街巷的本来面目，又表现出当今社会的生机活力。随意翻开一页，有关街巷的信息赫然在目，看了让人对甬城街巷有了一个较为全面的了解。

　　本书按先子城（内城）、后罗城（外城）以及街巷的基本经络进行篇目安排。在介绍每条街巷时，作者们本着高度的责任感和使命感，缘于厚重的学养和睿智，经常深入街巷，进行实地调查采访，并参阅了大量历史典籍、报刊和史料，尽力寻找并呈现街巷的底蕴、气质、精神和魅力，以广视角、深透视、移步换景和与时俱进的方法，将一篇篇言之有物的真实、灵动的文字传递给读者，再现了宁波街巷所蕴藏的丰富历史内涵。作者们之所以这样做，就是为了承载厚重的历史，延续世代相袭的城市生机。作者们的严谨态度、精到思考和创作热情，已远远超过了写作本身。

　　为了更好地把街巷的本来面目精心地编织在一起，留给城市的未来，我们还特意以图文并茂的形式，深入解析源远流长的宁波街巷历史，贴近读者的阅读兴趣，以期达到并引起大家的共鸣。

　　本书在编纂过程中，得到何业琦、沈一鸣、叶炜、汤丹文、叶向群、陆锋、李全平等先生的大力支持；陈民宪先生对本书的整体结构提出了许多建设性意见；许孟光先生为本书的稿件作了精心的链接；许孟光、吴波、楼世宇、唐佐助等先生为本书各篇作了认真的核对和修改；张磊先生为本书的前言、目录等做了英文翻译；徐文芳、沈宏伟、陈玉贤等为本书的付梓发行做出了积极的贡献，在此一并致谢！

编者

2009年5月

图书在版编目（CIP）数据

甬城街巷/宁波市海曙区政协文史委编. —宁波：宁波出版社，2009.6
（2021.10重印）
ISBN 978-7-80743-392-7

Ⅰ甬. … Ⅱ. 宁… Ⅲ. 城市道路—简介—宁波 市 Ⅳ. K925.53

中国版本图书馆CIP数据核字（2009）第075355号

甬城街巷　　宁波市海曙区政协文史委　编

出版发行	宁波出版社
	宁波市甬江大道1号宁波书城8号楼6楼　315000
	http://www.nbcbs.com
责任编辑	吴　波
责任校对	王　丹
装帧设计	沈露鸣　翁志刚
电　　话	0574-87682300
印　　刷	宁波报业印刷发展有限公司
开　　本	787mm×1092mm　1/16
印　　张	27
字　　数	400千
版　　次	2009年6月第1版　2021年10月 第2次印刷
标准书号	ISBN 978-7-80743-392-7
定　　价	68.00元

版权所有，侵权必究